O selo DIALÓGICA da Editora InterSaberes faz referência às publicações que privilegiam uma linguagem na qual o autor dialoga com o leitor por meio de recursos textuais e visuais, o que torna o conteúdo muito mais dinâmico. São livros que criam um ambiente de interação com o leitor – seu universo cultural, social e de elaboração de conhecimentos –, possibilitando um real processo de interlocução para que a comunicação se efetive.

Windows Server

Antonio Eduardo Marques da Silva

Editora Senac São Paulo – São Paulo – 2025

ADMINISTRAÇÃO REGIONAL DO SENAC NO ESTADO DE SÃO PAULO
Presidente do Conselho Regional: Abram Szajman
Diretor do Departamento Regional: Luiz Francisco de A. Salgado
Superintendente Universitário e de Desenvolvimento: Luiz Carlos Dourado

EDITORA SENAC SÃO PAULO
Conselho Editorial: Luiz Francisco de A. Salgado
Luiz Carlos Dourado
Darcio Sayad Maia
Lucila Mara Sbrana Sciotti
Luís Américo Tousi Botelho

Gerente/Publisher: Luís Américo Tousi Botelho
Coordenação Editorial: Verônica Marques Pirani
Prospecção: Andreza Fernandes dos Passos de Paula
Dolores Crisci Manzano
Paloma Marques Santos
Administrativo: Marina P. Alves
Comercial: Aldair Novais Pereira
Comunicação e Eventos: Tania Mayumi Doyama Natal

Edição de Texto: Ana Luiza Candido
Preparação de Texto: Ana Lúcia Mendes
Coordenação de Revisão de Texto: Marcelo Nardeli
Revisão de Texto: Mariana Jamas
Coordenação de Arte e Projeto Gráfico: Antonio Carlos De Angelis
Editoração Eletrônica e Capa: Tiago Filu
Imagens: Adaptadas de *Redes de computadores: teoria e prática* (2021), exceto imagens 1.1, 1.5, 1.7 e 1.10 (Adobe Stock). Prints de tela realizados pelo autor.
Impressão e Acabamento: Arte Impressa

Nenhuma parte desta publicação poderá ser reproduzida, guardada pelo sistema "retrieval" ou transmitida de qualquer modo ou por qualquer outro meio, seja este eletrônico, mecânico, de fotocópia, de gravação, ou outros, sem prévia autorização, por escrito, da Editora Senac São Paulo.

Proibida a reprodução sem autorização expressa.
Todos os direitos desta edição reservados à
Editora Senac São Paulo
Av. Engenheiro Eusébio Stevaux, 823 – Prédio Editora
Jurubatuba – CEP 04696-000 – São Paulo – SP
Tel. (11) 2187-4450
editora@sp.senac.br
https://www.editorasenacsp.com.br

© Editora Senac São Paulo, 2025

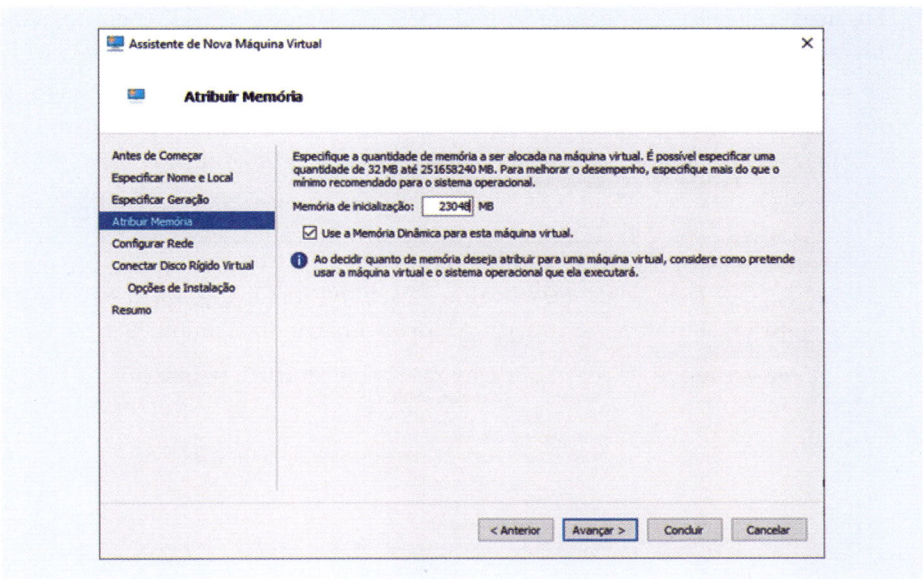

16. Na janela *Configurar Rede*, não altere o padrão nesse momento. Então, deixe em *Conexão: Não Conectado* e clique sobre o botão *Avançar*.

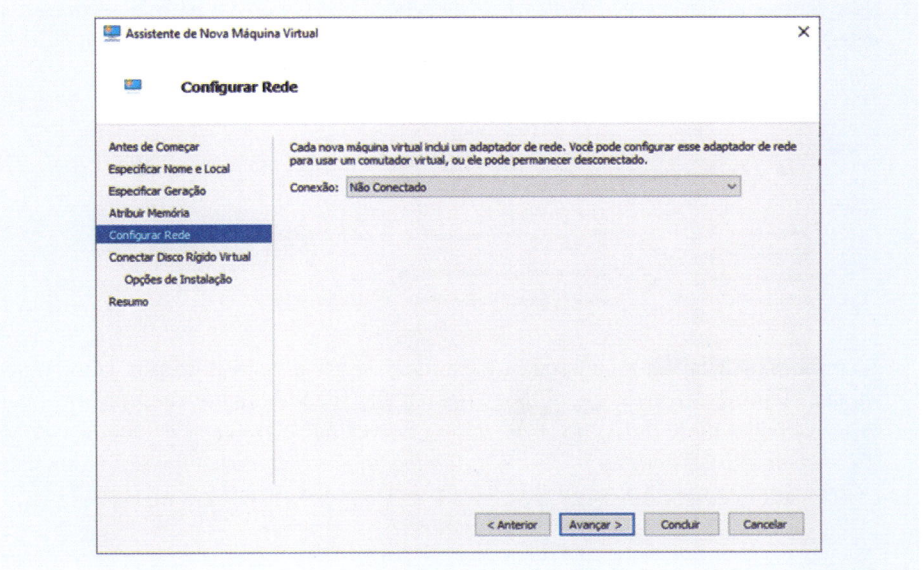

17. Na janela *Conectar Disco Rígido Virtual*, deixe também no padrão, que é 127 GB. Então, clique no botão *Avançar*.

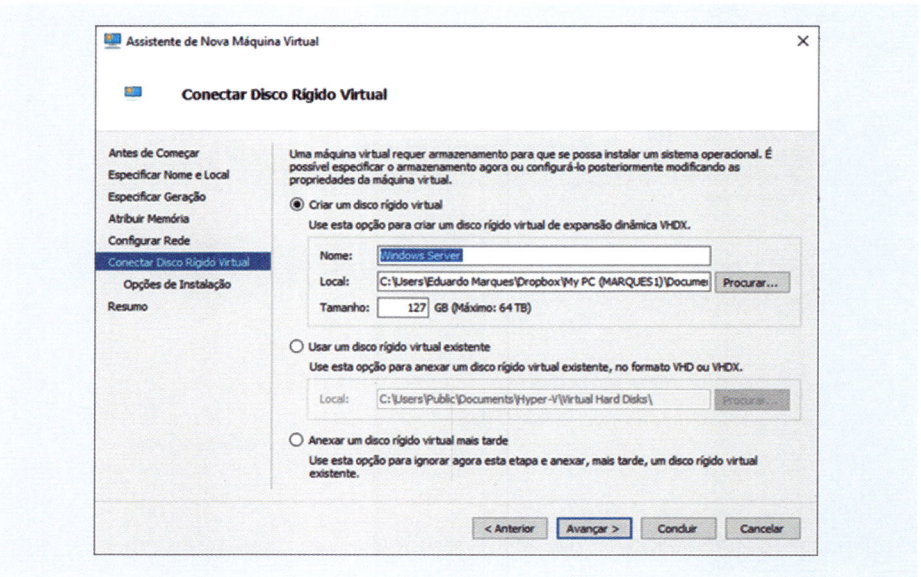

18. Na próxima janela, que é a *Opções de Instalação*, escolha a opção padrão, *Instalar um sistema operacional mais tarde*, teclando no botão *Avançar*.

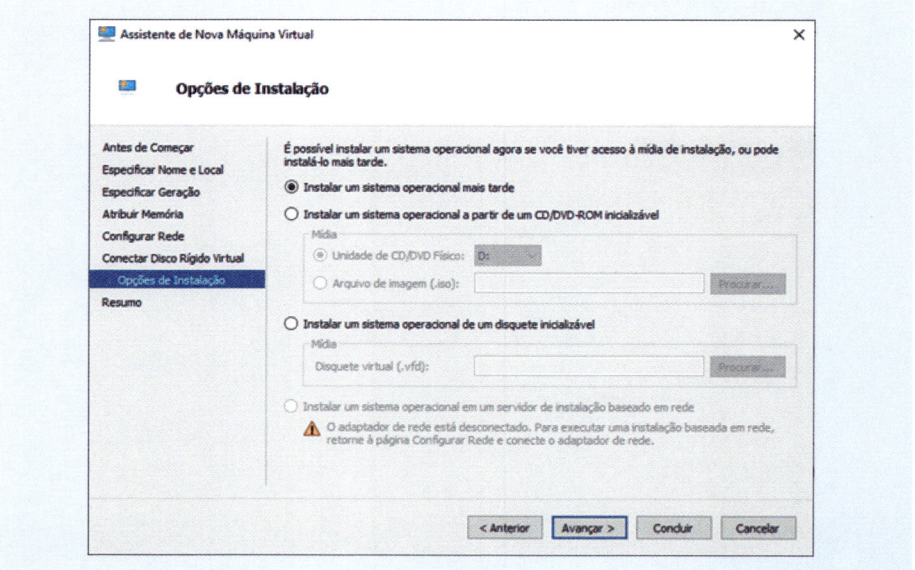

19. Na próxima janela, aparecerão as informações de conclusão da VM criada. Verifique se está tudo correto conforme as configurações anteriores e clique no botão *Concluir*.

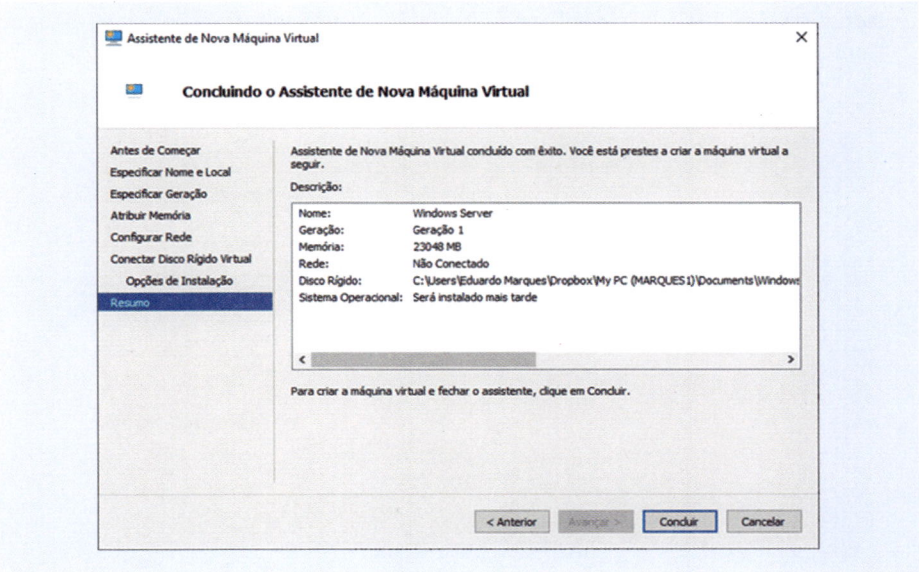

20. Após esse procedimento, o sistema retornará para a janela *Gerenciador do Hyper-V*, apresentando a VM *Windows Server* devidamente criada e pronta para ser configurada e ativada.

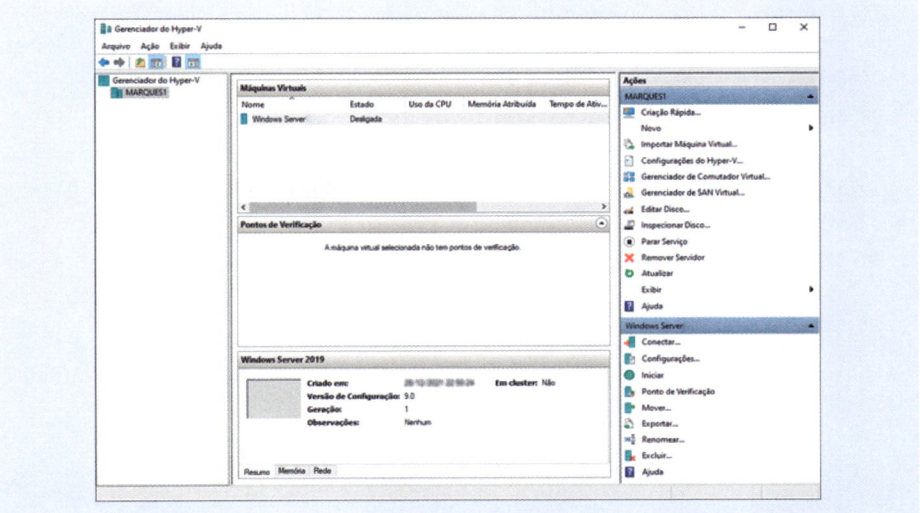

21. Nas etapas anteriores, você criou a VM com o Microsoft Hyper-V, mas foram ignoradas algumas configurações, como a da placa de rede. Acesse então a VM recentemente criada e configure sua placa de rede. Selecione a VM Windows Server e, no lado direito da tela do *Gerenciador do Hyper-V*, clique sobre a opção *Gerenciador de Comutador Virtual*.

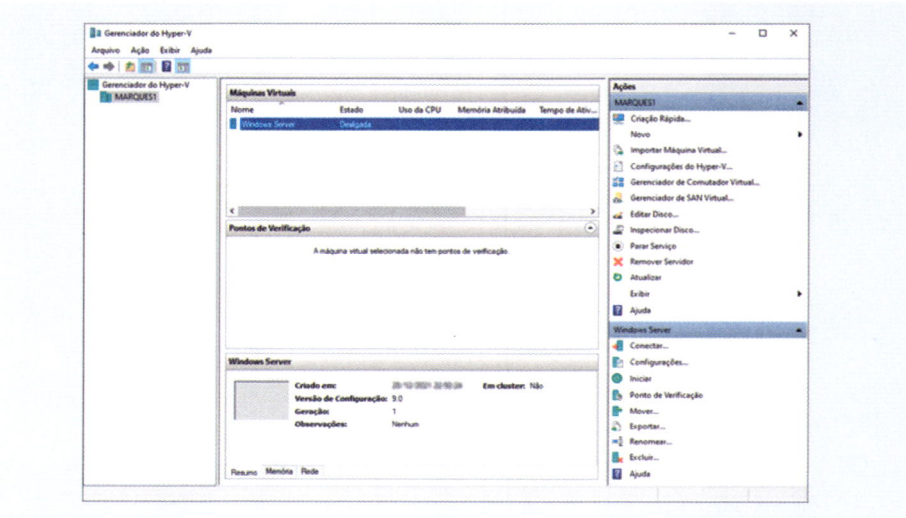

22. A janela de *Gerenciador de Comutador Virtual* será aberta e aparecerão três opções para os tipos de comutador virtual que se deseja criar:

   - **Externo:** esta opção permite ao comutador virtual se associar ao adaptador de rede físico, o que possibilita que as VMs acessem uma rede física, ou seja, proporciona o acesso à internet.
   - **Interno:** esta opção que permite o comutador virtual seja utilizado pelas VMs em execução no computador físico, ou seja, possibilita, por exemplo, que duas VMs criadas se comuniquem entre si e com o computador físico, sem prover conectividade a uma rede física.
   - **Particular:** esta opção cria um comutador virtual que permite conectividade apenas entre as VMs criadas no computador físico. Essa opção não se relaciona com a máquina e a rede física.

Neste exemplo, clique sobre o tipo de comutador virtual *Externo* e, em seguida, sobre o botão *Criar Comutador Virtual*.

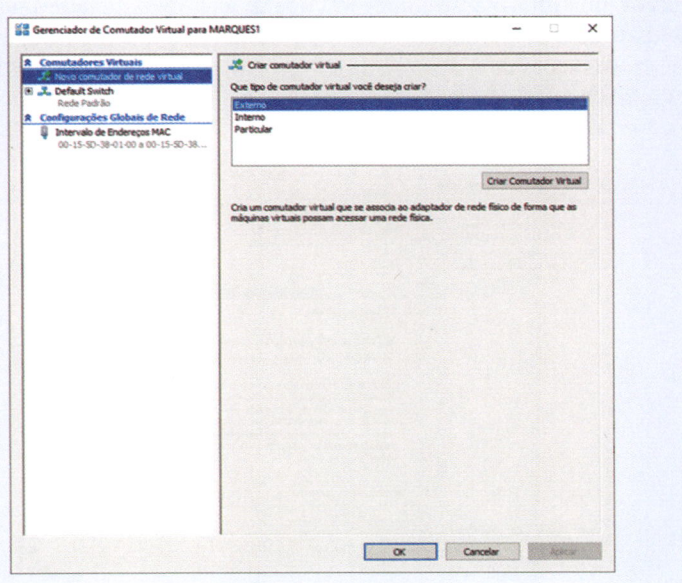

23. Em *Rede externa*, vão aparecer algumas opções de utilização de placa de rede – neste caso, vai aparecer uma placa de rede wireless e uma placa de rede gigabit Ethernet. Escolha a placa de rede gigabit Ethernet *Realtek PCIe GbE Family Controller* e, no nome, coloque *RJ45 Conexão Externa*, para que seja possível identificar qual é a rede que vai ser utilizada. Clique no botão *OK* para que essas alterações sejam realizadas.

24. Aparecerá uma informação indicando que as alterações podem interromper a conectividade de rede por alguns instantes. Clique no botão *Sim* e aguarde o sistema aplicar as alterações de rede.

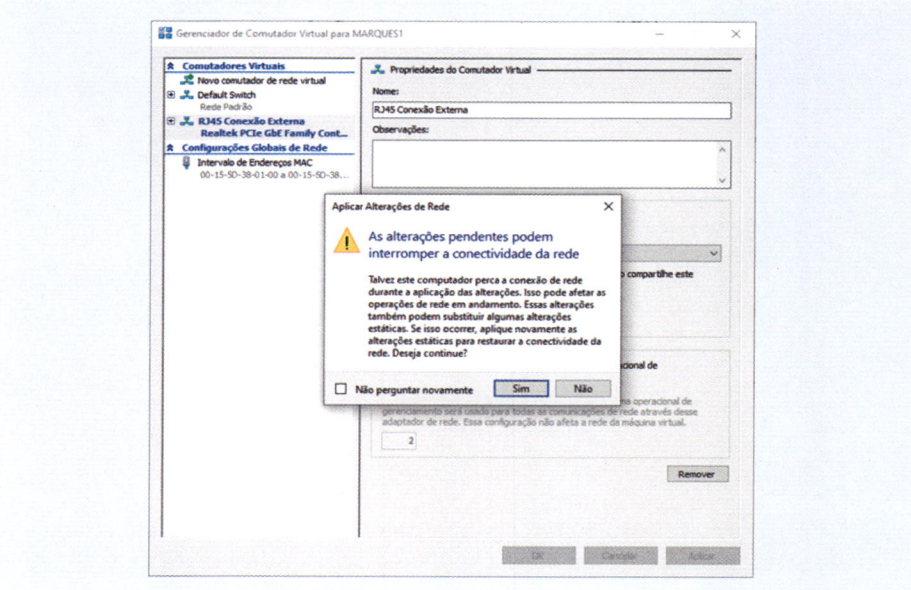

25. Retornando ao *Gerenciador do Hyper-V*, clique na VM *Windows Server* e, no lado direito, em *Configurações*.

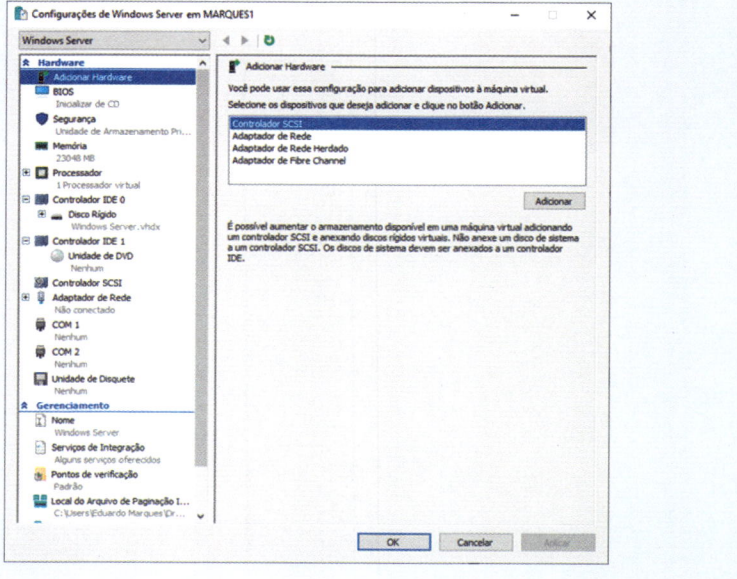

26. No lado esquerdo da janela de *Configurações de Windows Server*, clique no sinal + em *Adaptador de Rede*. Por padrão, o comutador irá aparecer como *Não conectado*. Clique sobre a caixa *Comutador virtual* e escolha a opção *RJ45 Conexão Externa*. Em seguida, clique sobre o botão *OK*.

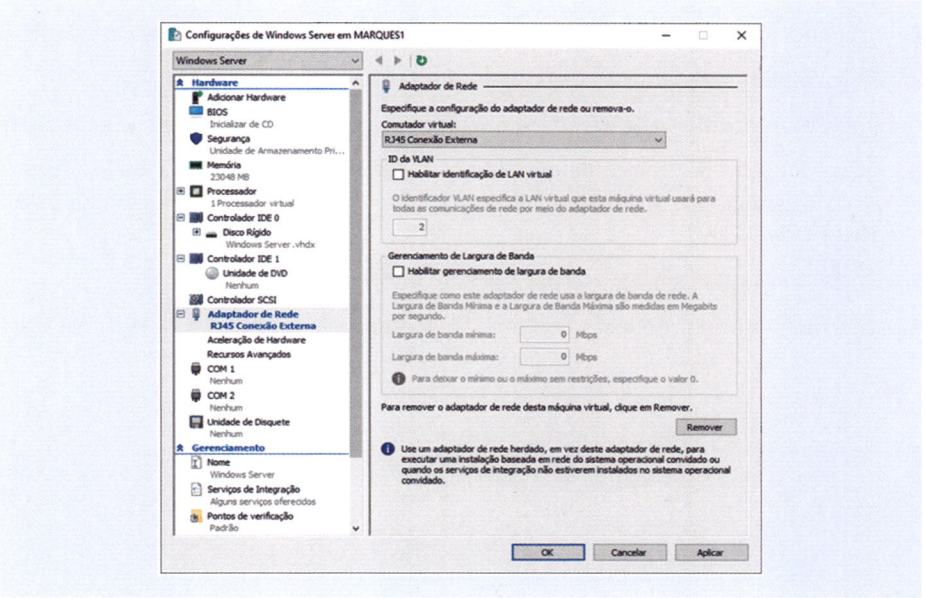

A partir desse momento, a VM criada possui uma conexão externa e acesso à internet. No próximo capítulo, você irá configurar o sistema operacional Windows Server 2022 nessa VM e realizar os testes de conectividade.

Exercícios propostos

1. Qual é a definição de uma VM?
2. Para que serve uma VM?
3. Explique resumidamente as vantagens e as desvantagens quanto à utilização das VMs.
4. Dê exemplos das aplicações mais conhecidas para a criação de VMs.
5. Qual é a opção de criação de um comutador virtual que possibilita acesso à internet?
6. Qual é a opção de criação de um comutador virtual que possibilita acesso apenas às VMs criadas em uma máquina física (não permite acesso nem à máquina física, nem à rede física)?
7. Quais são as vantagens de instalar VMs em um servidor?
8. Qual é o nome do recurso do Windows Server que cria, configura e instala uma VM?

Anotações

Anotações

4

Visão geral sobre o Windows Server

Objetivos:

» Obter uma visão geral sobre o Windows Server

» Compreender as formas de licenciamento do sistema operacional

» Verificar as principais melhorias do Windows Server 2022

» Conhecer os componentes de servidores

Visão geral sobre o Windows Server

O Microsoft Windows Server é um sistema operacional de rede (SOR) desenvolvido pela Microsoft para atender a organizações públicas e privadas no compartilhamento de recursos a vários usuários, bem como para fornecer amplo controle administrativo de serviços computacionais, armazenamento de dados, aplicativos e redes de comunicação. Seu desenvolvimento se deu em meados de 1980, com o lançamento do Windows NT, que foi considerado o primeiro sistema da Microsoft realmente criado para servidores de rede, pois seu kernel possuía a capacidade de fornecer velocidade, segurança e confiabilidade a grandes sistemas.

Antes de seu lançamento, muitas organizações contavam com sistemas operacionais UNIX, que eram incialmente utilizados em computadores de grande porte (mainframes) e, depois, implementados em redes cliente/servidor. No entanto, os sistemas operacionais UNIX exigiam um hardware mais caro baseado em arquiteturas RISC (Reduced Instruction Set Computer – computador com um conjunto reduzido de instruções) e necessitavam de profissionais capacitados em configuração baseada em linhas de comando. O Windows, por sua vez, poderia ser instalado em arquiteturas mais baratas, e sua administração ocorria por interface gráfica mais simples de aprender e de operar.

Um recurso muito importante que surgiu na arquitetura Windows NT é o do multiprocessamento simétrico, que faz com que os aplicativos sejam executados de maneira muito mais rápida e eficaz em máquinas com inúmeros processadores. Suas iterações posteriores podem ser aplicadas no hardware de um data center, em máquinas virtuais (VMs – Virtual Machines) e até mesmo através de uma plataforma em nuvem, como acontece com o Microsoft Azure. Outro recurso também muito valioso, que surgiu com o lançamento do Windows Server 2000, é o Microsoft Active Directory (AD), que automatiza e centraliza o gerenciamento de dados dos usuários, a implementação de segurança e recursos distribuídos, além de oferecer uma melhor interoperabilidade entre sistemas, o que facilita a configuração de máquinas locais e remotas. Historicamente, a linha de sistemas operacionais Windows Server segue estas versões: Windows NT Server 3.1, Windows NT Server 3.5, Windows NT Server 3.51, Windows NT Server 4.0, Windows Server 2000, Windows Server 2003, Windows Server 2008, Windows Server 2012, Windows Server 2016, Windows Server 2019 e Windows Server 2022.

O Windows Server 2022 possui atualmente três tipos de distribuição/versão:

- **Microsoft Windows Server 2022 Essentials:** para uso por empresas de pequeno porte com até 25 usuários e até 50 dispositivos.
- **Microsoft Windows Server 2022 Standard:** para uso em ambientes físicos ou ambiente com pouca virtualização.
- **Microsoft Windows Server 2022 Datacenter:** para uso em datacenters com ambiente de grande virtualização e ambientes de nuvem.

O Windows Server 2022 é um sistema muito mais robusto que seu antecessor e é preparado para ser instalado em VMs e em serviços de nuvem, o que lhe permite se tornar um sistema operacional muito mais escalável e adequado a novas tecnologias. É possível citar algumas das principais características que fazem parte desse sistema operacional:

- **Arquitetura cliente/servidor:** um ou mais servidores Windows Server são responsáveis por atender a solicitações de rede de computadores operando com Windows 7, Windows 8.1, Windows 10, Windows 11, várias distribuições de Linux e outros sistemas operacionais compatíveis.

- **Multitarefa ou multiprocessamento:** permite ao sistema operacional a execução de mais de uma tarefa simultaneamente, oferecendo uma maior produtividade nas atividades que serão realizadas.

- **Multithreading:** é a capacidade de uma tarefa em execução dar origem a uma nova tarefa que também irá disputar tempo do processador com outras tarefas já em execução.

- **Reinicialização do Windows Server:** sendo um sistema operacional para servidor, o objetivo dele é estar sempre em operação, e, cada vez que o sistema é encerrado, isso é considerado um evento anormal. Nesse caso, o Windows Server cria um registro de logs que indica data/hora da interrupção e o motivo de seu encerramento.

- **Serviços de terminal (terminal services):** permite acessar programas de maneira remota por meio do servidor. Aceita ligações de um computador cliente que, depois de estabelecer conexão via TCP/IP (Transmission Control Protocol/Internet Protocol – protocolo de controle de transmissão/protocolo de internet), inicia uma sessão que ocorre totalmente dentro do servidor. É útil para implementar um trabalho remoto, executar aplicações mais robustas e facilitar o suporte técnico em computadores com poucos recursos.

- **Sistema de ficheiros distribuídos (DFS – Distributed File System):** é um serviço de arquivos responsável por compartilhar recursos mais elaborados do que os tradicionais, no qual é possível definir direitos para cada usuário e para grupos, bem como o compartilhamento de pastas de maneira mais simples e efetiva.

Preços e licenciamento

Já há algum tempo a Microsoft alterou o modo de venda e de licenciamento de seus sistemas operacionais – o que também se aplica ao Windows Server. Isso ocorreu em virtude do tamanho, da complexidade e das aplicações que poderão ocorrer em diferentes ambientes. O quadro 4.1 apresenta resumidamente dados de licenciamento e valores médios dos produtos em dólares (recomenda-se, ao licenciar, verificar os preços vigentes, que podem mudar em virtude da economia global).

Quadro 4.1. Visão geral de preços e licenciamento.

Edição	Utilização	Licenciamento	Requisitos	Valores
Essentials	Pequenas empresas com até 25 usuários e 50 dispositivos	Servidores especializados (licença de servidor)	Nenhuma CAL é necessária	$ 501
Standard	Ambientes físicos ou minimamente virtualizados	Baseado em núcleo	Windows Server CAL	$ 1.069
Datacenter	Datacenters e ambientes de nuvem altamente virtualizados	Baseado em núcleo	Windows Server CAL	$ 6.155

Disponível em: https://www.microsoft.com/pt-br/windows-server/pricing. Acesso em: 16 mar. 2024.

Modelos de licenciamento

Nas versões mais antigas do Windows Server, por exemplo, no Windows Server 2012, a aquisição de licenças era baseada no número de processadores de um servidor. Desde o lançamento do Windows Server 2016, a Microsoft adota o modelo de licenciamento por núcleos (cores). Ou seja, é necessário ter em mente todos os núcleos do servidor físico, considerando todos os soquetes instalados. A licença é comercializada em pacotes de núcleos denominados SKU (Stock Keeping Unit – unidade de manutenção de estoque), nos quais cada um desses pacotes permite licenciar dois núcleos. Vale ressaltar que é necessário adquirir no mínimo 8 SKUs, mesmo se a quantidade de núcleos do servidor a ser licenciado for menor que 16 núcleos.

É importante entender que cada usuário e/ou dispositivo que acessa uma edição licenciada do Windows Server Standard ou Datacenter requer uma Client Access License (CAL – licença de acesso para cliente) do Windows Server. Uma CAL do Windows Server fornece a um usuário ou dispositivo o direito de acesso a qualquer versão do Windows Server igual ou anterior, permitindo, assim, o acesso a múltiplos servidores.

Licença de acesso para clientes

O licenciamento de software com CAL e Management License (ML – licença de gerenciamento) pode ser complicado por conta da natureza técnica dos produtos para servidores e redes. A Microsoft oferece uma CAL baseada em dispositivo (per device) ou uma CAL baseada em usuário (per user) para compra. Além disso, uma licença EC (External Connector – usuário externo) é oferecida no caso de alguns produtos como uma opção para lidar com cenários de clientes específicos.

Em se tratando de gerenciamento de dispositivos, a Microsoft oferece MLs de servidor para gerenciamento de Operating System Environment (OSE) ou, em português, ambientes de sistema operacional de servidor. Para o gerenciamento de dispositivos que não sejam de servidor, a Microsoft oferece MLs de cliente de OSE e MLs de cliente do usuário.

CAL do usuário

Com a CAL do usuário, é possível adquirir uma CAL a cada usuário que acessa o servidor com a finalidade de utilizar serviços como armazenamento de arquivo ou impressão, independentemente do número de dispositivos adotados para esse acesso. A aquisição de uma CAL do usuário terá mais sentido se os funcionários de uma instituição necessitarem do acesso em roaming à rede de comunicação corporativa por meio do emprego de vários dispositivos, conhecidos ou não.

Figura 4.1. CAL do usuário.

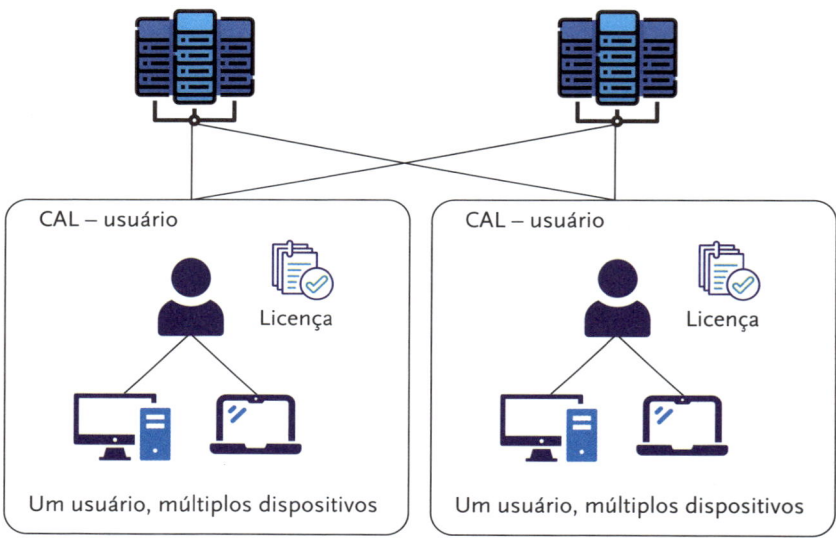

CAL do dispositivo

Com uma CAL do dispositivo, é possível adquirir uma CAL a cada dispositivo que acessa o servidor, independentemente do número de usuários que utilizam esse dispositivo para acessar o servidor de rede. As CALs do dispositivo podem ter maior sentido econômico e administrativo se uma organização possui trabalhadores que compartilham dispositivos em diferentes turnos de trabalho, por exemplo. Nesse caso, dá para utilizar esse tipo de licença quando há a certeza da quantidade de dispositivos que serão usados em uma infraestrutura, pois, após essa aquisição, não será possível acrescentar recursos ao sistema – a não ser que mais CALs sejam adquiridas.

Figura 4.2. CAL do dispositivo.

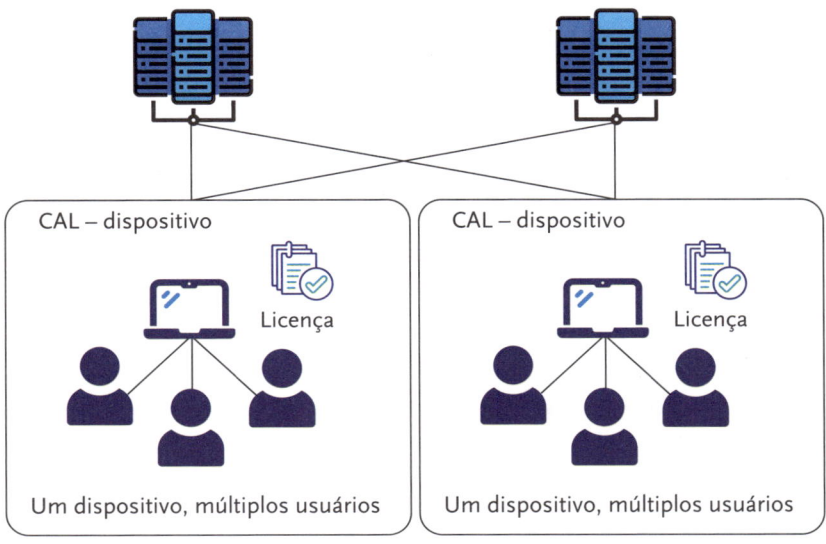

Usuário externo

Um usuário externo é um cliente que não tem acesso de nível de funcionário à rede de uma empresa matriz ou afiliada. Uma licença EC atribuída a um servidor permite o acesso por parte de qualquer número de usuários externos, contanto que o acesso seja para benefício do licenciado, e não do usuário externo. Cada servidor físico acessado por usuários externos requer apenas uma licença EC, independentemente do número de instâncias de software em execução. Uma "instância" é uma cópia de software instalada.

Se desejar que usuários externos (como parceiros de negócio, prestadores de serviço externos ou clientes) consigam acessar a rede, há duas opções de licenciamento:

- Adquirir CALs para cada um dos usuários externos.
- Adquirir licenças EC para cada servidor que será acessado por usuários externos.

Figura 4.3. Conector externo.

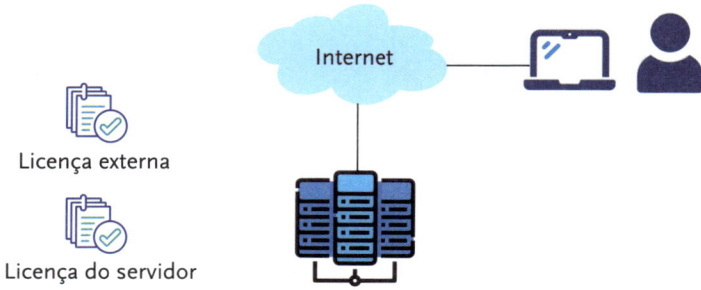

Licenciamento por núcleo

Como dito anteriormente, alguns produtos para servidores estão disponíveis a fim de serem licenciados "por núcleo" ou "por instância" e não requerem mais CALs. No licenciamento por núcleo, quando o software para servidores está em execução no OSE físico, é preciso licenciar todos os núcleos físicos do servidor, ou seja, para que se possa determinar o número de licenças de núcleo, é necessário contabilizar o número total de núcleos físicos de cada processador instalado no servidor e, em seguida, multiplicar esse número pelo fator de núcleo apropriado, não sendo exigido adquirir CALs adicionais.

Figura 4.4. Licenciamento por núcleo.

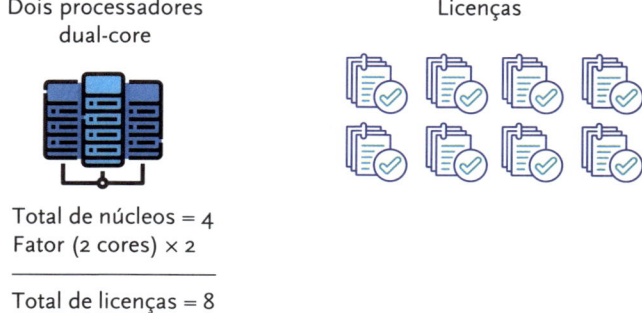

Como a figura 4.4 demonstra, em um servidor que possui um processador dual-core, a quantidade de núcleos dever ser duplicada (multiplicada por 2) e, nesse caso, é possível definir a quantidade de licenças necessárias para utilizar, ao máximo, os recursos e serviços que o sistema operacional Windows Server tem a oferecer.

Caso o servidor possua apenas dois processadores (sem ser dual-core), a aquisição das licenças é por processador, e, nesse caso, os processadores precisariam ser somados para a definição da quantidade de licenças necessárias.

Management License

No modelo de ML, é preciso adquirir e atribuir o número exigido de MLs da categoria (servidor e/ou cliente) e do tipo (OSE e/ou usuário) apropriados para o dispositivo no qual os OSEs devem ser gerenciados. Os direitos de executar o software para servidores de gerenciamento estão inclusos na ML, portanto, não é preciso adquirir licenças separadas.

Figura 4.5. Management License.

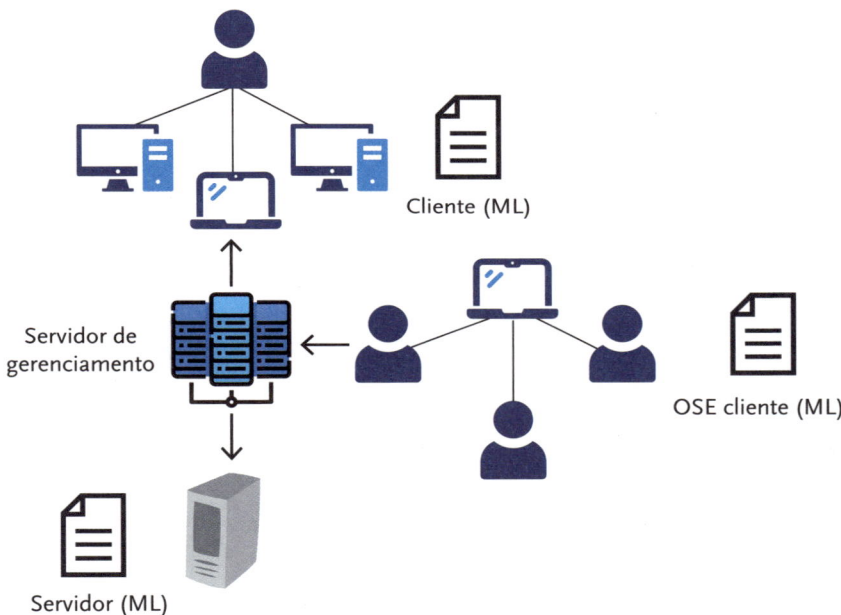

O gerenciamento de OSEs de servidor requer MLs de servidor (apenas o tipo OSE é oferecido), enquanto o gerenciamento de OSEs que não sejam de servidor requer MLs de cliente (os tipos OSE/usuário são oferecidos).

Principais melhorias do Windows Server 2022

O Microsoft Windows Server 2022 atende com certeza às necessidades de uma organização, provendo melhorias em seu data center integrado e plataformas baseadas em nuvem com eficiência e segurança. Tais inovações suprem as demandas computacionais e ajudam as organizações a reduzir despesas de manutenção, gerenciar acessos privilegiados e proteger o sistema operacional como um todo, aumentando a produtividade com eficiência. É possível citar algumas novidades em relação a seus antecessores:

- **Melhor tempo de resposta:** os recursos avançados de segurança ajudam a detectar e responder a novas ameaças, prevenindo ataques cibernéticos, reduzindo o risco de violações de segurança e protegendo os dados de um ambiente de negócios.
- **Plataforma exclusiva de data center híbrido:** determina recursos híbridos eficientes que funcionam tanto em ambiente de rede local quanto em nuvem.
- **Infraestrutura hiperconvergente (HCI – Hyperconverged Infrastructure):** executa os aplicativos de maneira mais eficiente e com menores custos de manutenção, atendendo às necessidades de computação e armazenamento simultaneamente e com maior capacidade de expansão.
- **Inovação rápida para aplicativos:** atualização acelerada e eficiente de aplicativos atuais e desenvolvimento de soluções e recursos em nuvem.
- **Atualização de serviços de nuvem:** no Windows Server 2022 Datacenter, foi implementado o Azure Edition, que, favorecendo-se dos benefícios da nuvem, auxilia a manter as VMs atualizadas, minimizando o tempo de inatividade.
- **Proteção de firmware:** o firmware é executado com altos privilégios e geralmente é invisível para soluções antivírus tradicionais, o que leva a um aumento no número de ataques baseados em firmware.
- **Inicialização segura de UEFI:** padrão de segurança que protege seus servidores contra rootkits mal-intencionados. A inicialização segura garante que o servidor inicialize somente firmwares e softwares de confiança do fabricante do hardware.
- **Segurança baseada em virtualização (VBS):** os servidores de núcleo seguro dão suporte à VBS (Virtualization-based Security – segurança baseada em virtualização) e à HVCI (Hypervisor Enforced Code Integrity – integridade de código baseada em hipervisor). A VBS usa recursos de virtualização de hardware para criar e isolar uma região segura de memória do sistema operacional normal, protegendo-a contra uma classe inteira de vulnerabilidades visadas em ataques de mineração de criptografia.

Recursos gerais

- **Windows Admin Center:** é um aplicativo baseado em navegador e implantado localmente destinado a gerenciar servidores, clusters, HCI e computadores Windows.
- **Experiência desktop:** como o Windows Server 2022 é uma versão do Long-Term Servicing Channel (LTSC – canal de manutenção em longo prazo), ele inclui a experiência desktop, que contempla estritamente versões da imagem de containers Server Core e Nano Server.
- **Insights do sistema:** é um recurso que reúne funcionalidades locais de análise de previsão de modo nativo. Essas funcionalidades de previsão, cada qual apoiada por um modelo de aprendizado de máquina, analisam localmente os dados de sistema do Windows Server, como contadores de desempenho e eventos, fornecendo insights sobre o funcionamento de seus servidores e auxiliando o administrador

a reduzir despesas operacionais associadas ao gerenciamento de problemas em implantações desse sistema operacional.

- **Recurso sob demanda:** o Feature On Demand (FOD) melhora significativamente a compatibilidade de aplicativos da opção de instalação do sistema operacional, incluindo um subconjunto de binários e componentes do Windows Server com a experiência desktop, sem adicionar o ambiente gráfico. Isso é realizado para aumentar a funcionalidade, mantendo-o o mais enxuto possível.

- **Proteção avançada contra ameaças:** o Advanced Threat Protection (ATP) do Windows Defender é uma solução de segurança baseada em nuvem que aproveita as funcionalidades do AD local para identificar, detectar e investigar ameaças avançadas, identidades comprometidas e ações de usuários internos mal-intencionados.

- **Segurança com redes definidas por software:** tem o intuito de oferecer inúmeros recursos para aumentar a confiança do usuário na execução de cargas de trabalho, localmente ou como um provedor de serviços da nuvem.

- **VMs blindadas:** oferecem suporte nativo ao Linux, como homologação ao SUSE Linux Enterprise, Red Hat Enterprise e Ubuntu, podendo suportar PowerShell Direct e VM Connect, e proporcionando gerenciamento de todas as VMs protegidas automaticamente.

- **Serviço de migração de armazenamento:** tecnologia que pode facilitar a migração dos servidores para uma versão mais recente do Windows Server por meio de uma interface gráfica, capaz de realizar o inventário dos dados nos servidores, a transferência de dados e configurações para servidores mais recentes.

- **Espaços de armazenamento direct:** o Storage Spaces Direct possui suporte nativo à memória persistente, resiliência para a HCI, eliminação de duplicação e compactação para volumes, utilização de unidade USB (Universal Serial Bus – porta serial universal) como quórum de cluster, suporte do Windows Admin Center, histórico de desempenho, dimensionamento de até 4 PB por cluster, detecção de latência de disco, e delimitação manual de alocação de volumes para aumentar a tolerância a falhas.

- **Réplica de armazenamento:** essa funcionalidade permite implementar um failover de teste no qual é possível uma montagem de armazenamento de destino para validar dados de backup ou replicação, bem como implementar melhorias de desempenho do log da réplica de armazenamento.

- **Clustering de failover:** permite a migração de cluster entre domínios, quórum USB, atualização com suporte a cluster compatível com Storage Spaces Direct, reconhecimento e integração com o Azure, proteção do cluster, aprimoramentos de compartilhamento de arquivos e o fim da utilização de autenticação NTLM (New Technology LAN Manager – nova tecnologia para gerenciamento de LAN).

- **Plataforma de aplicativos:** conta com a possibilidade de execução de containers do Linux no mesmo host utilizando a mesma daemon do Docker, obtendo um ambiente de containers heterogêneos e enorme flexibilidade para desenvolvedores, além de aprimorar a resiliência de rede e oferecer suporte a plug-ins de rede de containers.

- **Redes criptografadas:** permitem a criptografia do tráfego de rede virtual entre VMs. Elas também utilizam o DTLS (Datagram Transport Layer Security – segurança da camada de transporte de datagrama) ou datagrama do protocolo TLS (Transport Layer Security – segurança da camada de transporte) nas sub-redes virtuais a fim de criptografar os pacotes de dados. O DTLS protege contra interceptações, falsificações e adulteração por qualquer pessoa com acesso à rede física.

- **Melhorias no desempenho de rede para cargas de trabalho virtuais:** maximizam a taxa de transferência de rede para as VMs, sem exigir ajustes constantes e/ou provisionamento excessivo nos hosts de rede, podendo reduzir os custos de manutenção e das operações.

- **Transporte em segundo plano com baixo atraso extra:** o Low Extra Delay Background Transfer (LEDBAT) é um provedor de controle de congestionamento de rede com latência otimizada projetado para conceder automaticamente largura de banda para usuários e aplicativos, consumindo toda a largura de banda disponível quando a rede não estiver em utilização.

- **Serviço de tempo do Windows:** inclui suporte real compatível com UTC (Coordinated Universal Time – horário universal coordenado) e as frações de segundos através de um protocolo conhecido como protocolo de tempo de precisão.

- **Gateways SDN (Software Defined Networking – redes definidas por software) de alto desempenho:** essas soluções melhoram significativamente o desempenho das conexões GRE (Generic Routing Encapsulation – encapsulamento de roteamento genérico) e IPsec, fornecendo uma taxa de transferência de altíssimo desempenho e baixa utilização de CPU (Central Processing Unit – unidade central de processamento) do dispositivo.

- **Suporte de memória persistente para VMs Hyper-V:** tem o intuito de aproveitar a alta taxa de transferência e a baixa latência de memória persistente nas VMs, auxiliando na redução drástica de latência das transações de banco de dados ou na redução do tempo de recuperação para bancos de dados de baixa latência de memória em caso de falha.

Componentes de servidores

Um servidor de rede nada mais é do que um computador equipado com um ou mais processadores, bancos de memória, interfaces de comunicação, softwares específicos e sistemas de armazenamento de dados internos ou externos, geralmente de alta capacidade, responsáveis por oferecer uma infinidade de recursos computacionais a seus usuários. Ele é um equipamento capaz de processar aplicações, realizar cálculos, prestar serviços e armazenar dados. Para que essas ações sejam realizadas efetivamente, necessitam de um hardware robusto e de um sistema operacional complexo que permita que os recursos computacionais sejam acessados satisfatoriamente. Esses sistemas podem ser físicos ou virtuais e podem estar instalados local ou remotamente. Em geral, são escaláveis e possuem alto poder de processamento.

Eles foram inicialmente implementados em uma arquitetura cliente/servidor, que, como o nome indica, possui equipamentos com a capacidade de executar programas de maneira centralizada, armazenar e compartilhar arquivos, administrar filas de impressão, gerenciar e ofertar recursos para vários computadores através de redes locais e/ou remotas. O servidor tem como função oferecer os recursos computacionais em uma infraestrutura de rede, e os clientes, por sua vez, fazem solicitações e utilizam os recursos ofertados.

Além de hardwares e softwares mais robustos e específicos, os servidores também possuem o que são chamados de fatores de forma (Server Form Factor), que são utilizados para descrever o tamanho, a aparência ou as dimensões desse dispositivo. Há ao menos três fatores de forma mais importantes: a montagem em rack, em torre e em lâmina.

- **Montagem em rack:** os servidores de montagem em rack são aqueles projetados para serem aparafusados em uma estrutura chamada de rack; portanto, são projetados para caber em um dos vários slots de rack de tamanho padrão. Eles também requerem kits de trilhos, que, quando implementados, possibilitam que o servidor deslize para fora do rack, para sua manutenção. Um dos benefícios de usar racks para servidores, roteadores, switches e outros dispositivos de hardware é que um rack tira o equipamento do chão, ao mesmo tempo que realiza um aproveitamento eficiente do espaço da sala dos servidores, facilita a manutenção e permite boa circulação de ar.

- **Montagem em torre:** um segundo fator de forma, e com o qual estamos provavelmente mais familiarizados, é o servidor em torre. Esse tipo tem uma maior semelhança com as estações de trabalho cliente e, quando muitos desses dispositivos são utilizados, consomem um bom espaço físico dos ambientes onde estão. Em uma sala de equipamentos, eles são geralmente vistos em prateleiras ou no chão, dependendo do modelo adquirido. Também é possível colocar um servidor em torre em um rack utilizando um kit de conversão. O problema com essa abordagem é que ela desperdiça um espaço maior do rack.

- **Montagem em lâmina:** finalmente, os servidores também podem vir em forma de lâmina. Essa tecnologia consiste em um servidor chassi que abriga várias placas de circuito modulares e finas, conhecidas também como "blades" de servidor. Cada blade (ou placa) contém processadores, memória, controladores de rede integrados e outras interfaces de entrada/saída (E/S). Os servidores podem experimentar uma redução de até 85% de cabeamento para instalações blade em relação a servidores convencionais de 1U (unidade de rack) ou em torre. As tecnologias de lâmina também utilizam muito menos espaço em comparação a outros fatores de forma.

Componentes do servidor

Os servidores possuem praticamente os mesmos componentes que são encontrados nas estações de trabalho, mas, por conta das altas cargas de trabalho e das funções de rede, do armazenamento e da redundância, os componentes desses dispositivos são geralmente mais robustos em comparação aos de máquinas cliente.

Sistema operacional

Por mais complexo que possa parecer, um sistema operacional é um software específico que possui um conjunto de rotinas a serem executadas pelo processador. Como o nome diz, sua principal função é controlar o funcionamento do computador, como um gerente dos vários recursos disponíveis do sistema. As funções que um sistema operacional deve desempenhar são:

- Permitir que os programas armazenem e obtenham informação.
- Isolar os programas dos detalhes específicos de hardware.
- Controlar o fluxo de dados entre os componentes de um computador.
- Permitir que os programas sejam executados sem a interferência de outros programas.
- Permitir que os programas independentes cooperem periodicamente e compartilhem informações.
- Responder aos erros ou a solicitações dos usuários.
- Em servidores, compartilhar inúmeros recursos de rede com seus usuários.

Placa-mãe

O papel da placa-mãe (motherboard) do servidor é similar ao de um computador desktop ou notebook, porém, com maior capacidade e desempenho e com uma quantidade maior de componentes, slots e interfaces. Isso ocorre pelo fato de os servidores possuírem vários processadores, mais interfaces de memória, inúmeras unidades de disco, placas de redes e outros componentes. No caso de computadores pessoais, geralmente eles são compostos por apenas um processador, enquanto nos servidores não raro encontram-se quatro ou mais processadores de até 28 núcleos, 48 slots DIMM DDR4 de memória e 8 unidades SAS/SATA (HDD/SSD) de 2,5".

Dispor de todos esses componentes para um pleno funcionamento do hardware dos servidores exige uma placa-mãe bem maior, altamente especializada e com o que há de mais moderno e performático, a fim de poder gerenciar todos os recursos e soluções adequadamente.

Unidade central de processamento

A CPU instalada nos servidores deve ser capaz de lidar com altas cargas de trabalho sem superaquecimento. Em muitos casos, isso requer o uso de ambos os processadores de múltiplos núcleos e várias CPUs. Em um processador de vários núcleos, cada um pode operar como uma CPU independente. Existem ao menos dois fabricantes que dominam o desenvolvimento de processadores: a Intel e a AMD. Os processadores utilizados pelos servidores atuais seguem uma arquitetura de 64 bits, e a escolha deles geralmente é definida pela quantidade de núcleos que eles podem suportar, os tamanhos de memórias cache e a velocidade de clock de processamento. Os processadores mais conhecidos e empregados em servidores são o Xeon da Intel e o Opteron da AMD.

- **Intel Xeon:** o microprocessador Xeon (pronuncia-se "zíon") consiste em uma série de processadores da Intel para servidores. Tais processadores geralmente possuem mais cache e são os únicos que suportam multiprocessadores, isto é, podem suportar dois ou mais processadores em uma mesma placa-mãe. Notadamente são processadores capazes de multiprocessar tarefas multiblock, fazendo com que suas cargas de trabalho sejam dinamicamente separadas.

- **AMD Opteron:** o microprocessador Opteron da AMD, lançado em 2003, foi o primeiro a implementar a arquitetura AMD64, com núcleo Sledgehammer (K8), e se destinava a competir com os processadores Intel Xeon, líderes de mercado para servidores até então. A arquitetura de 64 bits já existia para servidores (Itanium, UltraSparc) e para estações de trabalho de alto desempenho (PowerPC), mas o Opteron (assim como o Athlon 64) tinha um diferencial que permitia que sistemas operacionais de 64 bits executassem aplicações legadas de 32 bits.

- **ARM Processor:** o processador ARM, originalmente Acorn RISC Machine, e depois Advanced RISC Machine, é uma família de arquiteturas RISC desenvolvida pela empresa britânica ARM Holdings. Tais arquiteturas são licenciadas pela ARM para serem utilizadas por outros fabricantes. Microprocessadores com arquiteturas RISC, em geral, necessitam de menos transistores do que microprocessadores CISC (Complex Instruction Set Computer – computador com um conjunto complexo de instruções), como os utilizados nas arquiteturas x86, comumente encontradas em computadores pessoais. Essas características permitem menores consumos de energia, menor dissipação de calor e, por consequência, menor custo de produção. Essas arquiteturas são muito utilizadas em pequenos dispositivos portáteis, como smartphones e notebooks, mas supercomputadores e servidores de alto desempenho também podem se beneficiar dessas arquiteturas em função de suas características de consumo e desempenho.

Memórias de trabalho

Em inglês, a sigla RAM significa Random Access Memory, que em português pode ser traduzida como "memória de acesso aleatório". Essas memórias oferecem agilidade e velocidade ao funcionamento de um servidor; sem elas, qualquer programa ou aplicativo iria funcionar com muita lentidão. Basicamente, a RAM guarda de maneira temporária toda a informação de que o computador precisa para determinado momento – esse é um fator que a diferencia de um HD ou SSD, por exemplo, que são mais lentos e fazem um armazenamento de longo prazo. Por esse motivo, a memória RAM é considerada volátil, ou seja, é uma memória que requer energia para manter as informações armazenadas; ela retém seu conteúdo somente enquanto o dispositivo está ligado. Existem três critérios fundamentais para a escolha de uma memória desse tipo:

- **Capacidade:** medida em gigabytes (GB), indica quantos arquivos temporários ela pode armazenar simultaneamente.
- **Clock de memória ou frequência:** medido em megahertz (MHz), indica a velocidade com a qual a memória RAM trabalha nos arquivos temporários.
- **DDR:** acompanhado de um número, indica a geração da placa de memória RAM. Quanto maior, mais moderna é a peça.

Existe uma infinidade de modelos de memória RAM utilizados em desktops, notebooks ou servidores, por exemplo: DDR, DDR2, DDR3, DDR4, DDR5 e muitas outras.

- **DDR ou DDR1:** inicialmente, é preciso lembrar que os microprocessadores trabalham com duas medidas de processamento: o clock interno e o clock externo. O clock interno se refere à frequência máxima que a CPU consegue suportar. O clock externo, por sua vez, é a velocidade de transferência dos dados para o barramento principal da máquina, conhecido como Front Side Bus (FSB – barramento frontal). Geralmente, o clock interno é muito maior que o externo. Com a evolução tecnológica, as memórias existentes tiveram que ser atualizadas; desse modo, surgiram as DDR (Double Data Rate – taxa de transferência dobrada) ou DDR1, sendo possível transferir dados de modo duplicado, dobrando, assim, a frequência de 200 Mhz para 400 Mhz.
- **DDR2:** da mesma forma que surgiu a DDR1, os processadores continuaram em evolução. Nesse sentido, a frequência do clock externo precisou aumentar. Em comparação com a DDR1, a velocidade de transmissão da DDR2 dobra, ou seja, um pente de memória desse tipo é capaz de transmitir quatro dados por ciclo de clock. Outra vantagem em comparação com sua antecessora diz respeito ao gerenciamento de energia, que é realizado de maneira muito mais econômica.
- **DDR3:** essa memória é a evolução da DDR2, ou seja, novamente o avanço tecnológico obrigou o aperfeiçoamento das memórias. O que antes era suficiente, agora precisava de mais velocidade. O grande diferencial da DDR3, quando comparada com sua antecessora, é a capacidade de comunicação ter aumentado oito vezes o valor do clock da memória, com transmissão de oito dados por pulso de clock. Outro diferencial é que essas memórias precisam de uma tensão de alimentação menor que as outras e, por esse motivo, as memórias DDR3 consomem menos energia do que as memórias DDR2, que, por sua vez, consomem menos energia do que as memórias DDR.
- **DDR4:** atualmente um dos modelos mais utilizados em servidores é o das memórias DDR4, que, da mesma forma que as anteriores, são uma evolução. Por padrão, essas memórias podem operar com valores de 2.133 Mhz até 4.266 MHz, significando mais transferências em um mesmo intervalo de tempo, o que pode

ser determinante para algumas das aplicações atuais. Enquanto a DDR3 utiliza 1,5 V de alimentação, a DDR4 exige 1,2 V, o que acaba prolongando a vida de alguns tipos de bateria utilizados em notebooks, por exemplo. Além disso, a capacidade das memórias DDR3 é superior em relação ao padrão anterior; tais modelos podem suportar de 4 a 16 GB de capacidade por placa.

- **DDR5:** as memórias DDR5 são as mais atuais. Por esse motivo podem suportar velocidades mais rápidas com uma maior economia de energia, aumentando o desempenho da máquina a uma taxa de transferência por volta de 6.400 MHz, além de suportar pentes de até 32 GB.

Barramento

Em uma arquitetura de máquina, um barramento ou "bus" é um sistema de comunicação que transfere dados entre componentes internos de um computador. Tal expressão abrange todos os componentes de hardware relacionados e software, incluindo protocolos de comunicação. São três os tipos de funções de barramentos mais comuns: os barramentos de dados, os barramentos de endereço e os barramentos de controle. Além disso, os barramentos podem ser considerados internos, responsáveis por interligar elementos no interior de um processador, por exemplo, os registradores ou registros de um microprocessador, e externos, que, por sua vez, são responsáveis pela interligação dos diversos componentes do servidor, como o processador, as memórias e as unidades de entrada e saída (E/S). Alguns modelos de barramentos utilizados em servidores são o Serial Attached SCSI (SAS – serial anexado SCSI) e o Peripheral Component Interconnect (PCI – interconexão de componentes periféricos), e suas evoluções, como o PCI-X e o PCI-E.

- **PCI:** possui 33 MHz de largura (32 bits ou 64 bits) do barramento de expansão, que era um padrão moderno em placas-mãe de uso geral. As placas PCI de 32 bits com 33 MHz operam até 133 MBps, enquanto as placas de 32 bits com 64 MHz operam até 266 MBps. Placas PCI de 64 bits com 33 MHz operam a 266 MBps, enquanto as placas de 64 bits com 66 MHz operam até 533 MBps.
  - *PCI-X:* o PCI Extended é uma versão dupla do barramento local PCI de 32 bits. Pode suportar quatro vezes a velocidade de clock tradicional, alcançando maior largura de banda com o mesmo protocolo de comunicação e uma implementação elétrica semelhante. Foi substituído pelo PCI Express, que utiliza um conector diferente e um design lógico também distinto e mais atual.
  - *PCI-E:* o PCI Express, também conhecido pelas siglas PCIE, PCI-E ou PCIe, utiliza uma rede de interconexões seriais que operam a alta velocidade. Pretende ser um substituto para o AGP (Advanced Graphics Processor – processador de gráficos avançado – era uma solução provisória para gráficos) e PCI. O PCIe tem a capacidade de ser mais rápido do que o AGP, mantendo a flexibilidade e o desempenho do PCI. É possível citar quatro versões mais conhecidas dele: a versão 1, de até 8 GBps, a versão 2, de até 16 GBps e a versão 3, de até 32 GBps.

Armazenamento

Como o servidor é um equipamento desenvolvido para ofertar recursos em uma rede, seu sistema operacional é mais robusto e tende a utilizar mais espaço de armazenamento, bem como outras aplicações que são nele instaladas. Além disso, dependendo do servidor, ele pode oferecer espaço de armazenamento como recurso principal a seus clientes. Nesse caso, é necessária uma grande capacidade de discos para atender a esses requisitos. Os tipos de solução de armazenamento não volátil mais comuns em servidores são o HD (Hard Disk – disco rígido) e o SSD (Solid-state Drive – unidade de estado sólido) – este último mais moderno e performático em comparação com os discos eletromecânicos tradicionais. No entanto, os HDs têm um excelente custo-benefício, e por esse motivo são utilizados até hoje, em geral, com os SSDs, que são empregados para armazenar informações que necessitam ser carregadas ou armazenadas mais rapidamente.

Outra solução muito comum encontrada nos servidores, quando se fala sobre armazenamento, são os RAID (Redundant Array of Independent Disks – matriz redundante de discos independentes), desenvolvidos para melhorar o desempenho, a capacidade de armazenamento e a segurança dos dados. Como são soluções redundantes, são necessários ao menos dois discos para a operação deles; por isso, existem vários tipos de RAID utilizados no mercado. Essas matrizes podem ser implementadas via software ou hardware, sendo a implementação via hardware mais performática em função da aplicação de uma placa controladora específica para tal finalidade.

Tipos de RAID

Por serem idealizados para atender a aplicações distintas, cada tipo de RAID possui prós e contras a serem considerados pelo administrador de rede. A seguir, uma breve explicação sobre os arranjos de discos mais comuns e suas respectivas características.

- **RAID 0:** esse arranjo de discos utiliza dois ou mais discos rígidos com a finalidade de maximizar o desempenho no armazenamento e acesso a informações. A técnica também é conhecida como stripping array, ou fracionamento, e é considerada o nível de RAID mais rápido, porém o menos seguro. A lógica do RAID 0 consiste em distribuir os dados a serem armazenados no sistema de armazenamento, gravando a informação particionada em diversos HDs de maneira simultânea.

- **RAID 1:** também conhecido como disk mirror, replicação ou espelhamento, o arranjo RAID 1 é ideal para pequenas empresas e residências, sendo implementado inicialmente com apenas dois HDs. Escrevendo as informações de maneira simultânea nos discos, esse sistema faz uma cópia dos aplicativos e dados em tempo real, sem a intervenção do usuário, e geralmente os tempos de gravação são maiores se comparados com os de outros arranjos.

- **RAID 5:** este arranjo também é conhecido como strip set com paridade e é uma evolução dos mecanismos já apresentados. O método é muito utilizado em servidores ou storages com pelo menos três discos rígidos instalados, criando uma boa camada de redundância, com excelente custo de implementação, sacrificando, porém, parte da capacidade de armazenamento do sistema para proporcionar maior segurança aos dados.

- **RAID 6:** é um arranjo com características similares às do RAID 5, mas com o acréscimo de dupla paridade às informações gravadas. Isso significa que no RAID 6 até dois HDs podem falhar sem a perda de dados, no entanto, o dobro do espaço será utilizado para gravar a paridade e manter a redundância do sistema.
- **RAID 10 ou RAID 1+0:** nesse arranjo, é feita a combinação de dois ou mais subgrupos de espelhamentos agrupados em uma única matriz. Para a implementação de um arranjo RAID 10, são utilizados pelo menos quatro discos rígidos, nos quais são criadas combinações de dois ou mais grupos RAID 1 para a escrita simultânea com RAID 0.
- **RAID 50 ou RAID 5+0:** como no arranjo anterior, esse tipo de RAID também combina duas configurações já conhecidas: pelo menos dois arranjos RAID 5 trabalhando em RAID 0. Voltado para instalações equipadas com pelo menos seis HDs no mesmo gabinete, esse disk array torna-se economicamente viável com sistemas de pelo menos nove discos, através da criação de três subgrupos RAID 5.
- **RAID 60 ou RAID 6+0:** combinando dois arranjos já abordados, o RAID 60 também é considerado um array híbrido que concilia duas configurações RAID em um único pool de discos: o RAID 6 e o RAID 0. Exige pelo menos oito HDs e dois subgrupos RAID 6 montados no mesmo pool. Esse sistema mantém dupla paridade por subgrupo, o que o faz continuar funcionando mesmo que quatro discos falhem simultaneamente, sem que haja perda de informações.

Placa de rede

Em servidores mais modernos, geralmente são encontradas duas ou mais placas de rede de alta capacidade. Isso ocorre porque provavelmente muitas requisições serão realizadas pelos usuários da rede aos servidores, e estes, por sua vez, necessitam de grandes vazões de dados para o atendimento dessas solicitações. Na maioria das redes locais, essas placas são do tipo Ethernet, com velocidades de 1 GB, 10 GB e 100 GB e com interfaces de comunicação baseadas em cabos metálicos (RJ-45) ou cabos ópticos (MMF ou SMF). Essas placas de rede também são conhecidas como NIC (Network Interface Card – placa de interface de rede).

Em sistemas de armazenamento de alta capacidade, como em redes SAN (Storage Area Network – rede de área de armazenamento), essas placas podem seguir padrões específicos, do tipo Fibre Channel (FC – canal de fibra), FCoE (Fibre Channel over Ethernet – canal de fibra sobre ethernet) e muitas outras. Nesses ambientes de SAN, essas placas também podem ser conhecidas como HBA (Host Bus Adapter – adaptador de barramento host) – isso vai depender do tipo de tecnologia utilizada.

Monitor

Os monitores, para o caso de servidores, não costumam ser dispositivos diferentes daqueles dos computadores tradicionais, até porque um servidor nem sempre exige uma interface gráfica de alta resolução. No entanto, recomenda-se a utilização de monitores de 17" (polegadas), do tipo LCD (Liquid Crystal Display – visor de cristal líquido) ou LED (Light Emitting Diode – diodo emissor de luz).

Teclado e mouse

O Windows Server, apesar de fornecer acesso através de comandos PowerShell, é utilizado em sua grande parte através de interface gráfica, que acaba sendo mais amigável e mais fácil para os administradores de rede. Por esse motivo, o teclado e o mouse são dispositivos essenciais. Eles podem ser cabeados ou sem fio.

Dispositivos de backup

O backup dos dados de um servidor é essencial para a operação dele, pois é através do backup que os administradores de rede podem fazer a recuperação de dados dos dispositivos em casos de falha, degradação ou acesso indevido. Os dispositivos mais comuns encontrados são as unidades de DVD (Digital Video Disc – disco de vídeo digital), HDs externos e as unidades de fita magnética do tipo DAT (Digital Audio Tape – fita de áudio digital), por serem de excelente custo-benefício e de capacidade de armazenamento suficiente. Porém, com a evolução das tecnologias, é possível empregar também hardwares específicos para a cópia dos dados e soluções de nuvem, muito adotadas atualmente.

Exercícios propostos

1. Explique com suas palavras o que é uma arquitetura cliente/servidor.
2. Quais são as distribuições/versões do Windows Server?
3. Quais das versões do Windows Server é mais adequada para a implantação de uma infraestrutura de datacenter e ambientes em nuvem?
4. O que é CAL e qual é a diferença entre CAL de usuário e CAL de dispositivo?
5. Como funciona o licenciamento por núcleo em servidores Windows Server?
6. Qual é a função do Windows Admin Center?
7. Quais são os processadores mais utilizados atualmente em servidores?
8. Monte uma tabela comparando as memórias DDR3, DDR4 e DDR5 com suas principais características (taxas de transferência de dados, voltagem, banco de memória, capacidade e integridade dos dados).
9. Faça uma pesquisa sobre os tipos de RAID e compare-os com ilustrações didáticas.
10. Faça uma rápida pesquisa e compare as diferenças entre DAS, NAS e SAN.

Anotações

5
Instalação e configuração do Windows Server

Objetivos:

» Realizar o download dos sistemas operacionais

» Instalar o Windows Server

» Escolher o tipo de instalação do Windows Server

» Aplicar uma senha no Windows Server

» Desligar corretamente o Windows Server

Download dos sistemas operacionais Windows

Para que seja possível instalar o sistema operacional proposto, é preciso antes saber como obter uma versão oficial desse software. A Microsoft geralmente possui várias opções para que você possa adquirir uma versão de teste do Windows Server. Se você é estudante e sua universidade tem parceria com a Microsoft, ela permite a você acessar um portal de estudante para baixar alguns softwares da empresa, principalmente os sistemas operacionais. No entanto, aqui está sendo considerado que você, leitor, não necessariamente faz parte de uma instituição de ensino; por esse motivo, será apresentado um recurso de que a Microsoft dispõe para testes de seus produtos. É possível obter uma versão completa do Windows Server para teste (a versão utilizada neste livro é 2022), a qual poderá ser utilizada em até 180 dias; para isso, basta possuir um e-mail do Outlook ou Hotmail e efetuar o download por meio deste link: https://www.microsoft.com/pt-br/evalcenter/evaluate-windows-server-2022.

Caso não consiga por algum motivo acessar o link descrito e/ou ele esteja indisponível, uma sugestão é fazer uma pesquisa em algum buscador de internet, colocando as palavras *Baixar o Windows Server*. Lembre-se sempre de fazer seus downloads a partir de portais oficiais do fabricante – jamais faça downloads de sites desconhecidos.

1. Acessando o link indicado, escolha a versão do Microsoft Windows Server em *Comece gratuitamente* e *Selecione sua experiência*. Escolha a opção *ISO* e clique no botão *Continuar*. Aparecerá uma tela *Avaliar o Windows Server 2022*. Leia atentamente as principais características desse sistema operacional. Ao lado direito, em *Inscreva-se no trial gratuito hoje mesmo*, preencha seus dados e clique no botão *Faça o download agora mesmo*.

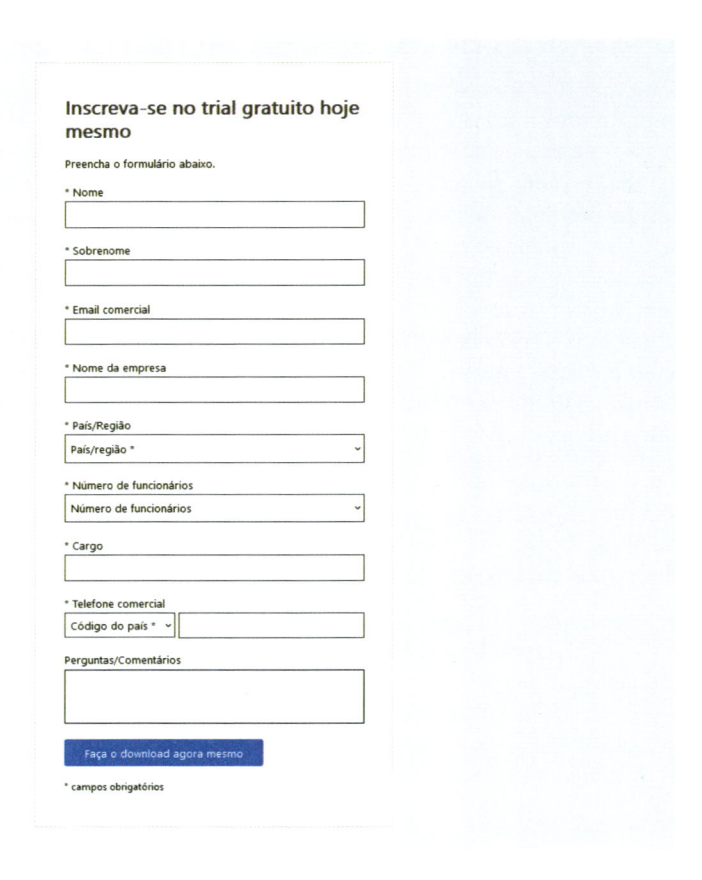

2. Selecione seu download do Windows Server, clique sobre a opção *Downloads do ISO Edição de 64 bits* (escolha a linguagem de interesse). O download será realizado.

3. O arquivo ISO será baixado em uma pasta do seu sistema operacional. Você poderá vê-lo na pasta onde foi carregado.

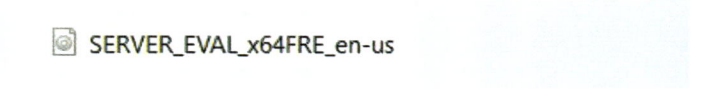

4. Também será utilizado nos exemplos o Windows 10 Enterprise em uma máquina virtual (VM – Virtual Machine). Recomendamos o download desse sistema operacional a partir deste link: https://www.microsoft.com/pt-br/evalcenter/evaluate--windows-10-enterprise.

5. Da mesma forma que no Windows Server, baixe a versão ISO do Windows 10 Enterprise.

Instalação do Windows Server

Após o término do download do sistema operacional Windows Server a partir do portal oficial da Microsoft, você irá instalar a ISO na VM previamente criada. Para que esta atividade seja realizada com sucesso, basta executar as etapas a seguir:

1. Abra o *Gerenciador do Hyper-V* e selecione a VM *Windows Server* criada.

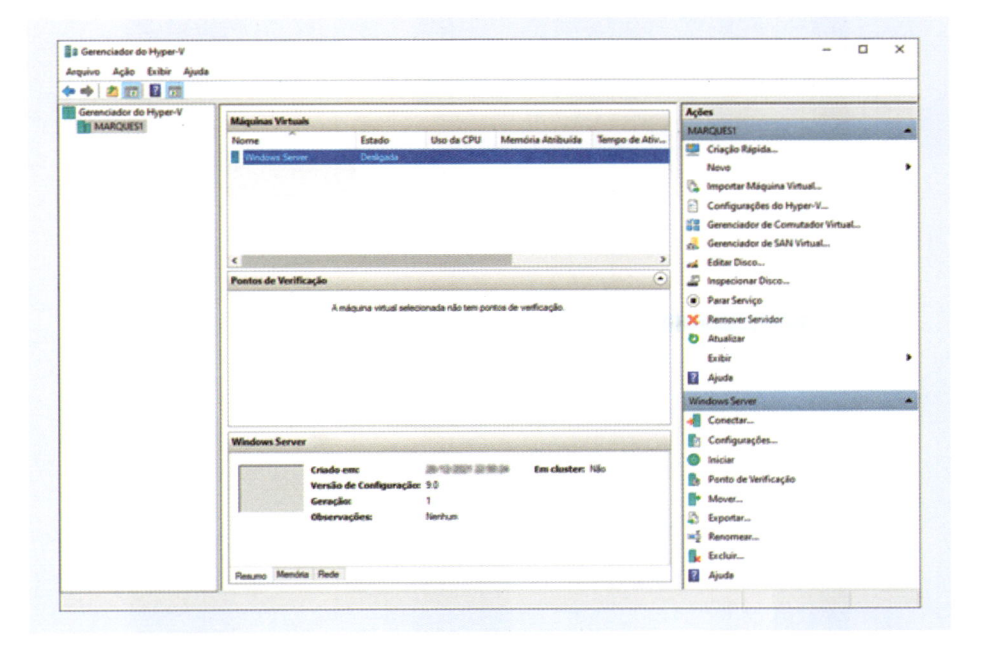

2. Dê um duplo clique sobre o nome *Windows Server*. A tela apresentará a informação de que a VM está desligada e solicitará inicialização.

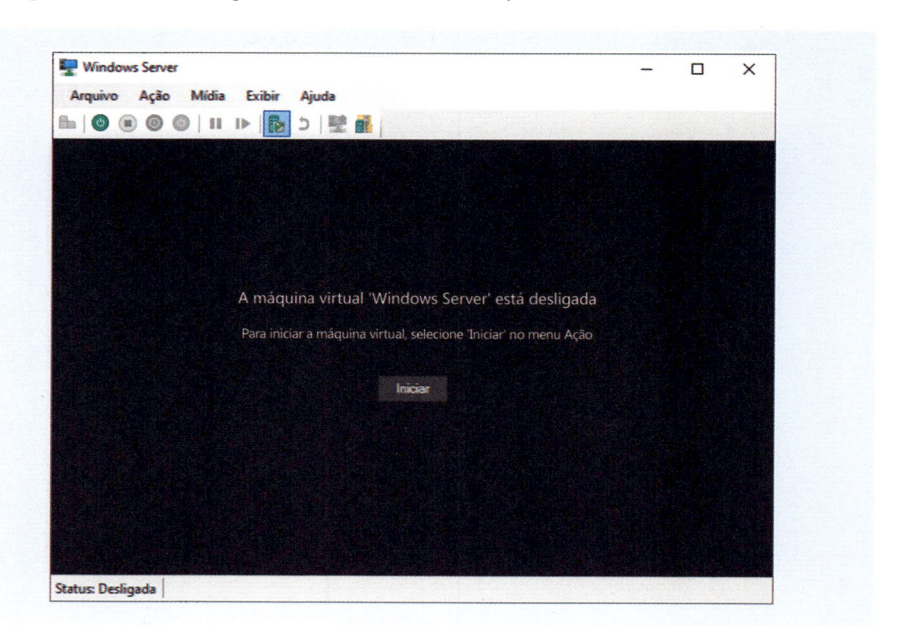

3. Clique no menu *Ação* e, depois, em *Iniciar*. Caso apareça alguma mensagem de memória insuficiente, volte para o *Gerenciador do Hyper-V* e, em *Configurações*, altere a quantidade de memória necessária.

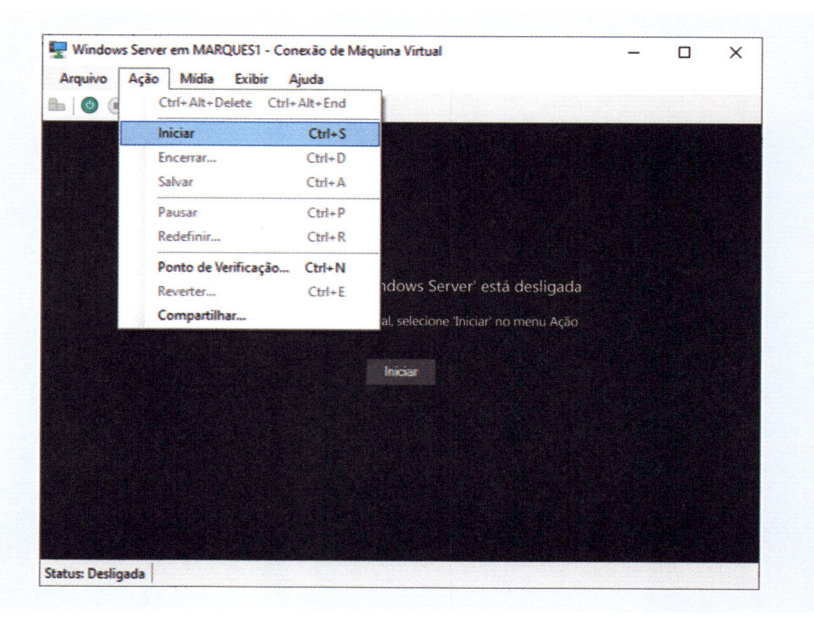

4. A janela apresentará um fundo escuro e um cursor intermitente, informando que o boot falhou (boot failure). Isso ocorre porque a VM ainda está sem sistema operacional instalado. Acesse o menu *Mídia*, vá em *Unidade de DVD* e clique em *Inserir Disco*.

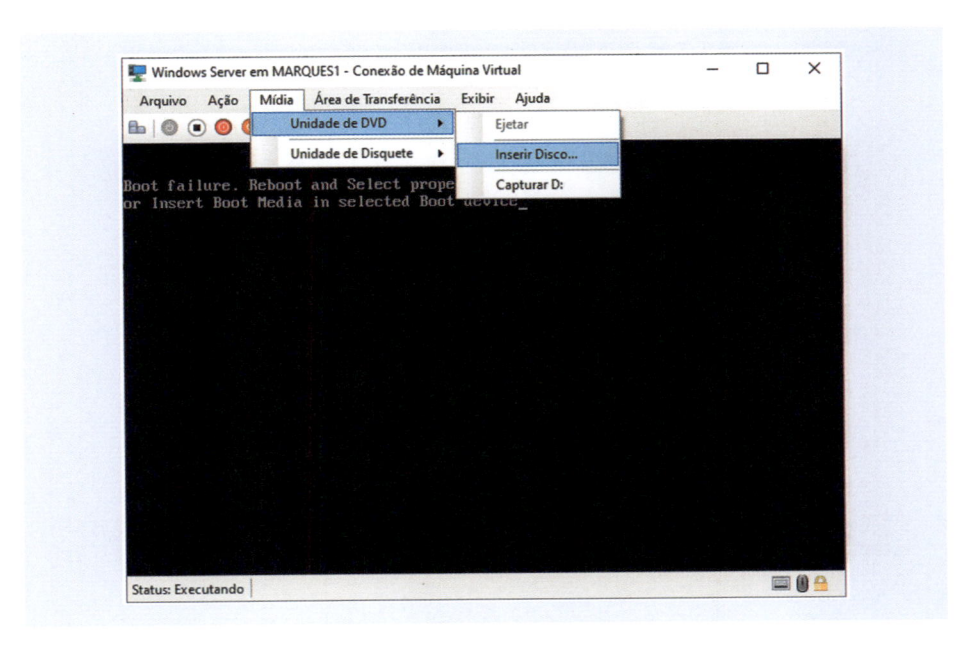

5. Vá até a pasta na qual os arquivos ISO foram baixados e escolha primeiramente a ISO do Windows Server. Clique sobre ela e pressione o botão *Abrir*.

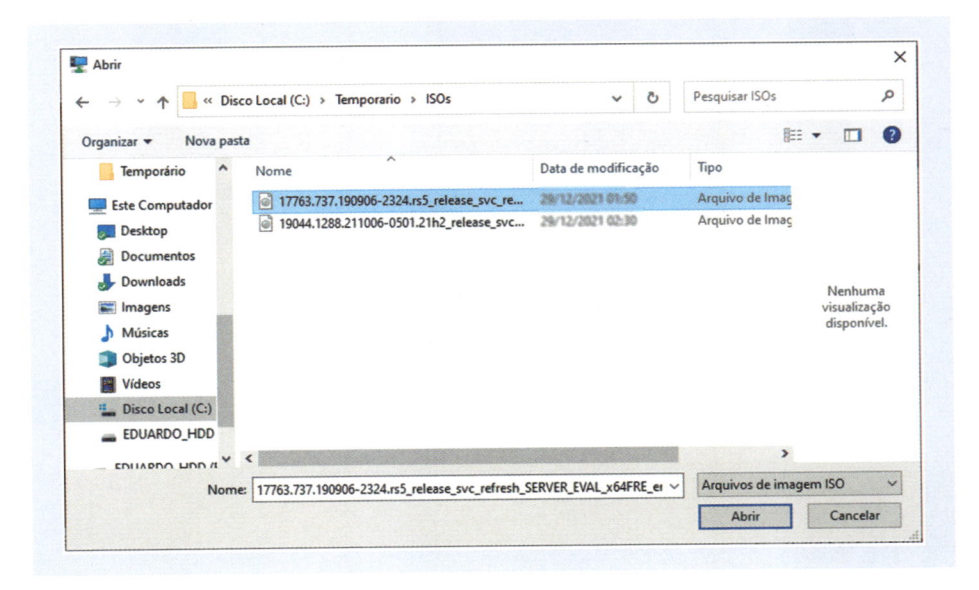

6. Aparecerá o logo de inicialização do Windows Server.

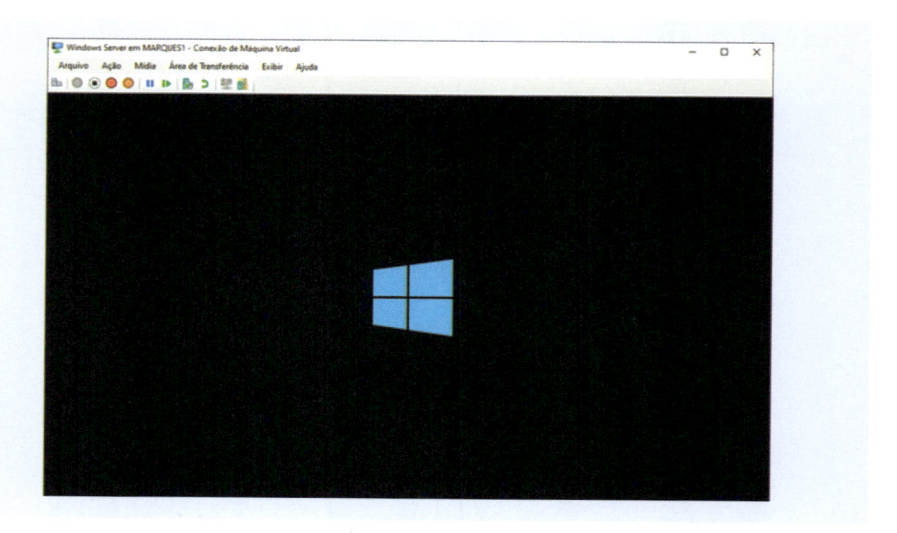

7. Ao iniciar a instalação dos arquivos do sistema operacional, o Windows Server solicitará as configurações de idioma, horário e teclado.

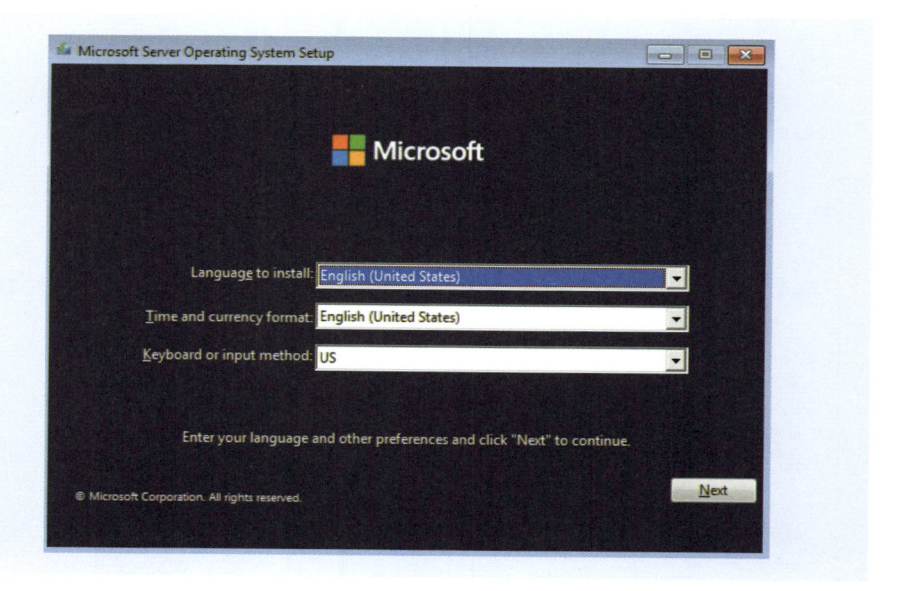

8. Selecione em *Language to install: English (United States)*, em *Time and currency format: Portuguese (Brazil)* e em *Keyboard or input method: Portuguese (Brazil ABNT2)*. Clique o botão *Next*.

9. Aparecerá a janela do Windows Server e, no centro, o botão *Install now*. Clique sobre esse botão e aguarde a instalação. Na tela seguinte, aparecerá a informação *Setup is starting*.

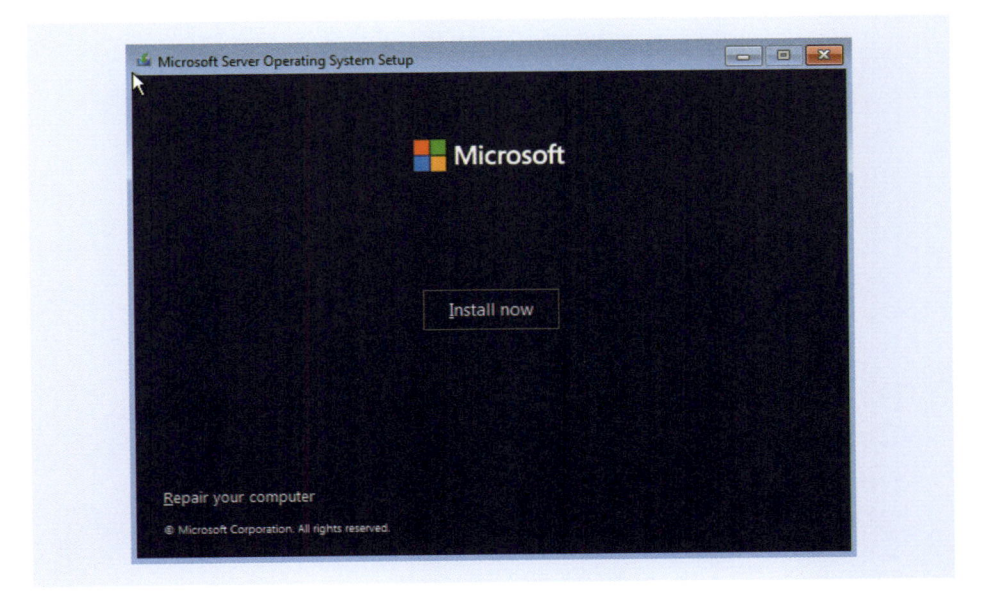

10. Em uma versão de produção do Windows Server, apareceria uma janela indicando que a instalação está sendo iniciada e, após o término, uma nova janela solicitaria o número serial do produto. Como aqui está sendo utilizada uma versão de teste, esse número não será solicitado. Após a execução do setup, será apresentada uma tela para a escolha do tipo de instalação do Windows Server. Aparecerão quatro opções de escolha, duas *Standard Evaluation* e duas *Datacenter Evaluation*. Escolha a *Windows Server 2022 Datacenter Evaluation (Desktop Experience)*, que é a opção que traz a interface gráfica (GUI – Graphical User Interface) do Windows. Alguns autores preferem instalar a opção sem interface gráfica (Server Core), por questões de tempo de atualização e segurança na instalação; porém, como o foco aqui é a administração dos recursos do sistema operacional, opte pela versão mais completa. Após a escolha da última opção, clique no botão *Next*.

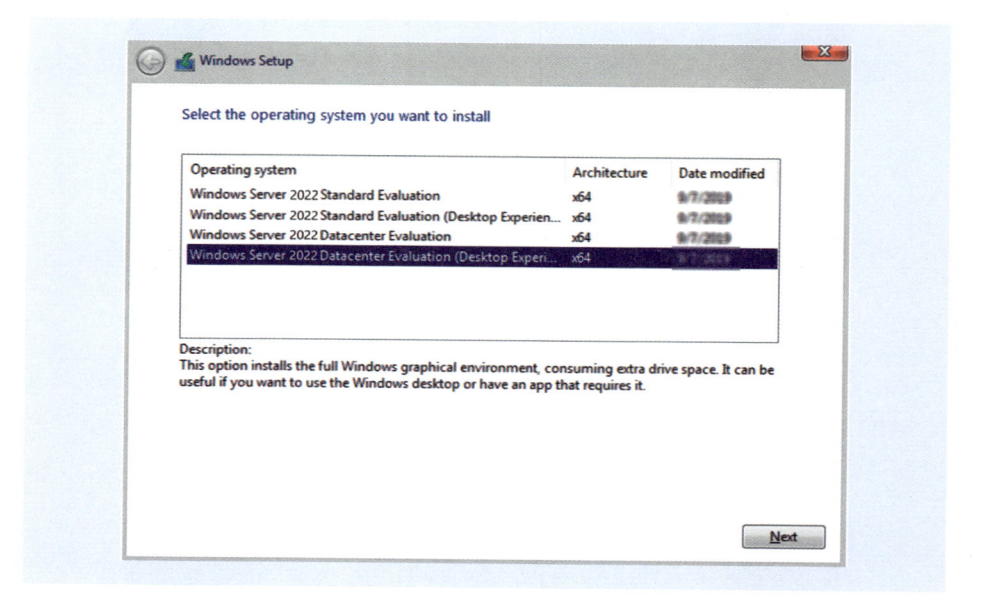

11. A janela seguinte exibirá os termos de licença de uso do software. Leia-os e, caso concorde com eles, selecione e marque a caixa *I accept the Microsoft Software License Terms*, clicando sobre o botão *Next*.

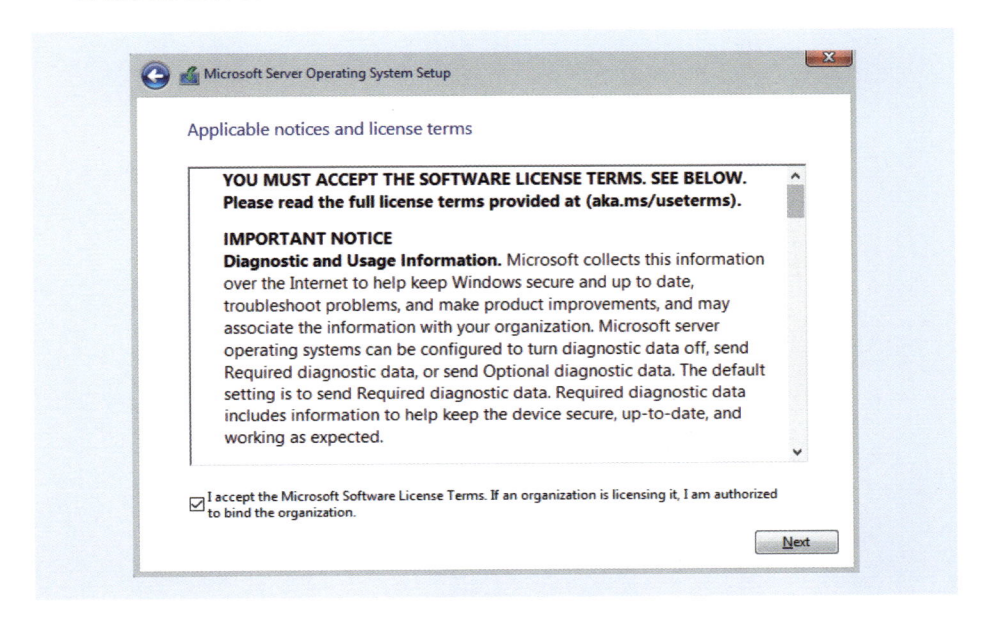

12. Na próxima janela aparecerão duas opções: a *Upgrade*, recomendada a quem já tem uma versão antiga do Windows Server e deseja atualizá-la, e a *Custom*, que permite escolher uma instalação customizada. Escolha a opção *Custom: Install Windows only (advanced)*.

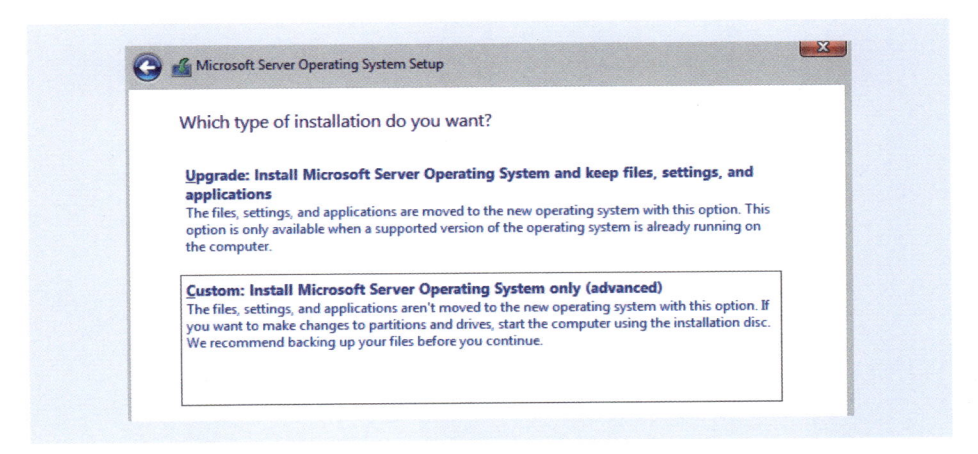

13. Na próxima etapa, escolha o local de instalação do Windows Server. Lembre-se de que, quando é criada a VM, também é criado um HD (Hard Disk – disco rígido) virtual de 50 GB (é possível escolher a quantidade de armazenamento necessária). Escolha essa opção e clique no botão *Next*.

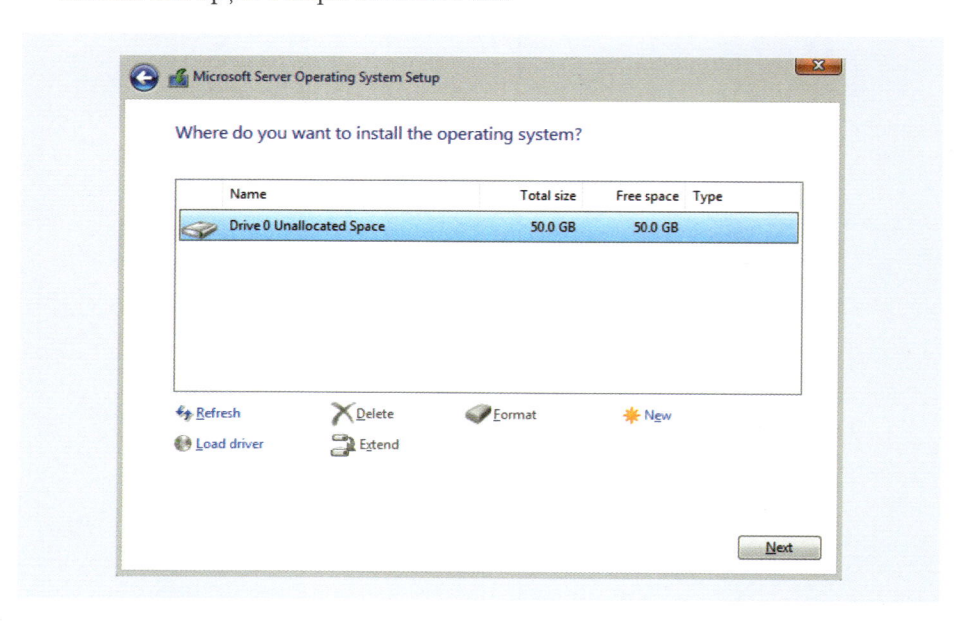

14. O processo de instalação do Windows Server irá copiar todos os arquivos necessários para o HD virtual escolhido. Essa opção pode demorar um pouco. Aparecerá uma tela indicando o processo de carregamento desses arquivos.

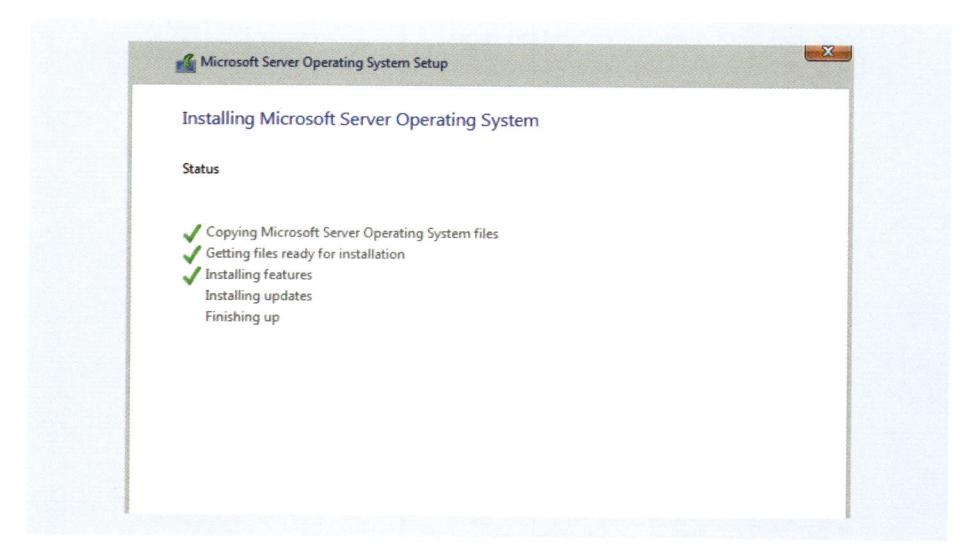

15. Após o término da cópia e da instalação de todos os arquivos do sistema operacional, você pode esperar que o sistema seja reinicializado e/ou pode forçar esse procedimento (botão *Restart Now*). O sistema será reinicializado e aparecerá uma tela para a criação de uma senha forte (password) do servidor na conta *Administrator* (que é uma conta padrão no Windows Server). Por questões didáticas, coloque a senha *Administrador4321* e clique sobre o botão *Finish*. Lembre-se de que essa senha é case-sensitive, ou seja, distingue letras maiúsculas e minúsculas. Uma senha considerada forte ou segura é geralmente aquela que apresenta mais do que doze caracteres alfanuméricos, misturados com caracteres especiais.

16. Após definir a senha para a conta Administrator, o sistema irá direcioná-lo à tela de login do servidor. Em *Password*, entre com a senha criada.

17. Observe que, assim que você logar no servidor, aparecerá na barra de ferramentas no canto inferior direito o ícone *Server Manager*. Às vezes, na instalação, esse ícone pode aparecer de forma expandida na tela principal.

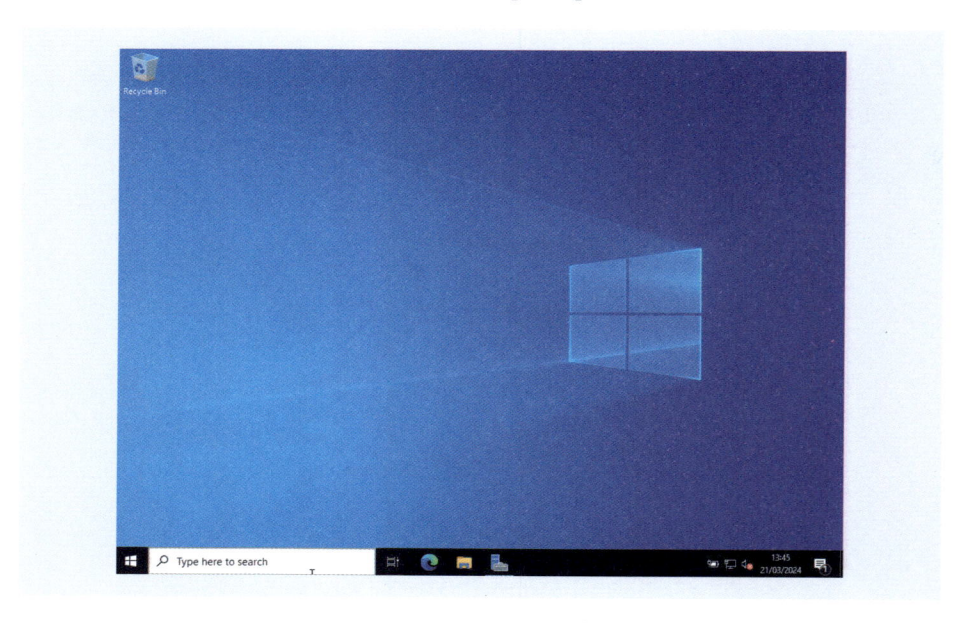

18. Vá até o *Gerenciador do Hyper-V* e observe também que a VM está sendo executada sem maiores problemas.

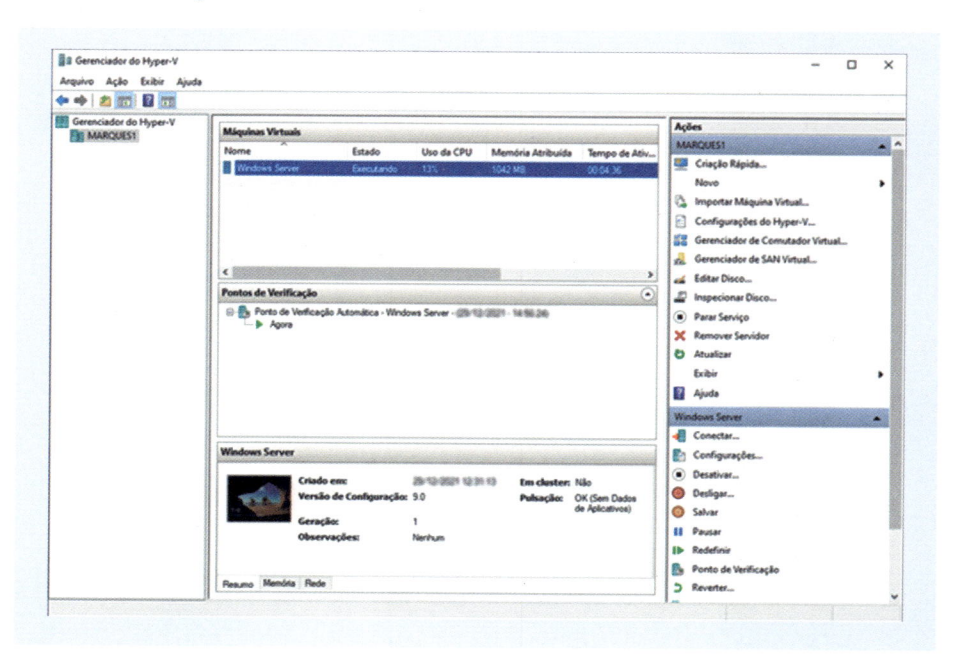

Desligamento e ligamento do servidor

São várias as formas de desligar o servidor no sistema operacional Windows Server. As maneiras mais comuns ocorrem por meio da GUI ou do prompt da linha de comando – esta última não é muito utilizada. Você vai conhecer ambas as formas a seguir.

1. Para o desligamento por interface gráfica, clique sobre o ícone da janela do Windows no canto inferior esquerdo da tela e, em seguida, no botão *Power*. Selecione *Shut down*.

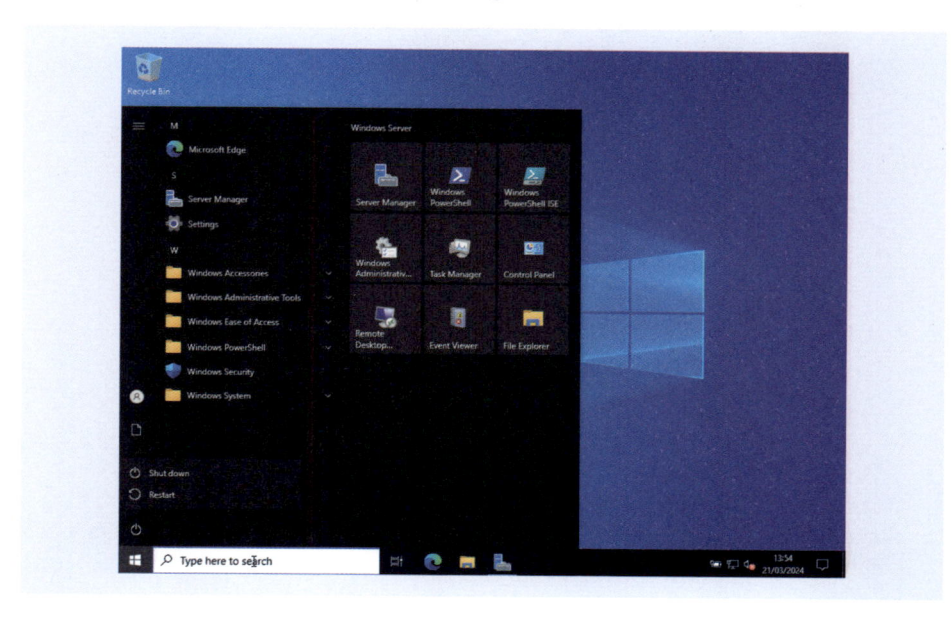

2. Aparecerá uma pequena janela perguntado a razão do desligamento. Escolha uma opção e clique em *Continue*.

3. Caso deseje desligar o equipamento por meio do prompt de comando do Windows, clique sobre a lupa no canto inferior esquerdo da barra de tarefas e digite *command prompt*, pressionando *Enter*, ou clique sobre o ícone *Command Prompt* que aparecerá na aba.

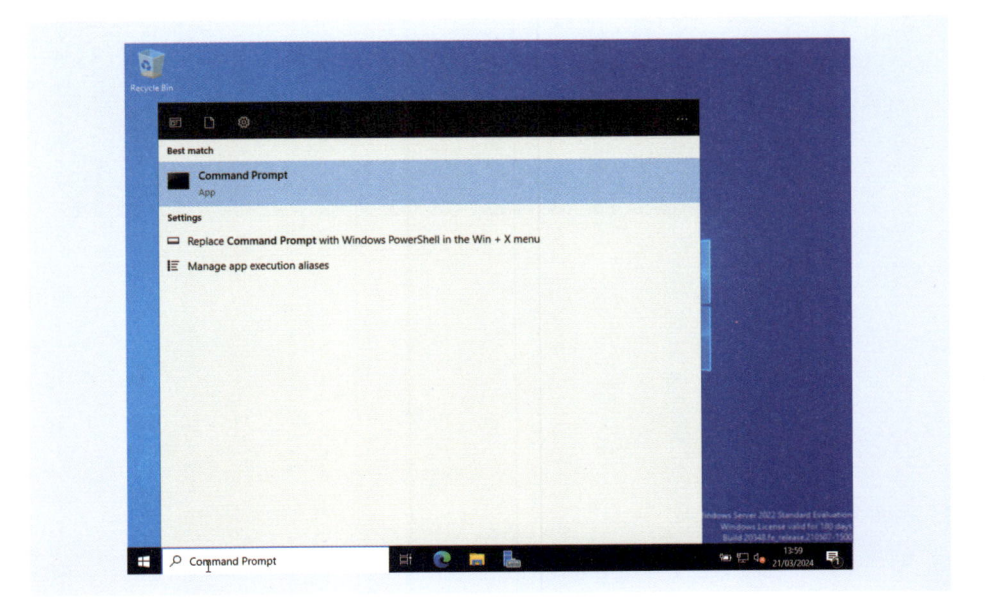

4. Na tela do prompt de comando, digite o comando *shutdown /s*, como apresentado a seguir, e tecle *Enter*. O sistema será desligado e aparecerá a tela de desligamento.

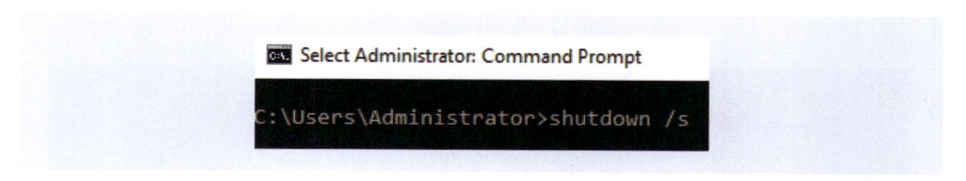

5. Caso você deseje reiniciar o servidor, pode clicar sobre o botão *Iniciar* no centro da tela *Conexão de Máquina Virtual* ou no ícone *Iniciar* no canto superior da janela do Hyper-V, na cor verde.

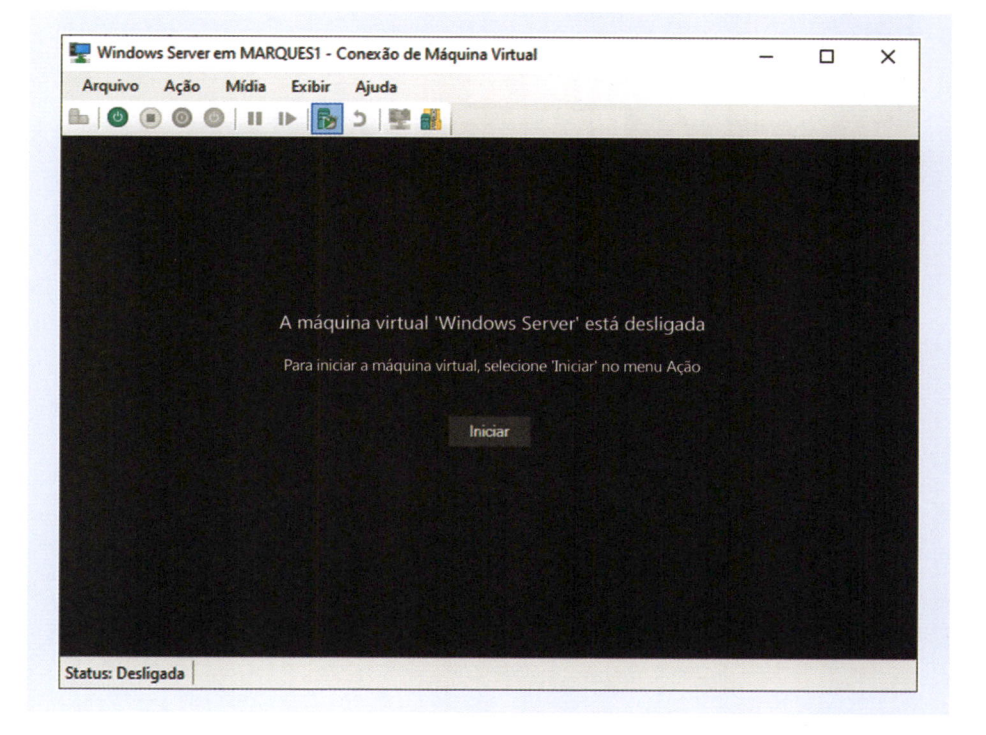

6. O sistema irá reiniciar o servidor e aparecerá a tela *de login* para que você insira a senha e entre na VM. Caso o acesso demore, o sistema pode pedir a execução de *Ctrl + Alt + Del* para você acessar a máquina.

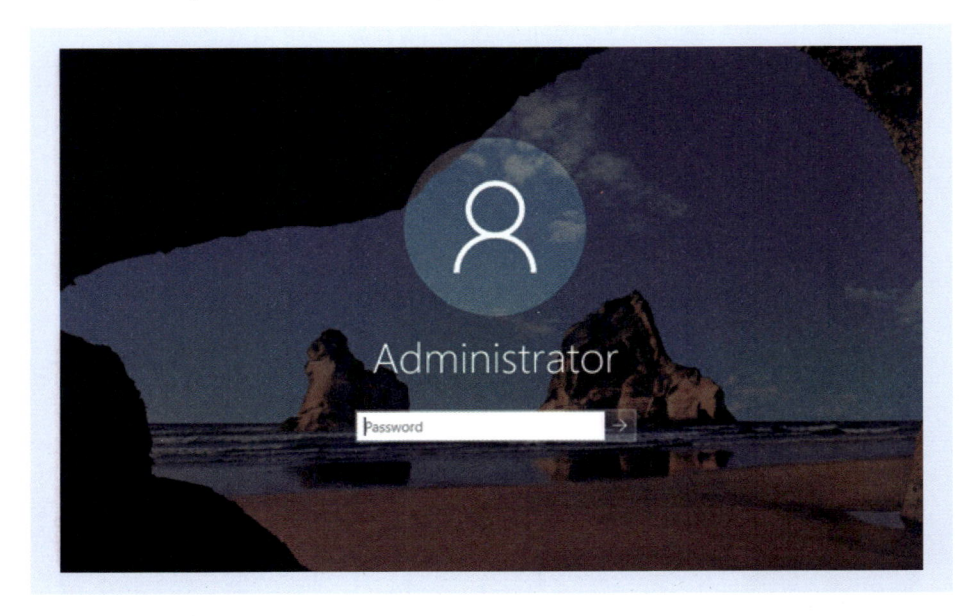

Exercícios propostos

1. Faça o download do Windows 10 e crie uma VM com as seguintes especificações:
   - Nome do computador: *cliente01*
   - Nome do usuário: *usuário01*
2. Quais seriam as opções de experiência para a instalação do Windows Server? Para utilizar com VM, qual seria a indicada?
3. Quais as duas formas para efetuar o desligamento do Windows Server? Entre as duas formas, qual você prefere?
4. Após a instalação e a configuração da VM com o Hyper-V, o que fazer para buscar o arquivo ISO que será utilizado?
5. Qual é a diferença entre a instalação Windows Server 2022 Datacenter Evaluation e a Windows Server 2022 Datacenter Evaluation (Desktop Experience)?
6. É recomendado utilizar uma senha segura na conta *Administrator* do Windows Server. Na sua visão, quais são as características de uma senha segura?
7. Qual é a diferença entre as opções *Upgrade* e *Custom* na pasta de Windows Setup?
8. O que significa case-sensitive para a aplicação de uma senha em uma conta do Windows Server?
9. Quando a VM é devidamente instalada com um sistema operacional e está no estado de execução, qual é o local ideal para verificar esse status?
10. Para que local todos os arquivos do sistema operacional devem ser copiados no processo de instalação da VM?

Anotações

6

Gerenciamento de redes com Windows Server

OBJETIVOS:

» Conhecer o ambiente do Windows Server

» Traduzir os menus do Windows Server

» Personalizar a área de trabalho do Windows Server

» Utilizar recursos de gerenciamento do servidor

Ambiente do Windows Server

O gerenciamento do Windows Server fornece um controle centralizado e pode ser acessado presencial ou remotamente, permitindo que o administrador de rede realize tarefas de gerenciamento e configuração da melhor forma possível. Além da possibilidade de configuração dos recursos, também conhecidos como roles and features, a versão 2022 do sistema operacional conta com antimalware e uma série de recursos de segurança, como criptografia, que evitam vulnerabilidades e alguns tipos de ataques cibernéticos, impossibilitando, assim, eventuais invasões.

Também é possível a criação de ambientes isolados com os recursos de containers, segregando e protegendo as máquinas virtuais na rede. Os containers podem ser configurados tanto na forma virtual, utilizando o Hyper-V, como fisicamente, através da configuração do Windows Server. Tais recursos contribuem para a implementação de aplicações em nuvem, em função do aumento da segurança, segmentação e disponibilidade dos servidores em ambientes computacionais.

Para que possamos conhecer alguns desses recursos de gerenciamento, acesse a máquina virtual (VM – Virtual Machine) criada e conecte-se a seu sistema operacional da seguinte forma: na tela inicial do Windows Server, clique sobre o botão *Iniciar*, que é representado pelo ícone do Windows, e em *Windows Server* podemos identificar nove opções, como indicado na figura a seguir.

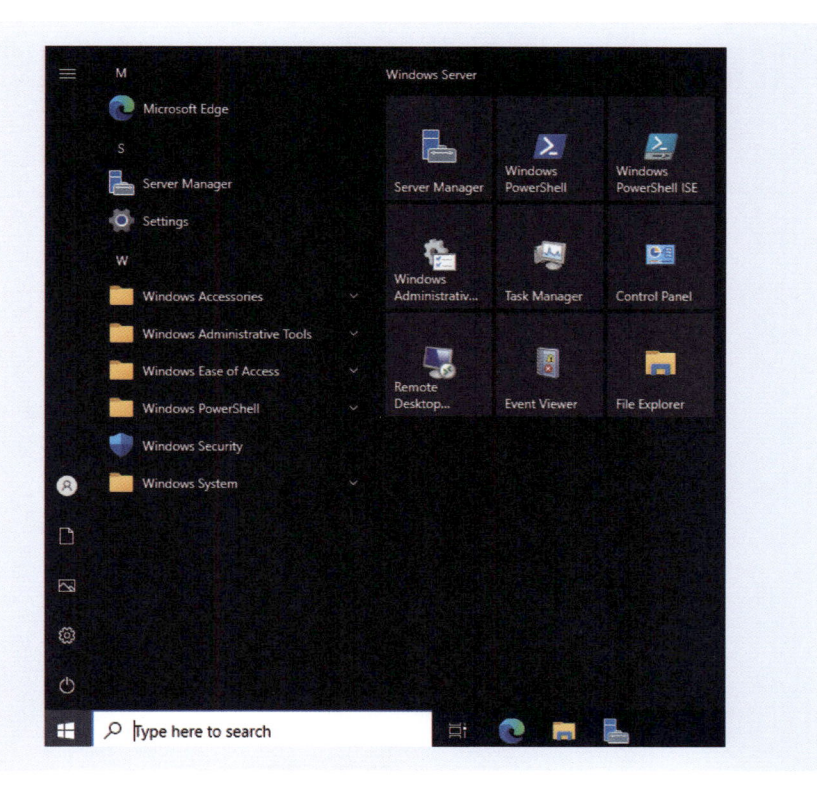

- **Server Manager:** ferramenta que faz o gerenciamento do Windows Server.
- **Windows PowerShell:** linha de comando na qual são executados os cmdlets (comandos leves).
- **Windows PowerShell ISE:** ambiente de script integrado.
- **Windows Administrative Tools:** várias ferramentas utilizadas para a administração do Windows Server.
- **Task Manager:** ferramenta de gerenciamento dos processos, serviços e funcionalidades do servidor.
- **Control Panel:** configuração dos dispositivos e aplicativos do computador.
- **Remote Desktop Manager:** ferramenta que permite o acesso remoto aos computadores em rede.
- **Event Viewer:** ferramenta para a visualização dos eventos causados pelo sistema operacional.
- **File Explorer:** ferramenta de exploração de arquivos e pastas do servidor.

Tradução de menus do Windows Server

No sistema operacional Windows Server, é possível traduzir os menus para a língua portuguesa. Porém, para fazer essa alteração, é necessário baixar um novo idioma da internet. Faça os procedimentos a seguir.

1. Verifique no Windows Server se a conexão com a internet está ativa. Para essa verificação, identifique se o ícone de rede no canto inferior direito da barra de tarefas não possui um *X* em vermelho aplicado. Se a conexão estiver com o *X*, vá até o gerenciador do Hyper-V e, em *Configurações*, siga até o *Adaptador de Rede* e verifique se a placa *RJ45 Conexão Externa* está devidamente selecionada.

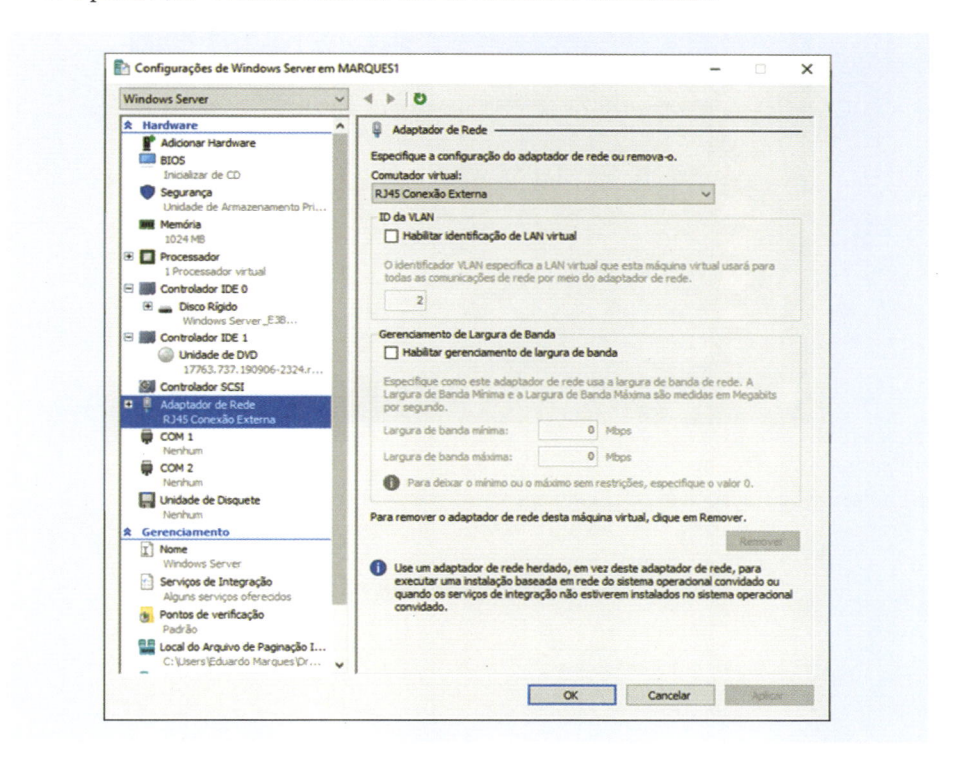

2. Caso o ícone de placa de rede esteja limpo, ou seja, sem o *X* em vermelho, dê continuidade ao procedimento.

3. Clique no botão *Iniciar* no canto inferior esquerdo da janela e escolha *Settings* ou *Configurações*, que apresenta um ícone de engrenagem.

4. Selecione a opção *Time & Language*.

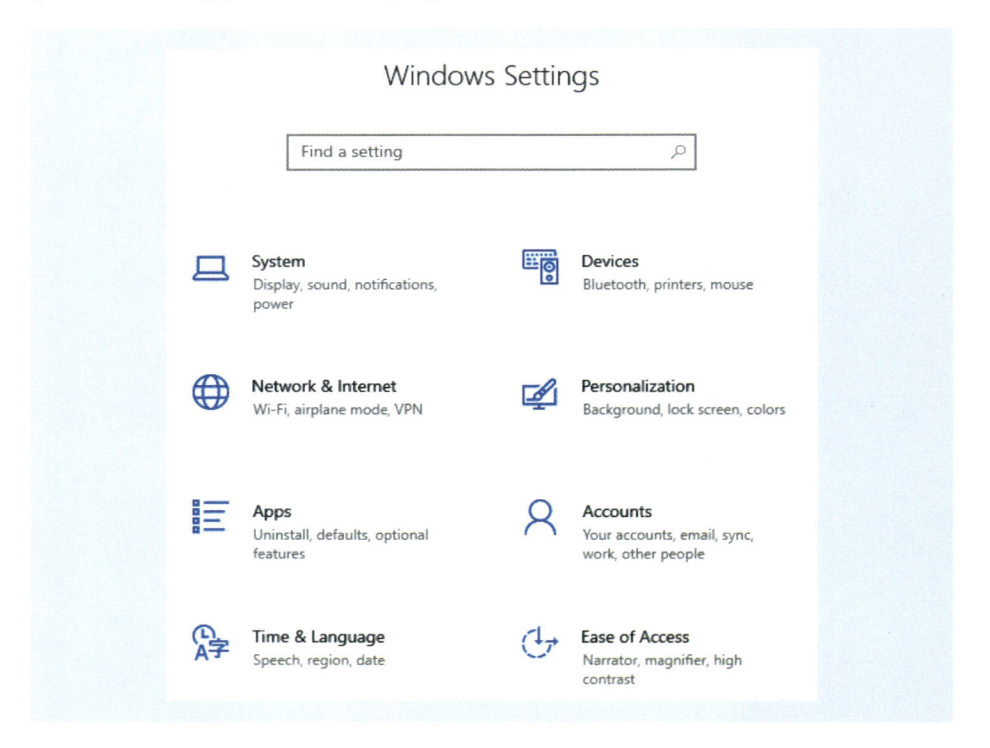

5. No lado esquerdo, selecione *Region* e, em *Country or region*, aplique *Brazil* e em *Current format* selecione *Portuguese (Brazil)*. Nesta janela você também pode alterar o formato da data, clicando na opção *Change data formats*.

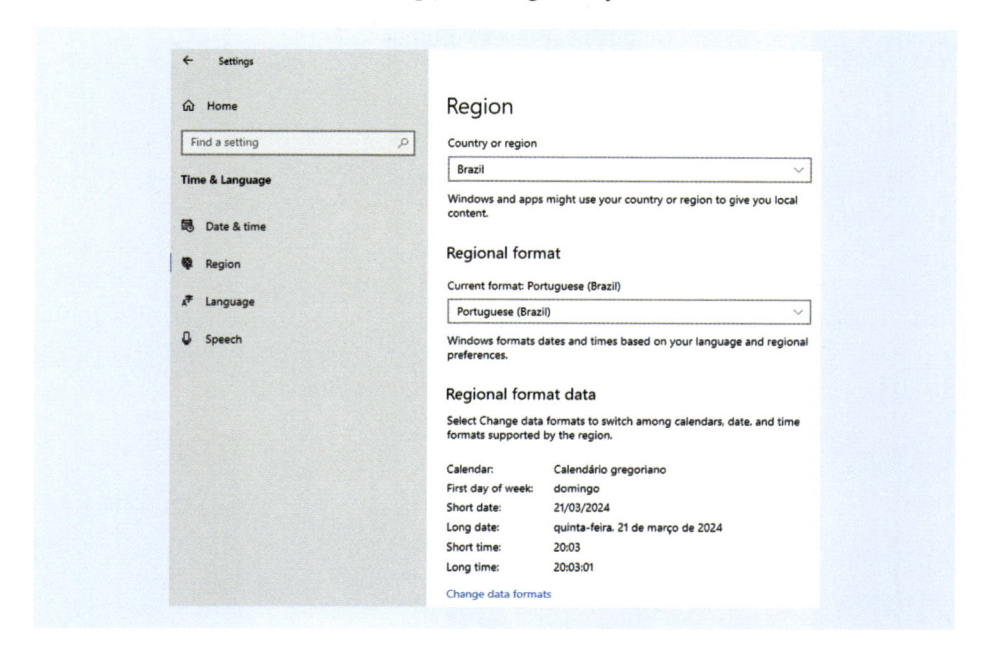

6. Provavelmente, a Microsoft disponibilizará para download o idioma *Portuguese (Brazil)*. Vá agora na opção *Language*, à esquerda dessa tela, e clique sobre ela. Você verá que na opção *Windows display language* aparecerá *English (United States)*. No item *Portuguese (Brazil) – Language pack available*, selecione o botão *Options*.

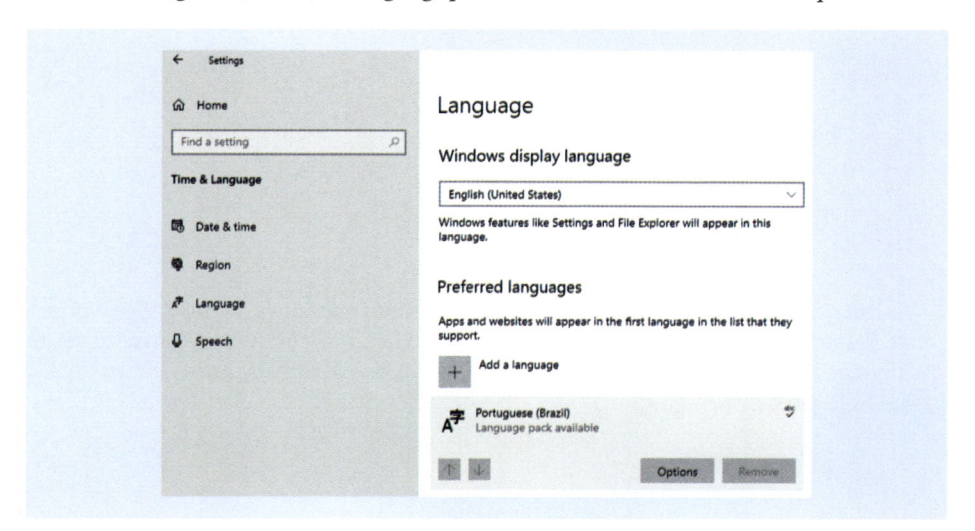

7. Clique em *Download*. O sistema operacional começará a carregar da internet o arquivo relacionado ao idioma escolhido. Aguarde o término da instalação.

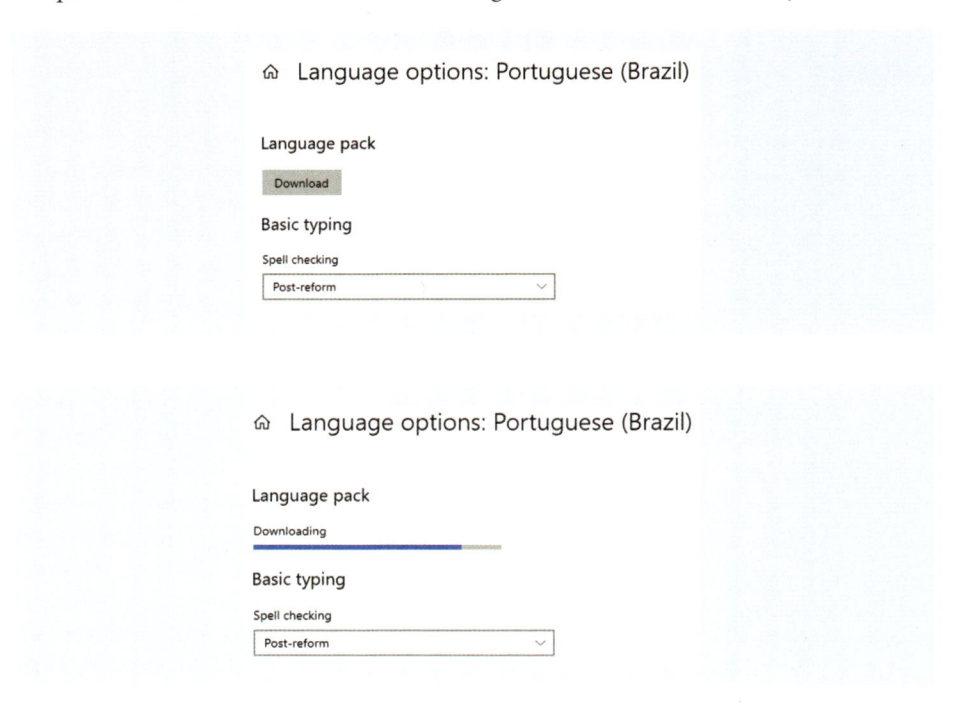

8. Após a instalação do pacote do idioma, aparecerá na tela uma informação indicando que o pacote foi devidamente instalado.

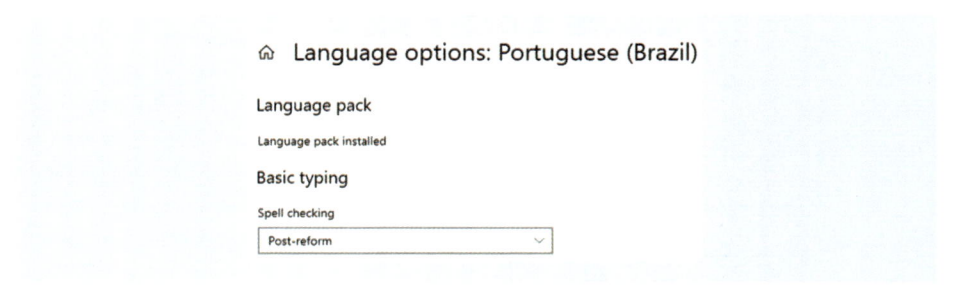

9. Assim que o Windows carregar o pacote do idioma, reinicie o servidor com o botão de *Restart*. Após a reiniciação, faça novamente o login na conta *Administrator*, vá até o botão *Iniciar* e clique em *Painel de Controle*. Você perceberá que o idioma já foi alterado para o português.

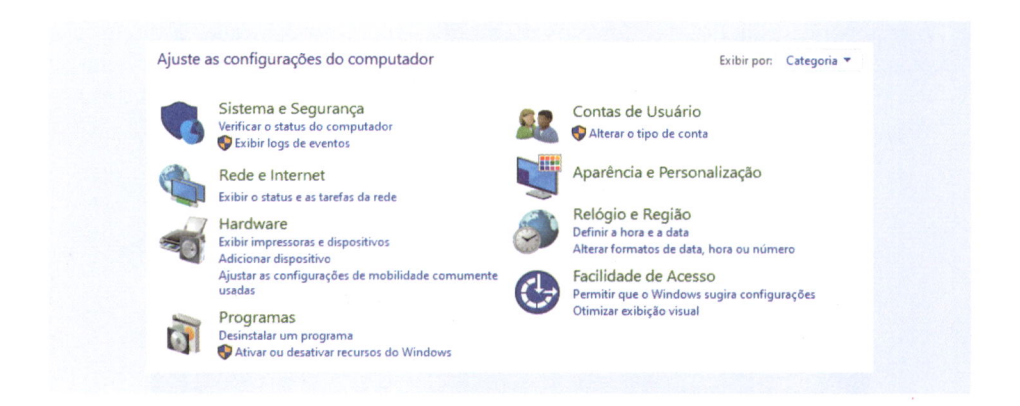

Personalização da área de trabalho do Windows Server

Uma das características mais importantes de um profissional de administração de redes é sua organização e limpeza. Em um ambiente de produção, são realizadas muitas atividades; por esse motivo, o administrador precisa trabalhar de maneira ágil e precisa, portanto, é importante que o ambiente esteja organizado. Vamos, então, personalizar a área de trabalho do Windows Server para facilitar sua administração. Veja, a seguir, algumas orientações.

1. Clique em *Iniciar* e verifique as opções que aparecem na pasta *Ferramentas Administrativas do Windows*. Note que vão aparecer inúmeros recursos administrativos abaixo e, no lado direito, os nove recursos já explicados anteriormente.

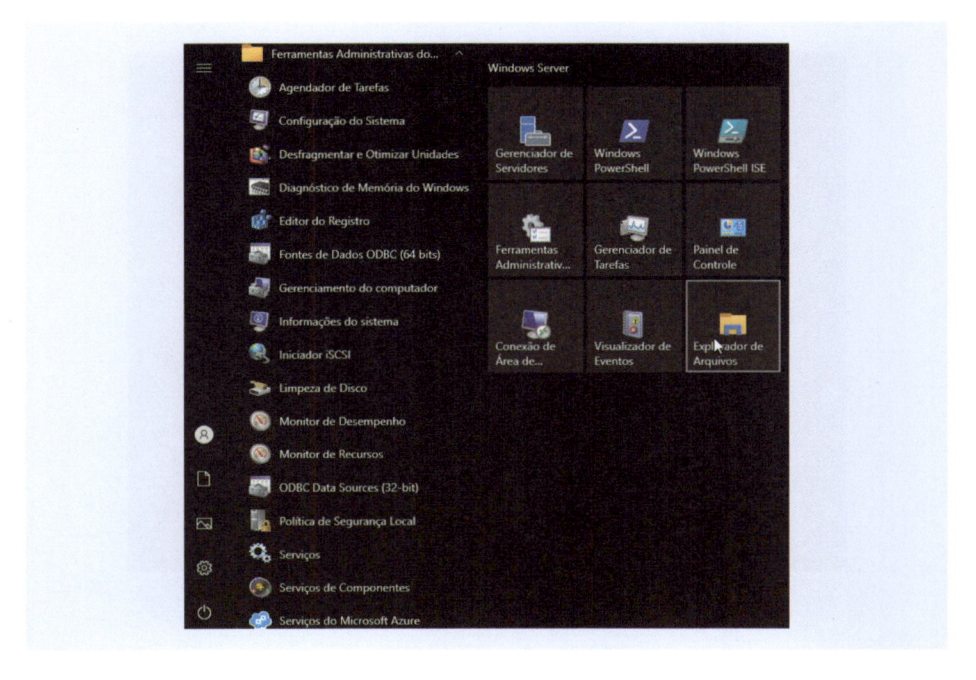

2. É recomendado que as ferramentas mais utilizadas sejam colocadas à direita dos nove grupos criados por padrão no Windows. Para isso, clique na borda direita da tela e arraste o mouse, aumentando, assim, a área na qual serão depositados os novos grupos.

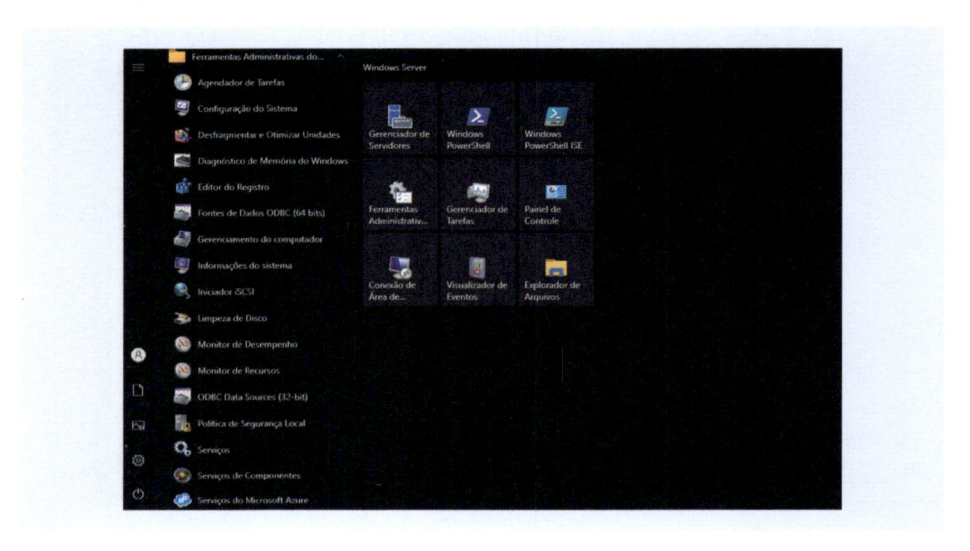

3. Arraste os ícones *Desfragmentar e Otimizar Unidades* e *Gerenciamento do computador*, que estão posicionados à esquerda da tela, para a área à direita, que foi devidamente aumentada.

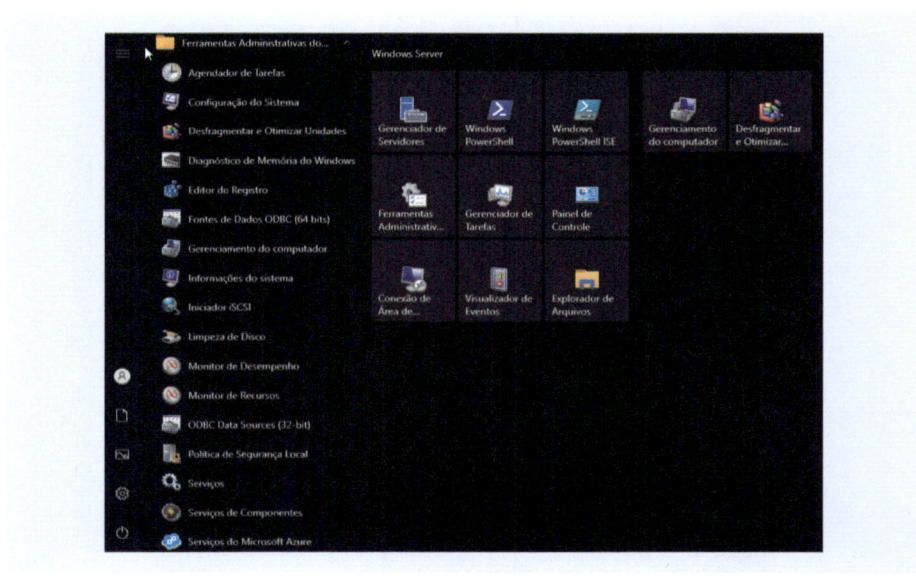

4. Note que os nove itens criados por padrão no Windows estão abaixo do nome *Windows Server*. Clique no canto superior direito do grupo recém-criado com as duas ferramentas arrastadas e coloque o nome *Gerenciamento*.

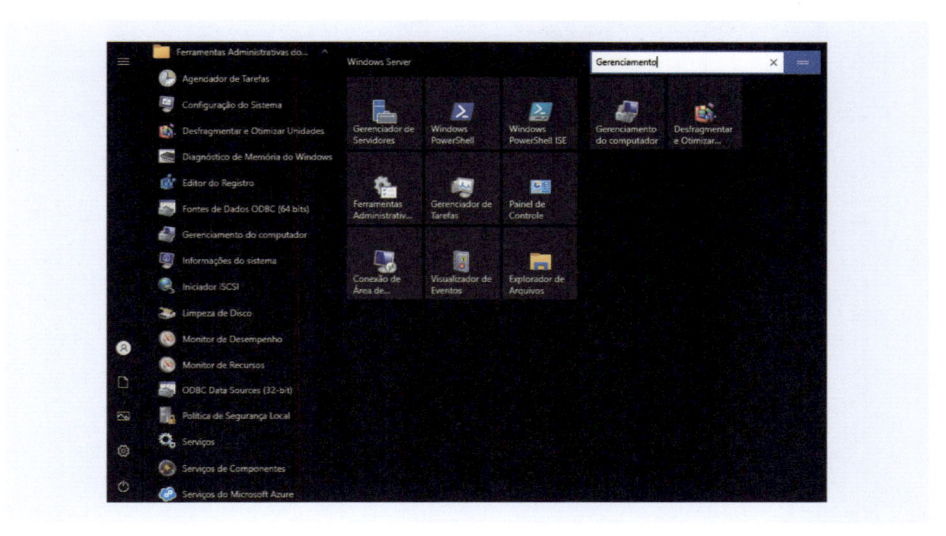

5. A ideia, aqui, é apresentar essa funcionalidade para que sejam organizados os grupos de ferramentas que se deseja utilizar. Crie seus próprios grupos aplicando os conhecimentos adquiridos.

Ferramentas de gerenciamento dos recursos de máquina

Para que possamos saber como andam os recursos de máquina, como utilização de CPU, utilização de memória e outros, recorremos à ferramenta de gerenciamento de tarefas, ou apenas *Task Manager*.

1. Vá até o botão *Iniciar* e, em *Sistema do Windows*, selecione a opção *Gerenciador de Tarefas*. Assim que abrir a tela, clique na setinha *Mais detalhes*.

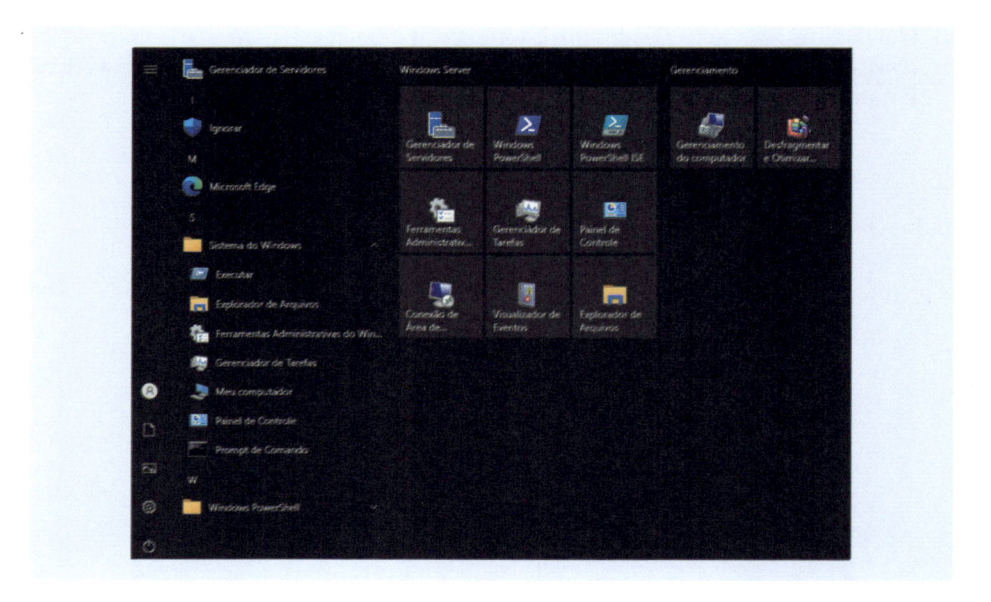

2. Aparecerá a aba *Processos*. Nela, são apresentados todos os processos que estão em execução, os que estão em segundo plano e os do Windows. Serão exibidos o nome do processo, o status, a porcentagem de CPU e a porcentagem de memória que cada processo está utilizando nesse servidor.

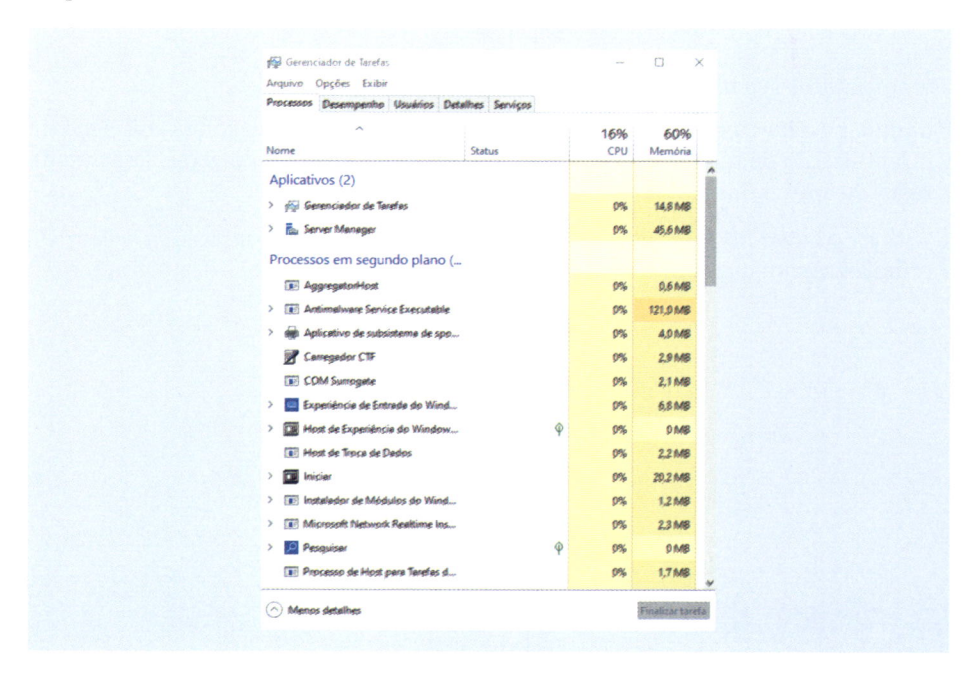

3. Quando um processo depende de outro(s), o sistema operacional apresenta um número na frente do nome desse processo. Ao clicar sobre a seta na frente do nome do processo, você poderá verificar todos os outros com mais detalhes.

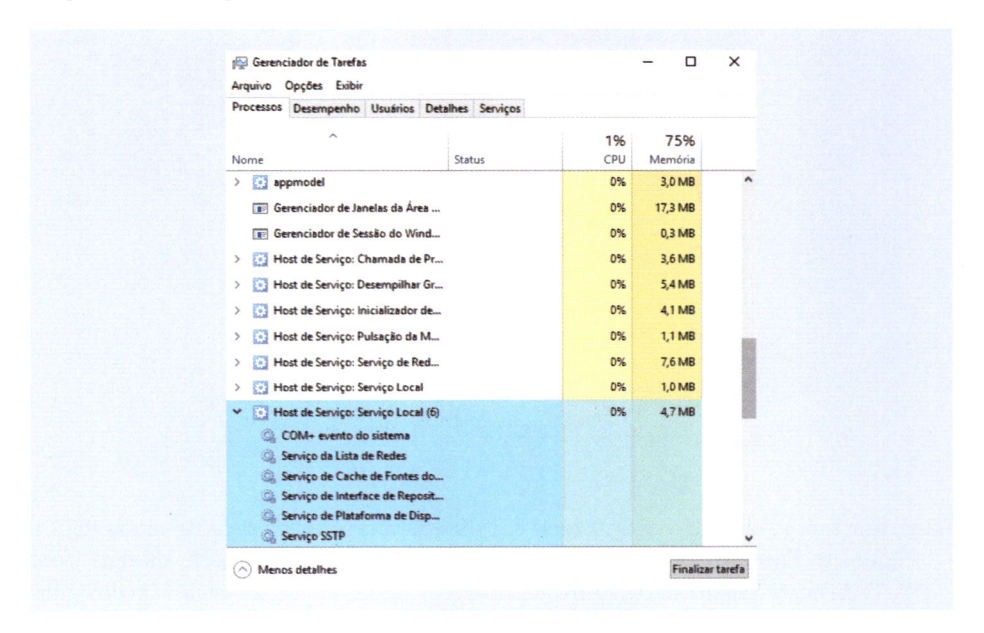

4. Se você desejar verificar o desempenho do servidor, é possível observar essa informação clicando sobre a aba superior *Desempenho*. Observe que aparecerão à esquerda dessa tela as opções *CPU*, *Memória* e *Ethernet*. Clique então na opção *CPU* e verifique qual sua utilização.

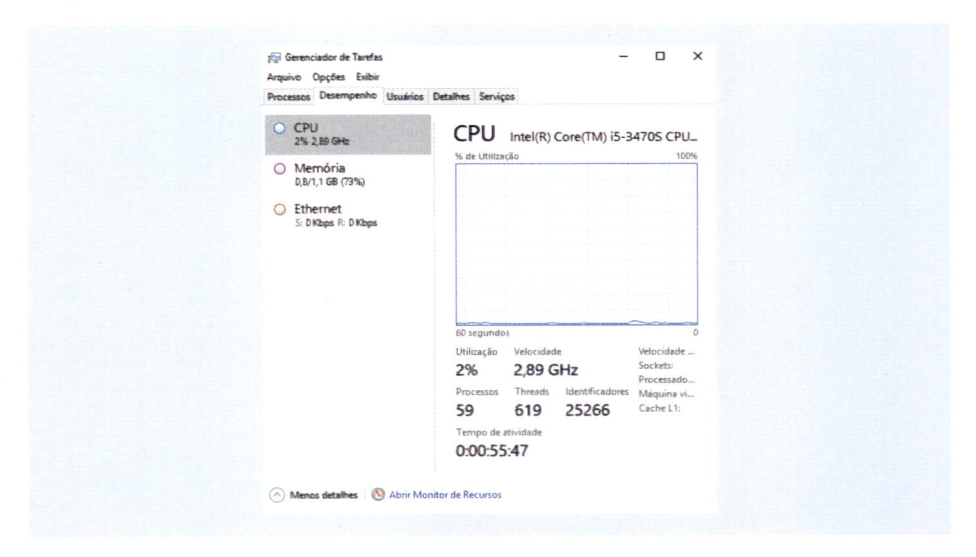

5. Se você clicar em *Memória*, verá informações a respeito de sua utilização.

6. E, por fim, se desejar verificar qual é a situação da placa de rede de seu servidor, clique em *Ethernet*. Lembre-se de que Ethernet é uma especificação de rede local (LAN), ou seja, você estaria verificando, nesse caso, a taxa de transferência de dados (vazão) da sua placa de rede local.

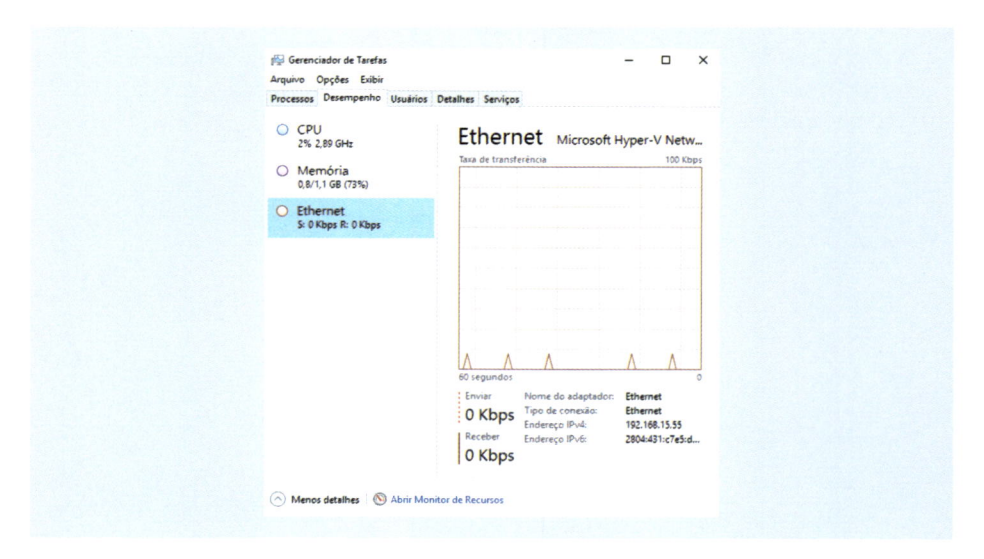

7. Se clicarmos sobre a aba *Usuários*, serão apresentados todos os usuários no sistema naquele momento. Neste exemplo, há apenas o usuário *Administrator* – pelo menos por enquanto. O número à frente do nome do usuário identifica quais aplicativos e serviços estão sendo executados por ele.

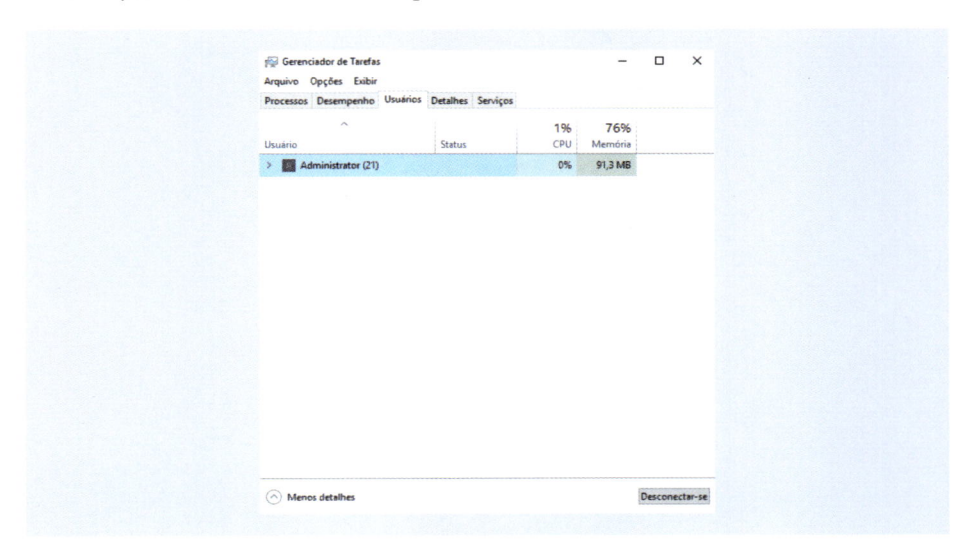

8. Clicando agora na aba *Detalhes*, podemos verificar cada tarefa que está sendo executada no momento, incluindo informações como nome da tarefa, identificação do processo (PID – Process ID), status, nome do usuário dono dessa tarefa (UID – User ID), entre outras informações.

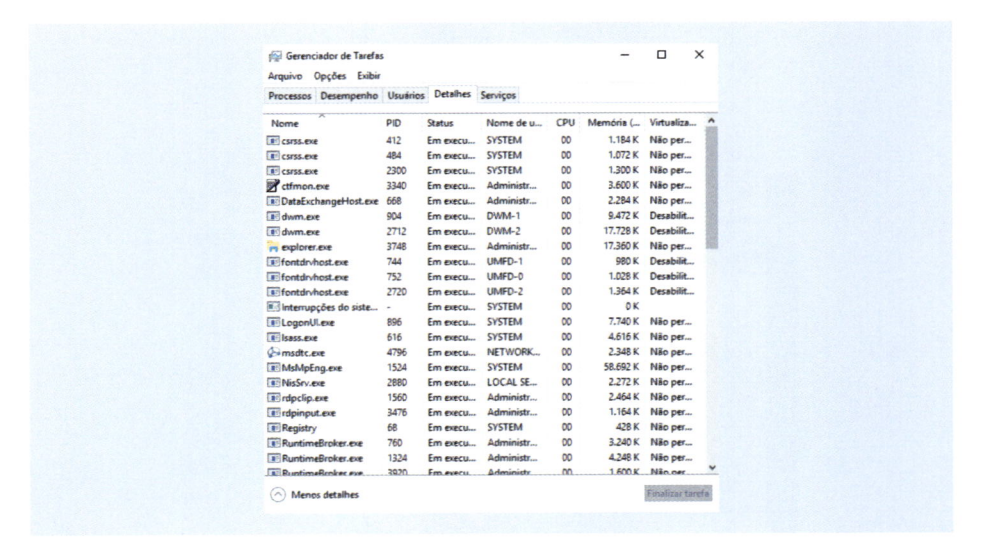

9. Na aba ou guia *Serviços*, conseguimos verificar quais recursos estão em execução, quais estão pausados e quais foram devidamente paralisados pelo sistema operacional ou por outra ação. Ou seja, é possível observarmos os estados dos processos.

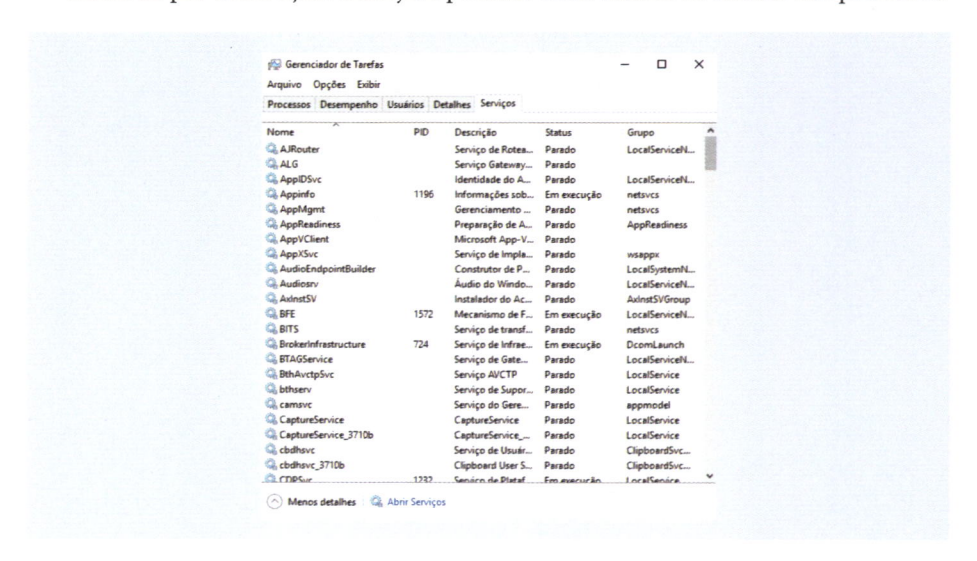

Ferramentas de gerenciamento

O console de gerenciamento da Microsoft Management Console (MMC – Microsoft Management Console) é um complemento desenvolvido pela Microsoft que nos dá a oportunidade de acessar funções avançadas para o gerenciamento do sistema operacional. Graças ao MMC, temos a opção de criar, abrir, editar ou salvar ferramentas administrativas, tecnicamente denominadas consoles, que podem gerenciar vários parâmetros de hardware, software e rede de seu sistema através de uma única interface.

1. Para executar o MMC, vá para o ícone *Lupa*, digite *mmc* e tecle *Enter*.

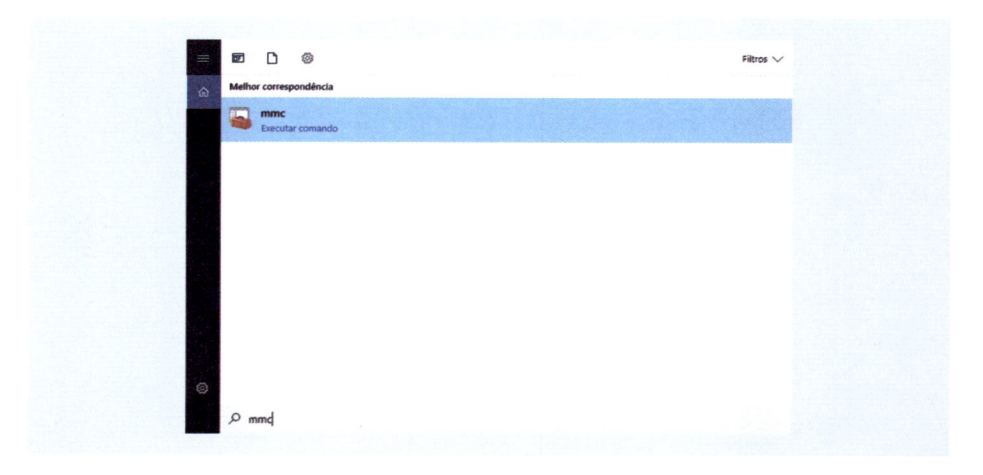

2. Aparecerá a Raiz do Console de gerenciamento, conforme a figura a seguir. É aqui que serão organizados os snap-ins, as ferramentas administrativas.

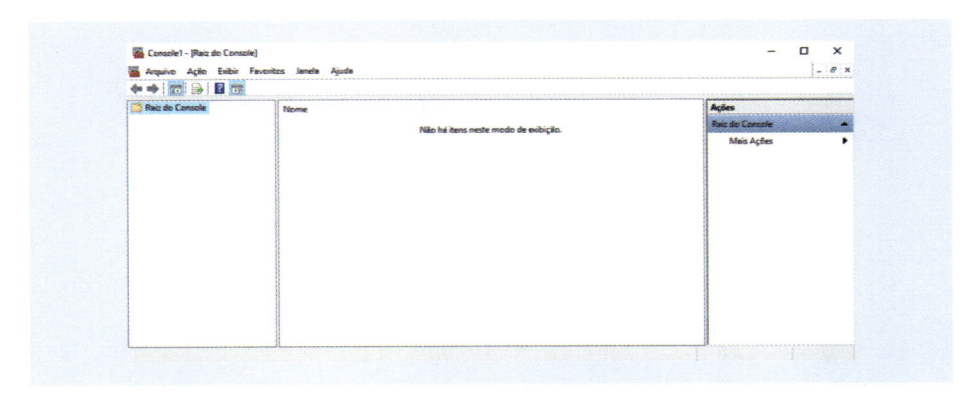

3. Para adicionar os snap-ins, clique no menu *Arquivo* no MMC e selecione a opção *Adicionar/remover snap-in*.

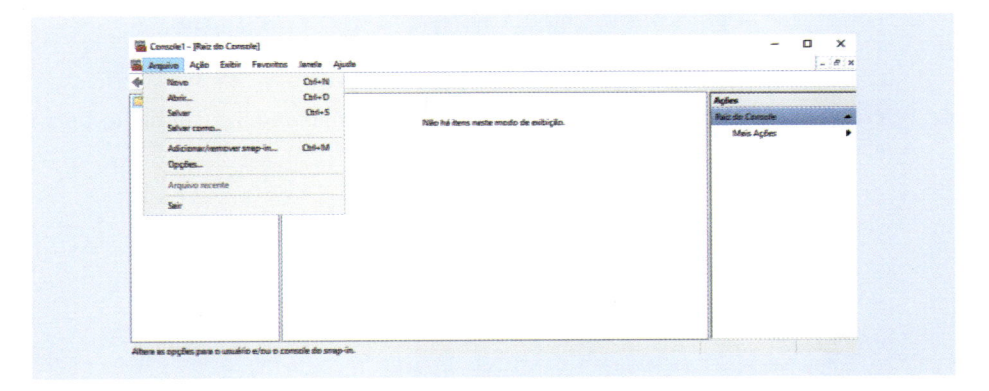

4. Será aberta a janela para a seleção dos snap-ins desejados no ambiente de gerenciamento.

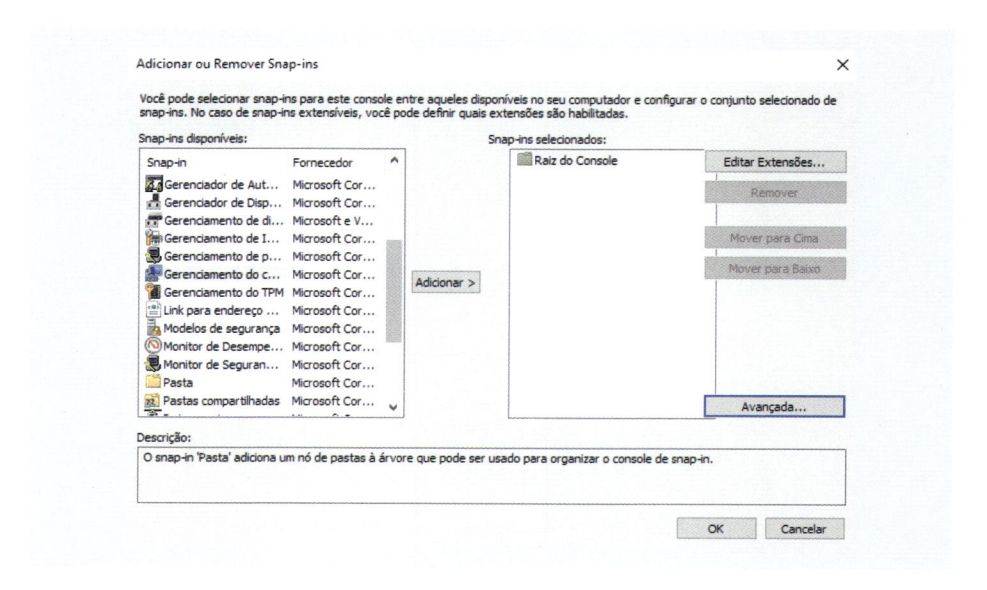

5. Selecione aqui, por exemplo, o *Gerenciamento do computador* e clique no botão *Adicionar*.

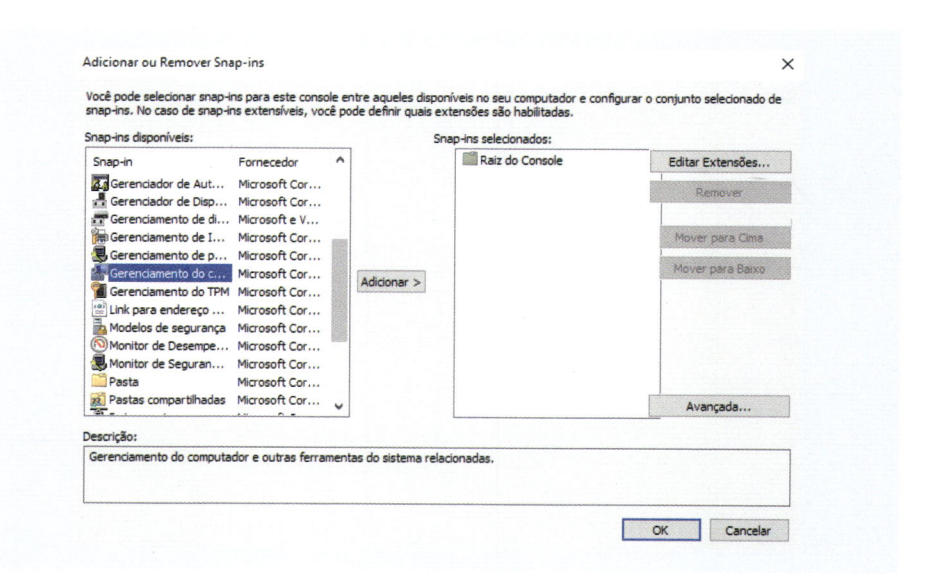

6. No caso do *Gerenciamento do computador*, será aberta uma janela questionando se essa ferramenta será utilizada para o computador local ou outro computador da rede. Selecione *Computador local* e, em seguida, clique em *Concluir*.

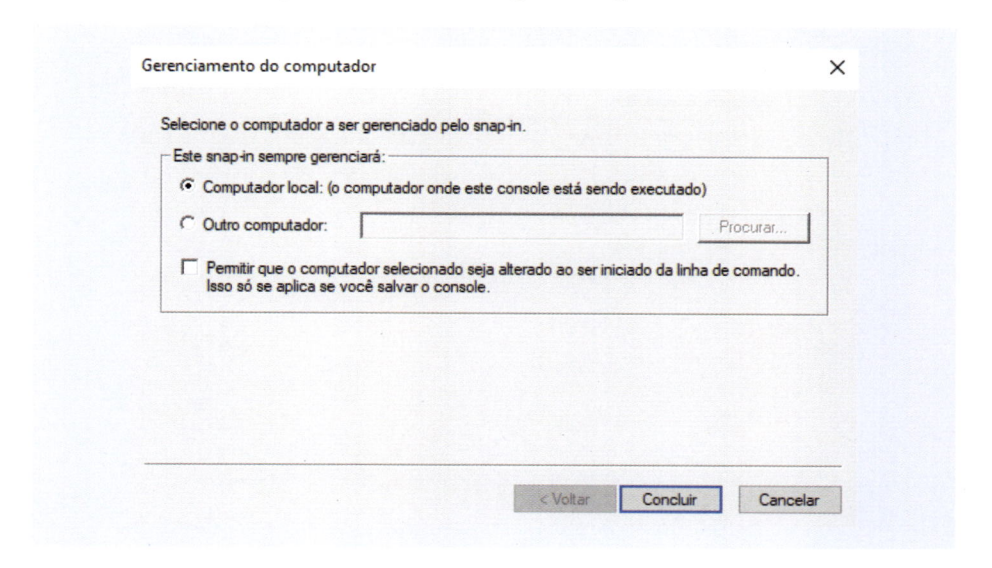

7. Escolha outra ferramenta, por exemplo, o *Gerenciamento de disco*. Da mesma forma, selecione o item e clique em *Adicionar*.

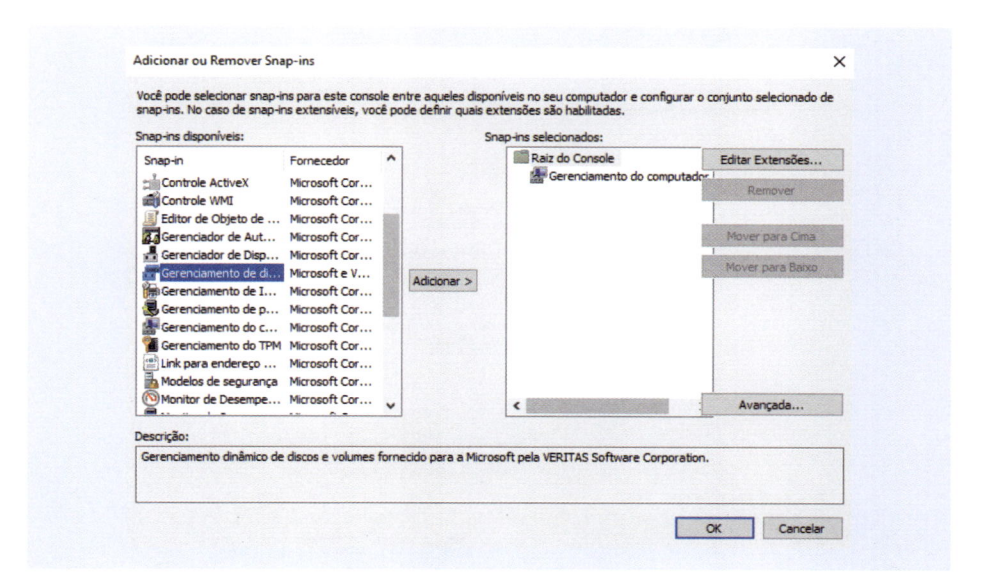

8. Como no caso da ferramenta anterior, será aberta a janela questionando se será utilizada no computador local ou em outro computador. Selecione *Este computador* e, então, clique em *Concluir*.

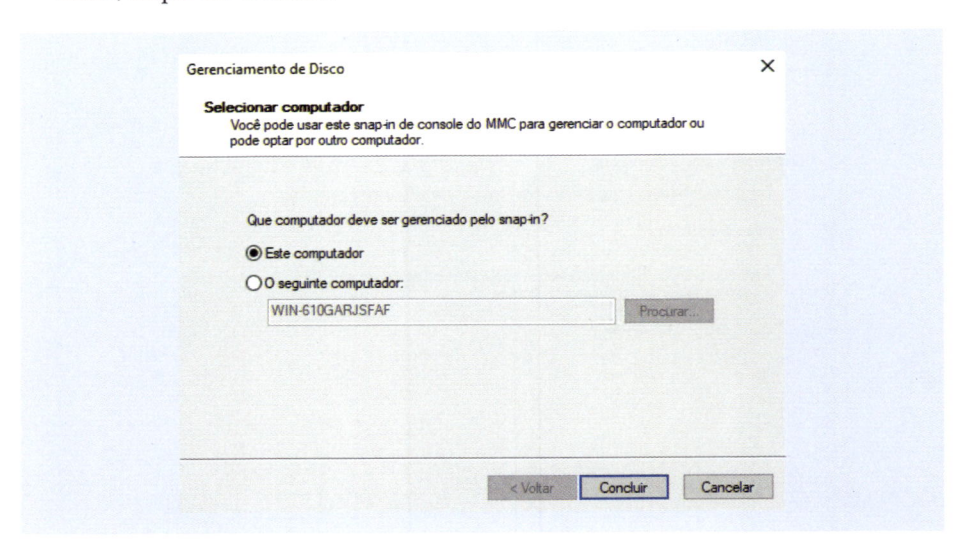

9. Assim como ocorreu com as duas ferramentas anteriores, ao selecionar a ferramenta *Assistente de Política de Grupo*, será aberta a janela para selecionar em qual computador ou diretório será aplicada a política de grupo.

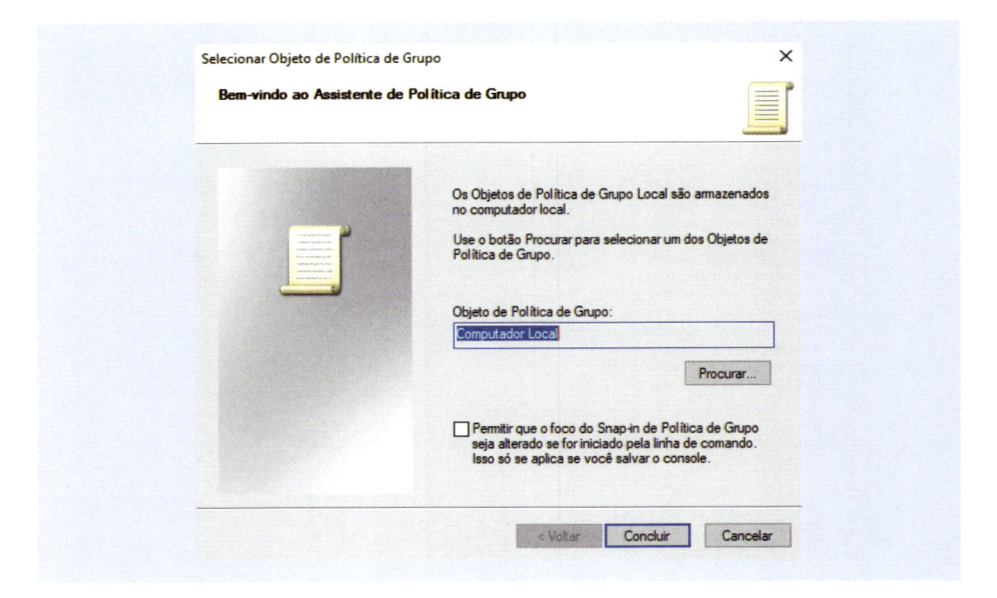

10. Ao terminar de escolher todas as ferramentas que serão utilizadas, elas aparecerão na coluna referente aos snap-ins selecionados.

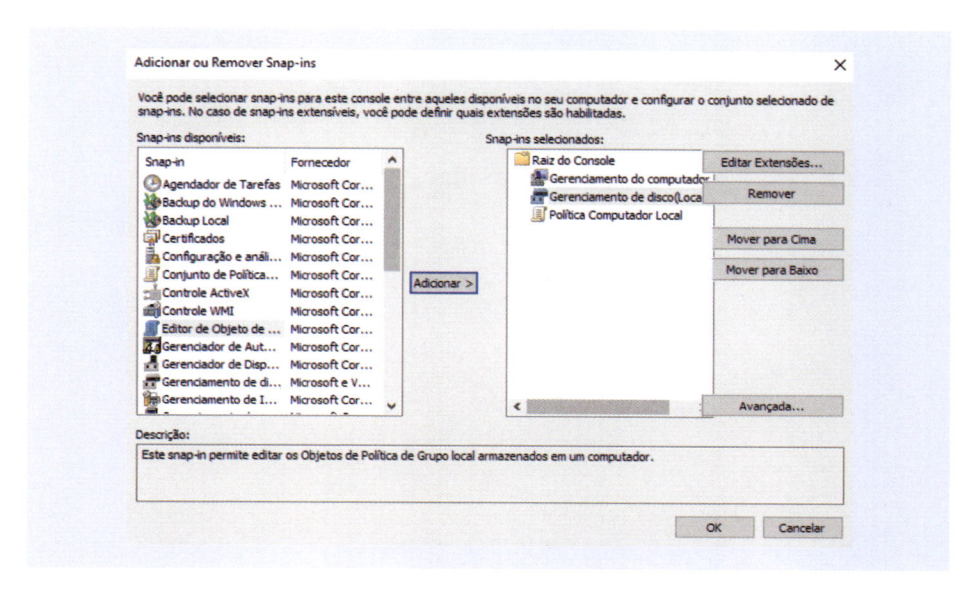

11. É possível salvar essas definições para utilizar esse mesmo ambiente no futuro. Para isso, clique no menu *Arquivo* e, depois, na opção *Salvar como*.

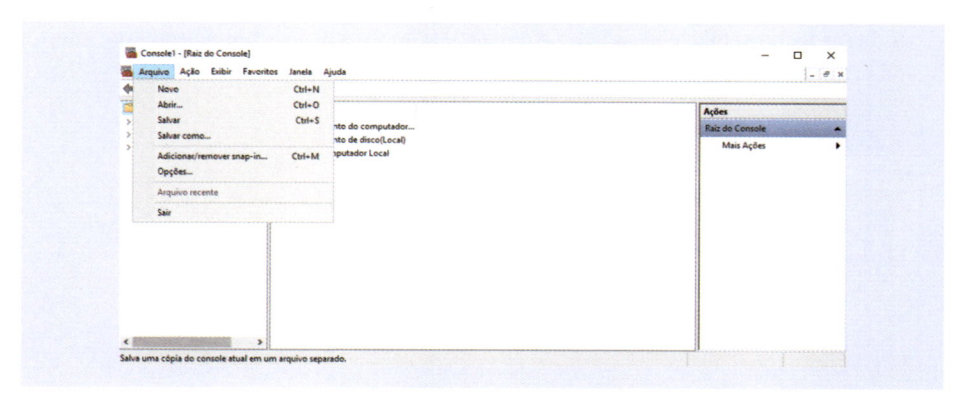

12. Na janela *Salvar como*, nomeie o ambiente de gerenciamento criado e selecione o diretório em que deseja salvá-lo. Neste exemplo, selecione a *Área de Trabalho* e, depois, clique em *Salvar*.

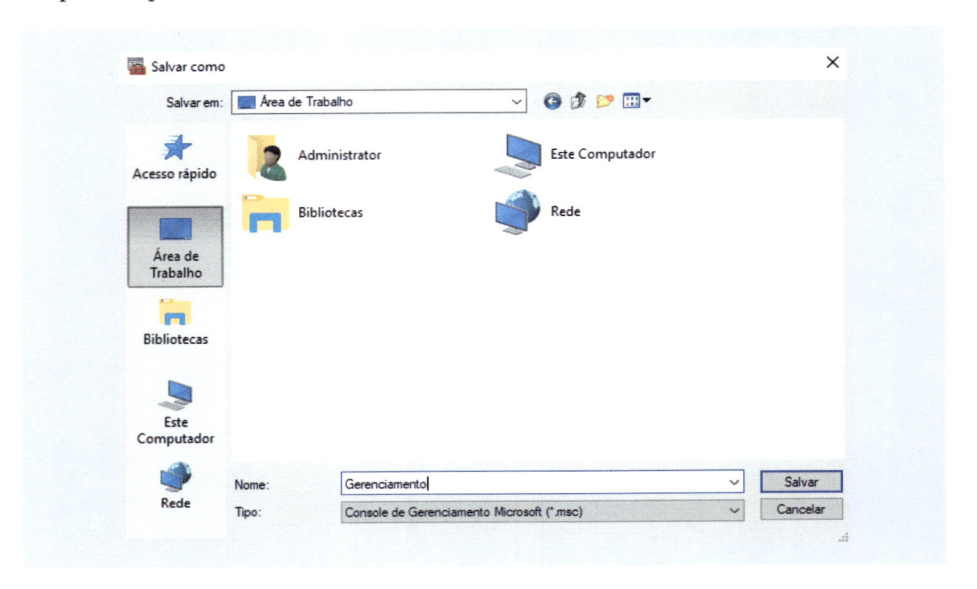

13. Se fechar o console de gerenciamento, ir até a Área de Trabalho e abrir esse arquivo salvo, você irá reparar que o ambiente criado estará pronto para utilização, contendo todas as ferramentas necessárias. Apenas para exemplificar, com o ambiente aberto, dê um duplo clique na ferramenta *Gerenciamento de disco (Local)*.

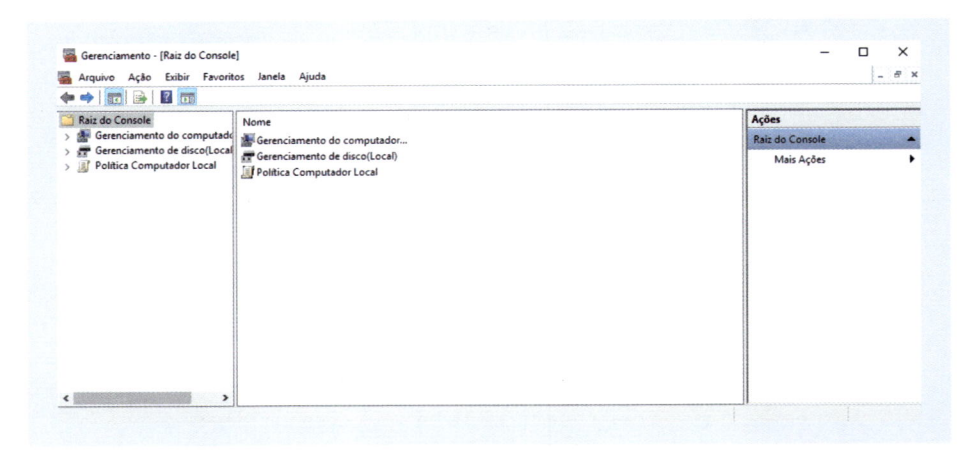

14. Na janela do console, aparecerão as unidades de armazenamento para serem gerenciadas, por exemplo, as partições de disco criadas e outras informações relevantes para o armazenamento de dados no servidor.

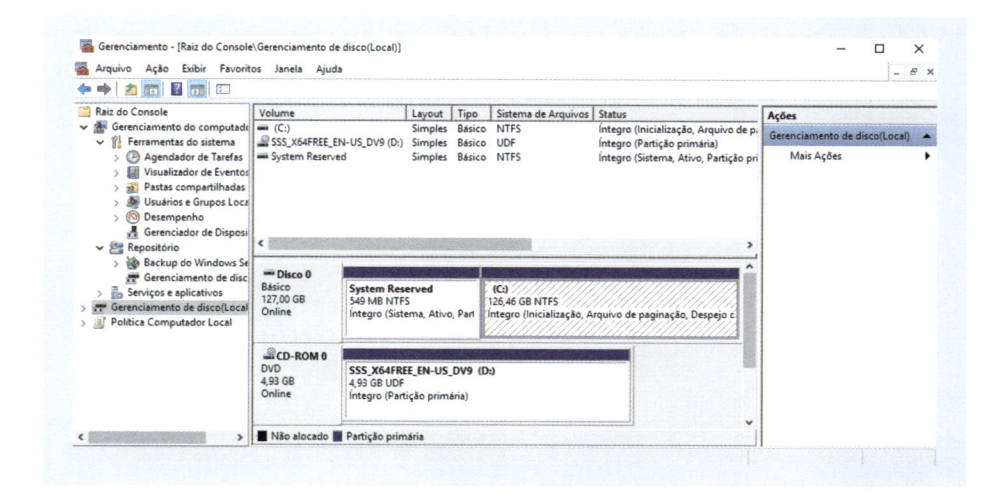

Gerenciador de Servidores

Um dos recursos mais importantes e utilizados no Windows Server é o *Gerenciador de Servidores*, que pode ser encontrado no botão *Iniciar* na aba *Windows Server*. Essa ferramenta tem como função realizar várias atividades administrativas via interface gráfica e está à disposição desde o lançamento da primeira versão do Windows 2008. É claro que, ao longo dos anos, muitas melhorias foram feitas, e hoje é possível gerenciar vários servidores, além de criar e gerenciar grupos de servidores a partir de um único console. A princípio, serão abordadas algumas funcionalidades do *Gerenciador de Servidores*, como a implantação de recursos e funções de um servidor. Veja os procedimentos a seguir.

1. Clique sobre o ícone *Gerenciador de Servidores*, como apresentado na figura.

2. Será aberta a tela do *Gerenciador do Servidor*, que apresenta no lado esquerdo as opções *Servidor Local*, *Todos os Servidores* e *Serviços de Arquivo e Armazenamento*.

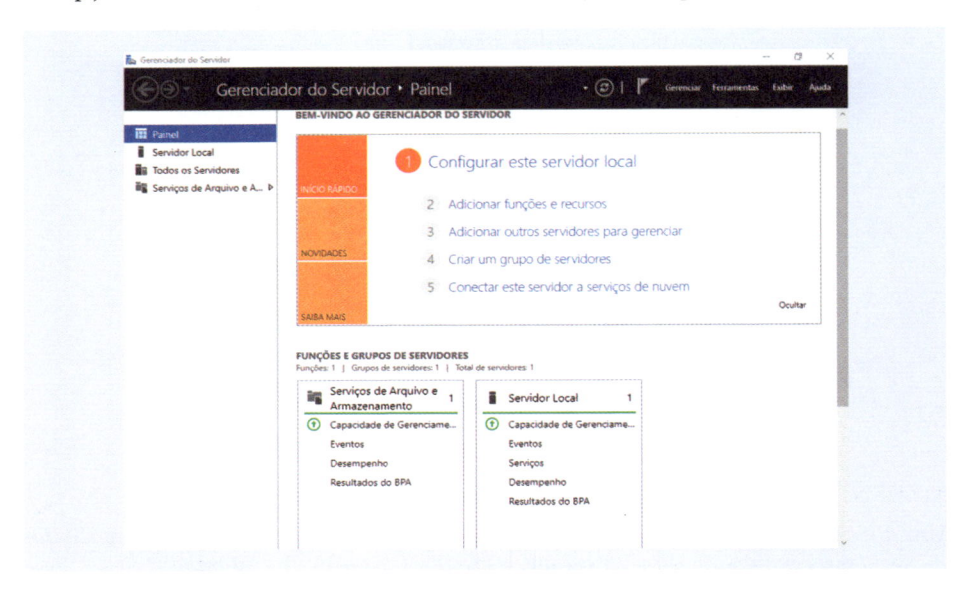

3. Clicando sobre a opção *Servidor Local*, será apresentada uma série de informações (use a barra de rolagem para visualizar todas), entre elas:

   - **Propriedades:** com informações como o nome do servidor, a rede à qual ele está conectado, as últimas atualizações realizadas e informações sobre o processador e a memória.

   - **Eventos:** apresenta mensagens em relação aos eventos que estão sendo executados no servidor com níveis de severidade, como erro, aviso, crítico e muitos outros.

   - **Serviços:** mostra os serviços habilitados que estão, ou não, sendo executados no servidor. Exemplos de alguns serviços são o Domain Name System (DNS – sistema de nomes de domínio), o Dynamic Host Configuration Protocol (DHCP – protocolo de configuração dinâmica de endereços de rede), firewall do Windows, Hyper-V e muitos outros.

   - **Analisador de Práticas Recomendadas:** também conhecido na língua inglesa como Best Practices Analyzer (BPA), é uma ferramenta que auxilia o administrador a evitar ou reduzir possíveis problemas, como baixo desempenho, conflitos e riscos à segurança das informações.

   - **Desempenho:** apresenta de maneira resumida os recursos de desempenho de CPU e memória do servidor.

   - **Funções e Recursos:** exibe os recursos e funções utilizados no momento.

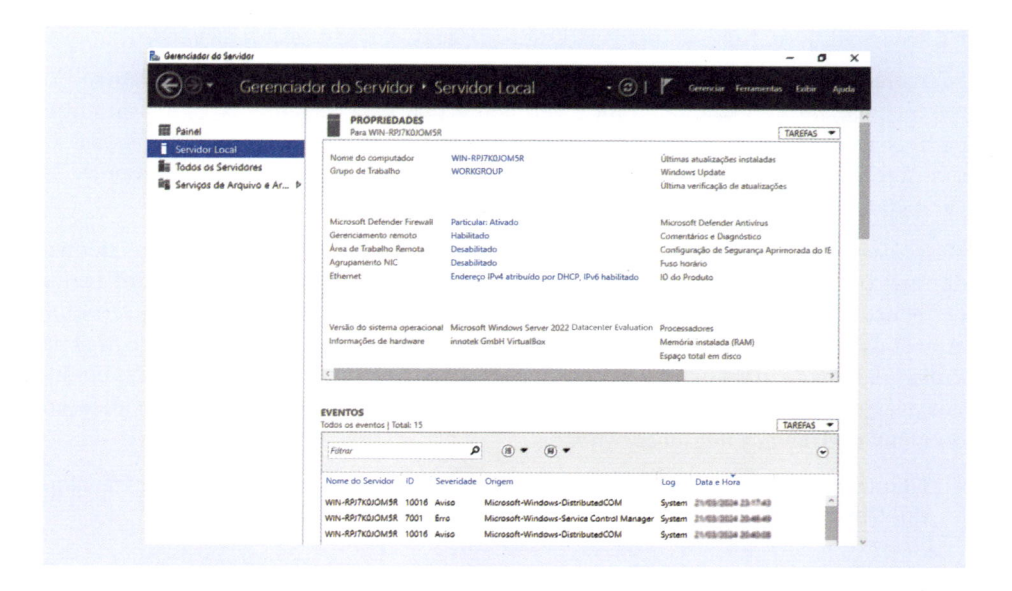

4. Também podemos acessar alguns recursos do *Gerenciador do Servidor* na parte superior da tela, como apresentado na figura.

Nela, temos as seguintes opções:

- **Seta *Voltar*:** retorna a um local acessado anteriormente.
- **Seta *Avançar*:** avança para um local que já foi acessado.
- **Locais Recentes:** apresenta os locais recentemente acessados.
- **Barra de Endereço:** nela é digitado o recurso ou a função desejada.
- **Botão *Atualizar*:** atualiza o *Gerenciador do Servidor*.
- **Notificações:** apresenta notificações de configurações recentemente alteradas.
- ***Gerenciar*:** aqui, é possível acrescentar ou excluir funções ou recursos para a ferramenta.
- **Ferramentas:** apresenta quase todas as ferramentas disponíveis para o *Gerenciamento do Servidor*.
- ***Exibir*:** pode aumentar ou diminuir a fonte e os ícones do *Gerenciador do Servidor*.
- **Ajuda**: com ela, é possível identificar mais informações e ajudas a respeito do *Gerenciador do Servidor*.

Personalização do menu do Gerenciador do Servidor

Para um gerenciamento mais eficiente, é possível incluir outras opções dentro do *Gerenciador do Servidor*. A grande verdade é que essa ferramenta é um caminho para as pastas *Ferramentas Administrativas em Sistemas e Segurança* do *Painel de Controle*, que possuem uma série de atalhos e caminhos para acessar programas de gerenciamento.

Nesse caso, é possível personalizar o menu *Ferramentas* com outros atalhos dentro de uma pasta, ou adicionar outras ferramentas administrativas, gerando um menu de recursos em cascata. Imagine que você precise acessar remotamente um servidor através da rede, seria interessante ter um atalho para a ferramenta *Conexão de Área de Trabalho Remota*, para que ela possa ser acessada de maneira simples e rápida. Então, nos próximos procedimentos, conheça um pouco sobre os recursos de personalização do menu do *Gerenciador do Servidor*.

1. Clique com o botão direito do mouse em qualquer local dentro da área de trabalho do Windows Server e escolha a opção *Novo* e, depois, *Pasta*.

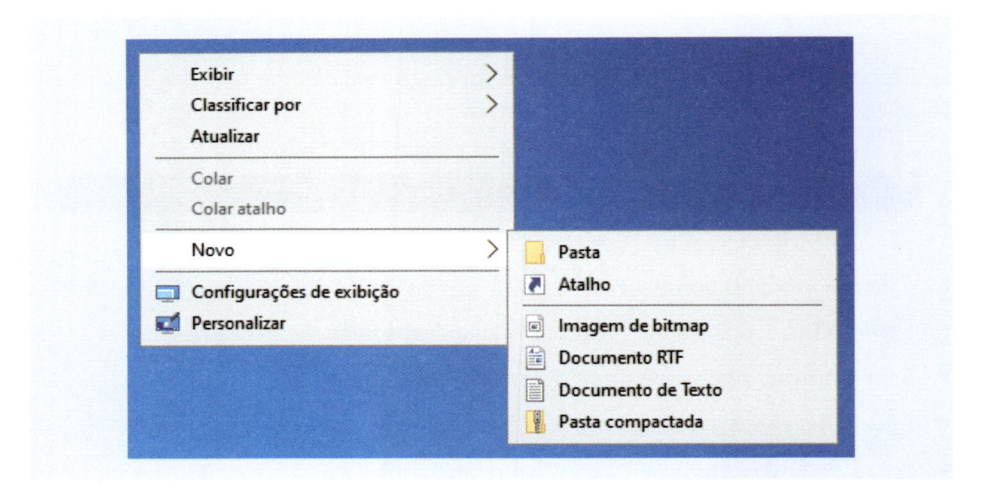

2. Nomeie essa pasta como *Minhas Ferramentas*.

3. Clique duas vezes com o botão direito do mouse sobre a pasta *Minhas Ferramentas* que acaba de ser criada. Abrirá uma aba de *Minhas Ferramentas*.

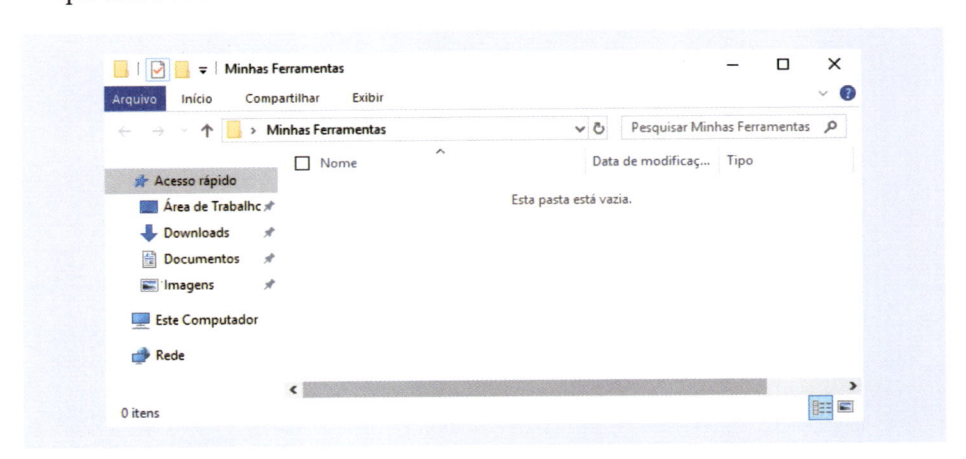

4. Para criar um atalho, clique uma única vez com o botão direito do mouse sobre a parte branca da tela (onde é informado: *Esta pasta está vazia*), escolha *Novo* e, depois, *Atalho*.

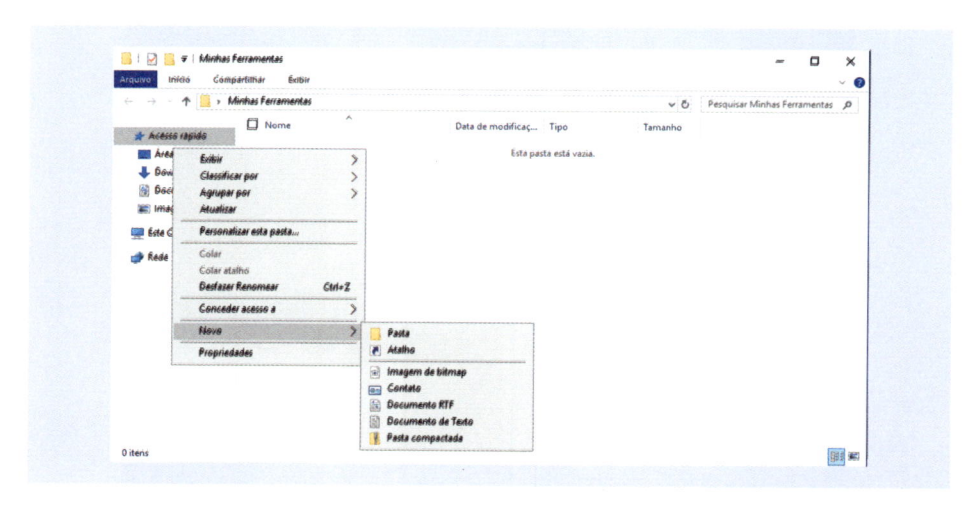

5. Abrindo a pasta, clique no botão *Procurar* e identifique a pasta *C:\Windows\System32* e escolha o programa *mstsc.exe*.

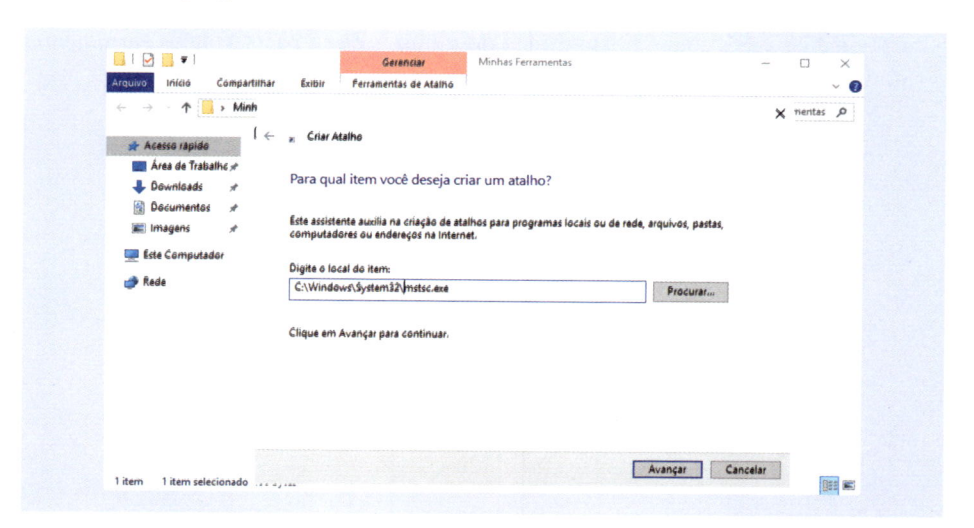

6. Clique no botão *Avançar* e altere o nome para *Conexão de Área de Trabalho Remota*, clicando em *Concluir*.

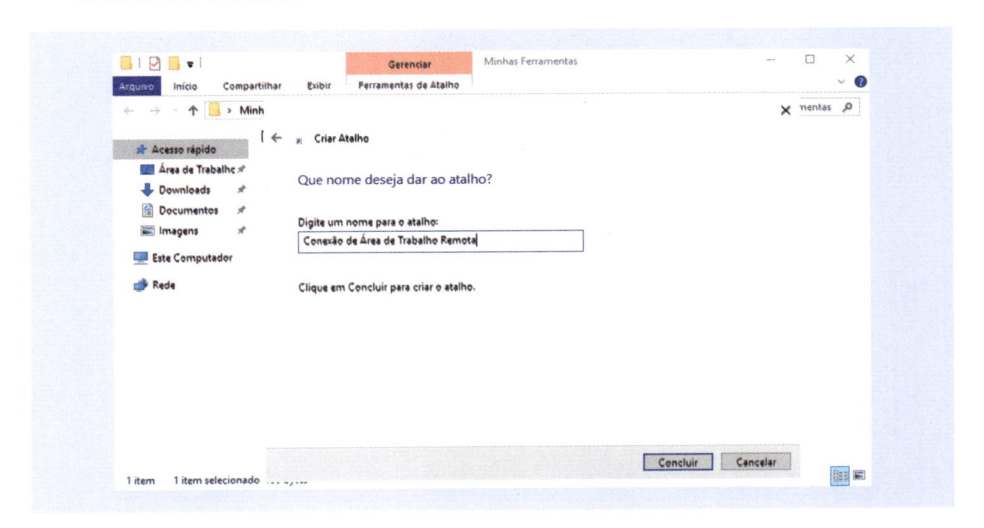

7. Sua tela deverá ficar parecida com a exibida na próxima figura. Após a conclusão de todas as etapas, feche as janelas abertas e retorne à área de trabalho do Windows Server.

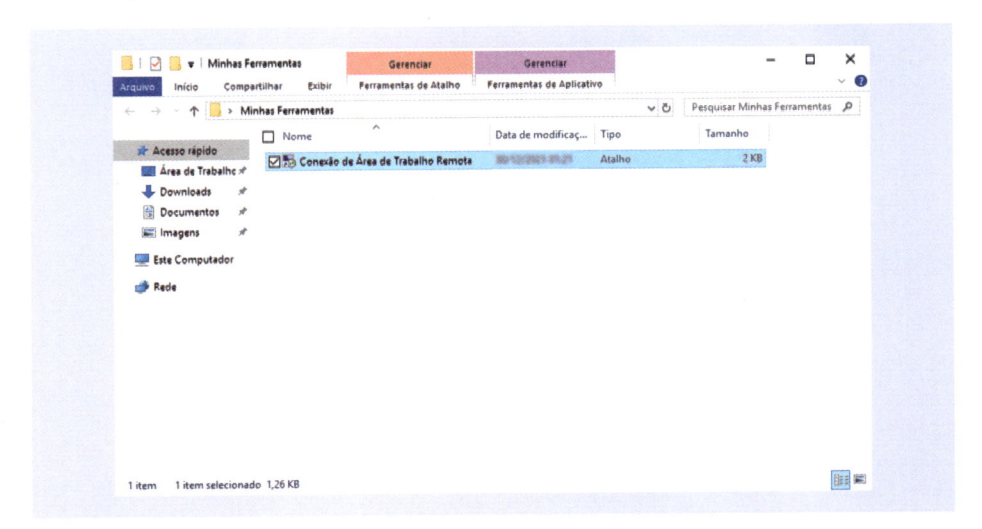

8. Clique com o botão direito do mouse sobre a pasta *Minhas Ferramentas* e, depois, na opção *Copiar*.

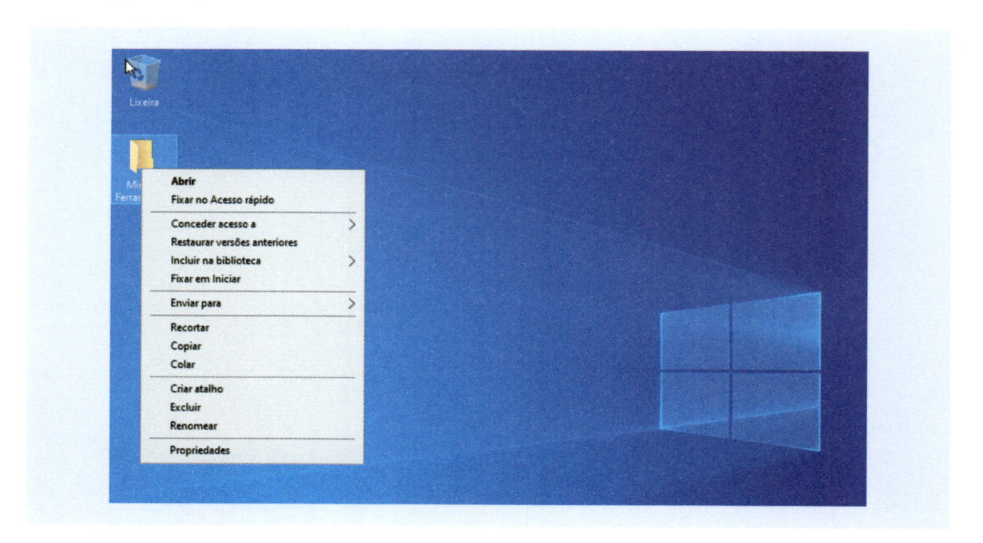

9. Abra o *Painel de Controle*. No Windows Server clique em *Ferramentas Administrativas*.

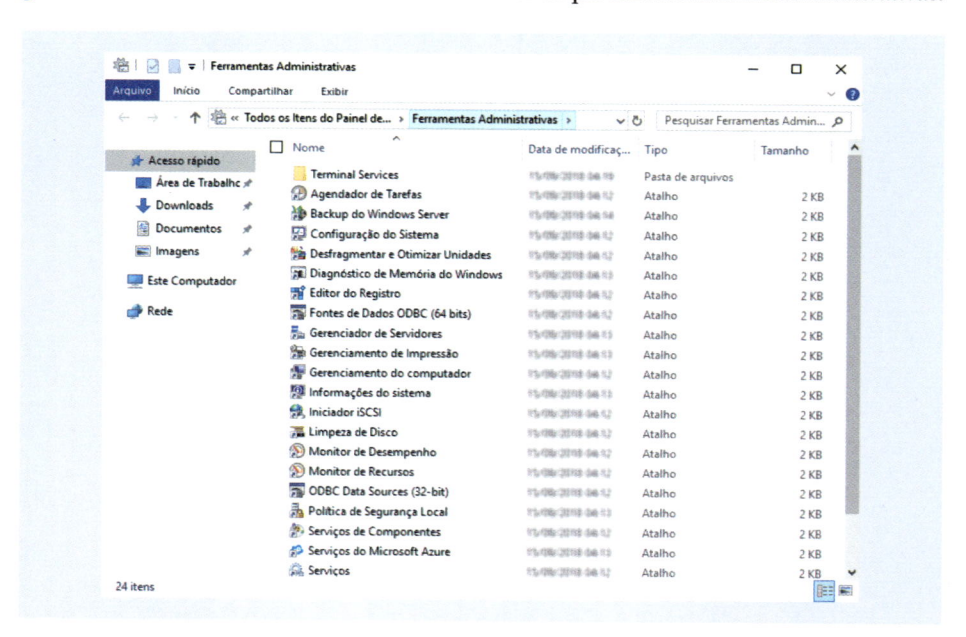

Note que os nomes dos programas estão com uma seta, o que indica que são atalhos. Essa tela é exatamente a mesma que aparece no *Gerenciador de Servidores*, no menu *Ferramentas*.

10. Clique com o botão direito do mouse na área no lado direito dentro da pasta *Ferramentas Administrativas* e escolha *Colar*.

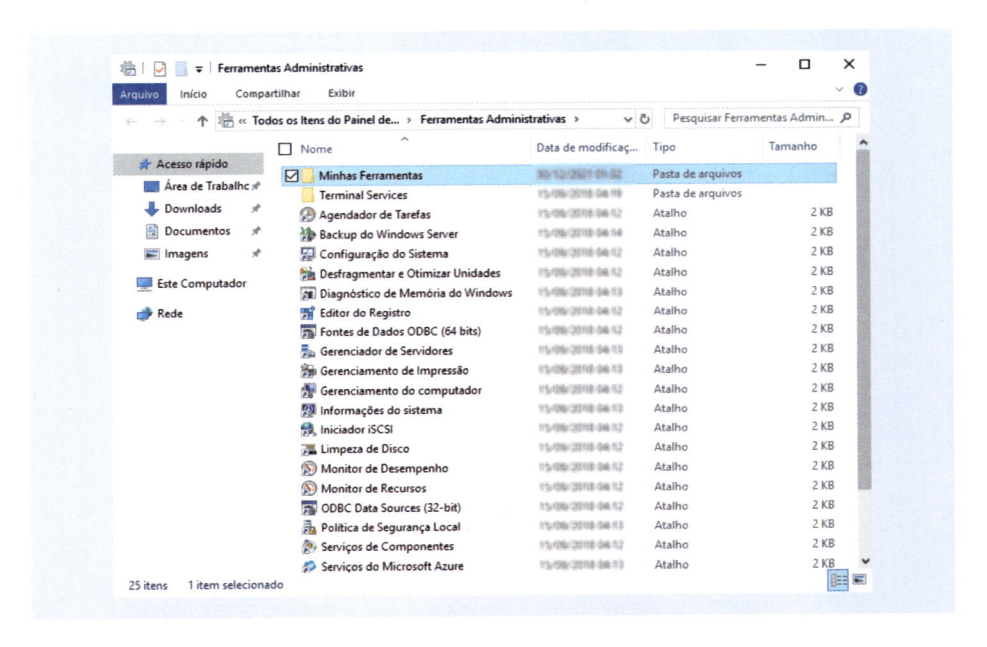

Observe que agora o atalho *Minhas Ferramentas* foi devidamente adicionado em *Ferramentas Administrativas*.

11. Para verificar se tudo ocorreu corretamente, vá até o *Gerenciador do Servidor* e clique na aba *Ferramentas*; aparecerá o atalho *Minhas Ferramentas* e, dentro dele, *Conexão de Área de Trabalho Remota*.

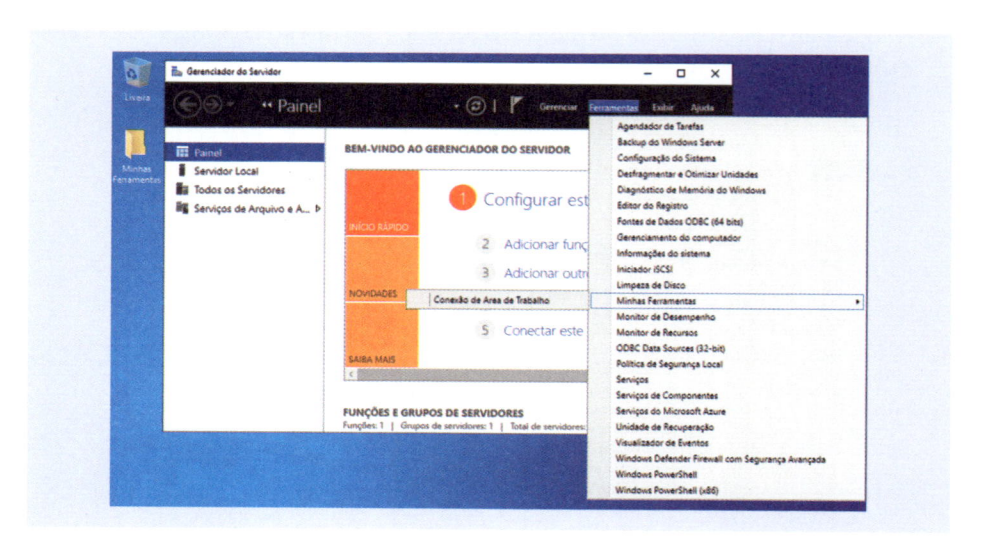

12. Quando essa opção é selecionada, o programa de conexão remota é devidamente aberto.

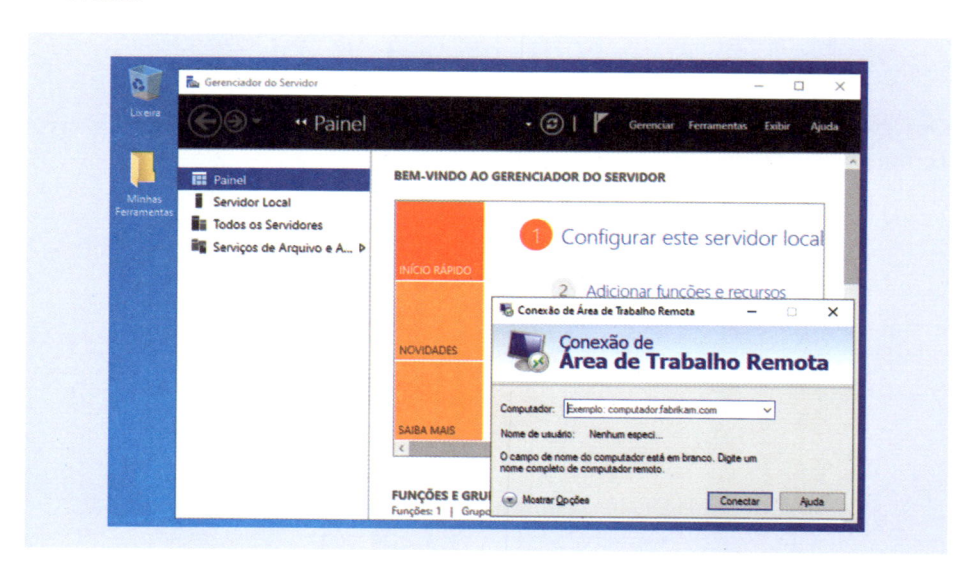

Exercícios propostos

1. Para que serve o MMC?
2. O que são snap-ins?
3. Adicione à pasta *Minhas Ferramentas* um atalho contendo o MMC com o snap-in DHCP.
4. Fixe o *Painel de Controle* na área de trabalho.
5. Coloque o prompt DOS na barra de tarefas.
6. Na área de trabalho do Windows Server, insira um atalho para desligar o servidor.
7. Para que serve o *Gerenciador do Servidor*?
8. Por que é uma boa opção criar um menu de atalho dentro do *Gerenciador do Servidor*?
9. Coloque o prompt DOS na área de trabalho do Windows.
10. Por que é importante organizar a área de trabalho do Windows e usar o *Gerenciador do Servidor*?

Anotações

7
Configuração de serviços de redes

OBJETIVOS:

» Especificar um nome e um endereço IP no servidor

» Configurar o serviço DHCP no Windows Server

» Configurar o serviço DNS no Windows Server

» Configurar o serviço WINS no Windows Server

Serviços de redes

Em redes de computadores, um serviço de rede é um aplicativo que fornece aos usuários vários recursos computacionais, como armazenamento de dados, manipulação e apresentação de informações, formas de comunicação, entre tantos outros. Geralmente executados na camada de aplicação, muitas vezes, esses aplicativos são implementados em arquiteturas de rede ponto a ponto ou cliente-servidor, baseadas em protocolos de rede dessa camada.

Cada serviço de rede é normalmente implementado e fornecido por um componente do servidor (geralmente, um computador servidor dedicado em uma rede cliente-servidor pode fornecer vários serviços para uma grande gama de usuários), que é acessado por componentes do cliente através de uma rede de comunicação. No entanto, os componentes do cliente e do servidor podem ser executados também em uma mesma máquina. Os clientes e os servidores comumente possuem uma interface de usuário e, às vezes, outro hardware associado a ela.

É possível apresentar como exemplos de serviços de redes o DHCP 1 (Dynamic Host Configuration Protocol – protocolo de configuração dinâmica do host), que atribui endereços e configurações dinâmicas de rede aos hosts de uma infraestrutura, e o DNS (Domain Name System – sistema de nomes de domínio), que tem como objetivo converter nomes de domínio legíveis para você, humano (por exemplo: www.amazon.com), em endereços IP (Internet Protocol – protocolo de internet), legíveis para as máquinas (por exemplo: 192.0.2.44), e vice-versa. Neste capítulo, o objetivo é apresentar alguns desses serviços devidamente configurados no Windows Server.

Especificação do nome do servidor

Para que seja possível fazer as configurações relacionadas aos serviços de redes que devem ser disponibilizados aos hosts de uma infraestrutura de rede, é preciso primeiramente montar esse ambiente que fará a comunicação entre o servidor e seus usuários. Você vai criar, então, um comutador de rede interno para que essas máquinas possam se comunicar entre si. Execute os passos a seguir.

1. Acesse o *Gerenciador do Hyper-V* e clique em *Gerenciador de Comutador Virtual*. Escolha a opção *Particular* para o tipo de comutador virtual que deseja utilizar e, por último, clique em *Criar Comutador Virtual*.

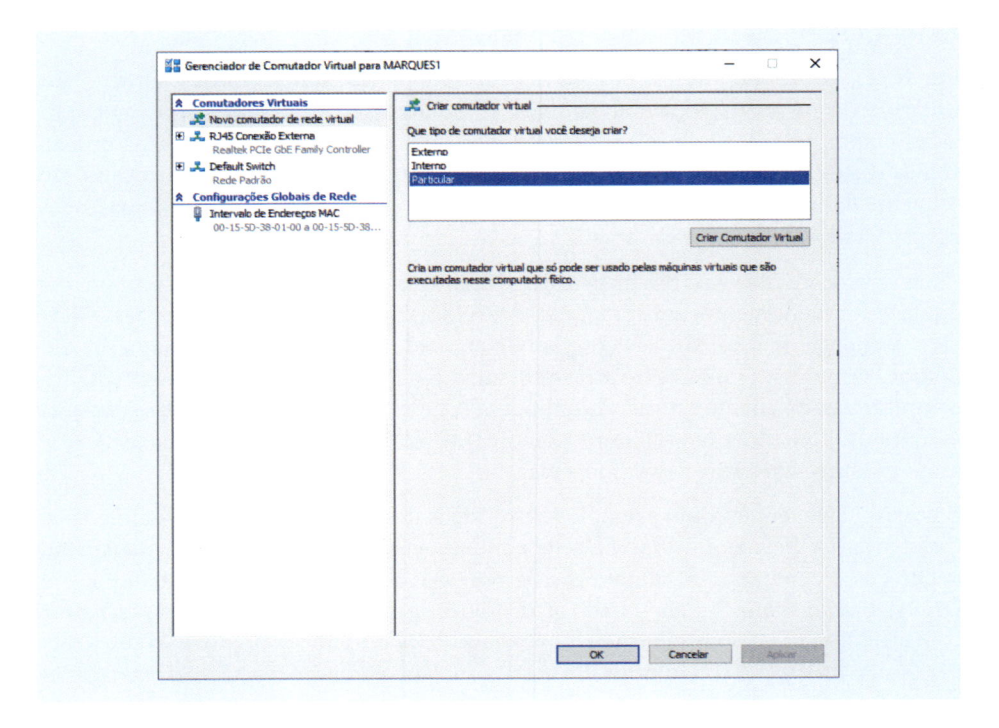

2. Na próxima janela, em *Nome* digite *Conexão Privada* e clique em *OK*.

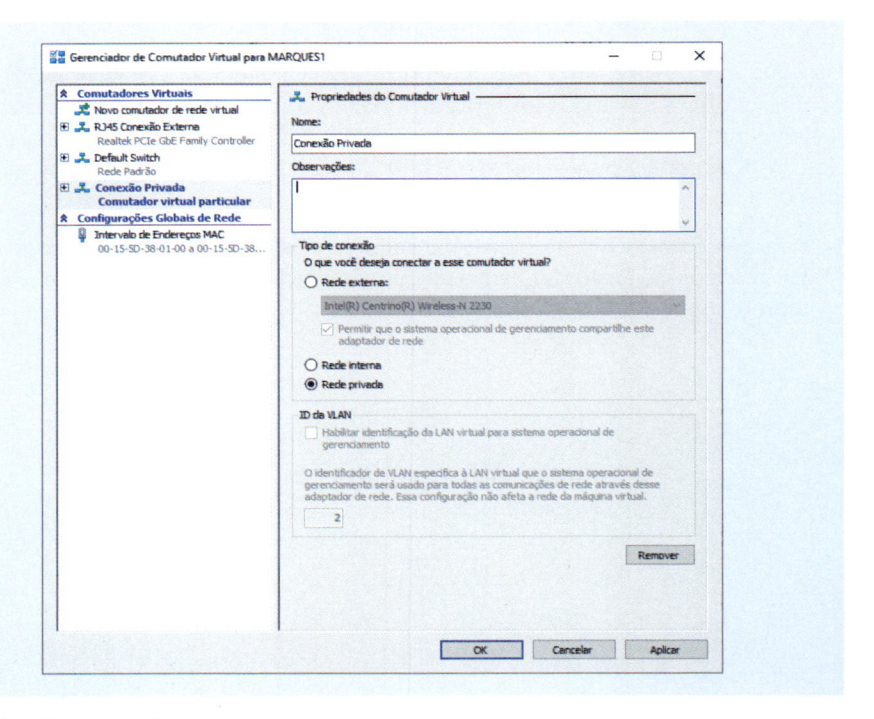

3. Clique sobre a máquina virtual (VM – Virtual Machine) do Windows Server e escolha a opção *Configurações*. Selecione *Adaptador de Rede* e, em *Comutador virtual*, escolha *Conexão Privada*.

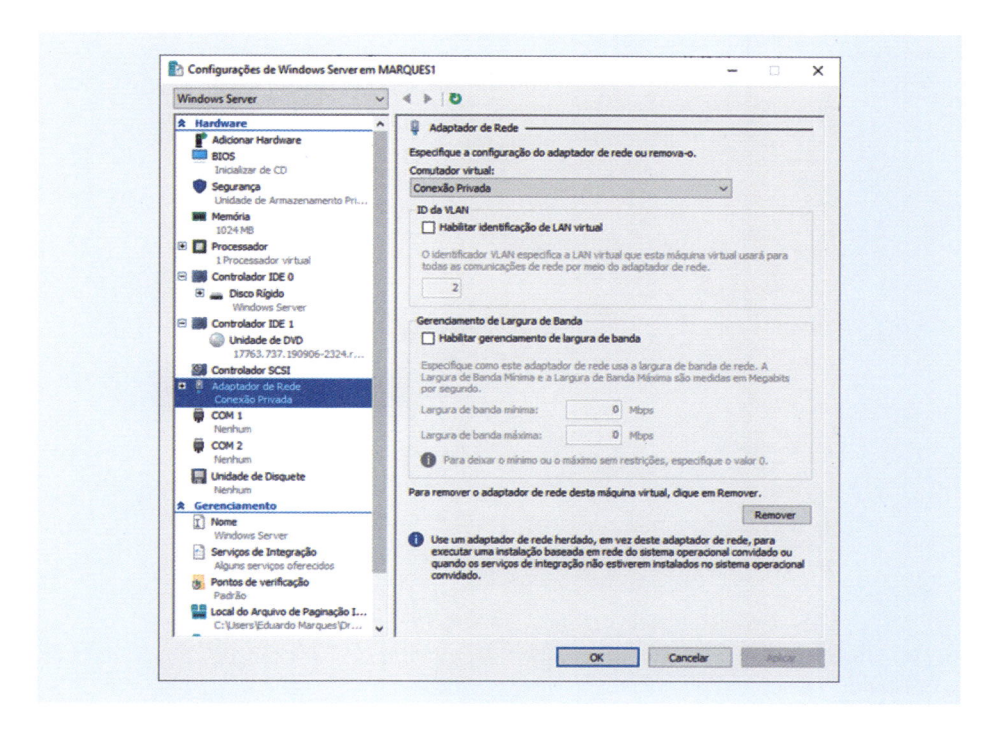

4. Vá até o Windows Server e acesse o *Painel de Controle*; depois, escolha *Exibir por: ícones grandes*.

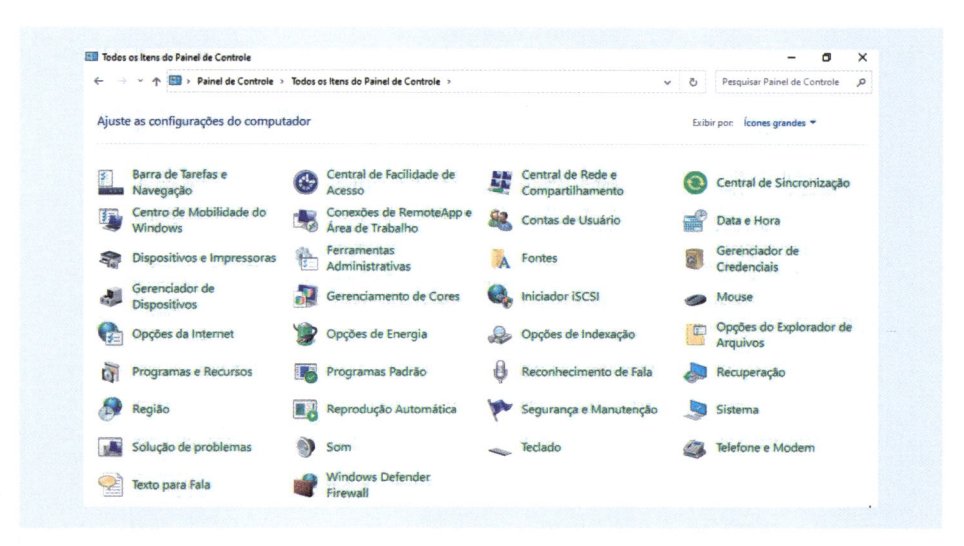

5. *Selecione Sistema*, desça a barra de rolagem e procure por *Configurações avançadas do sistema*.

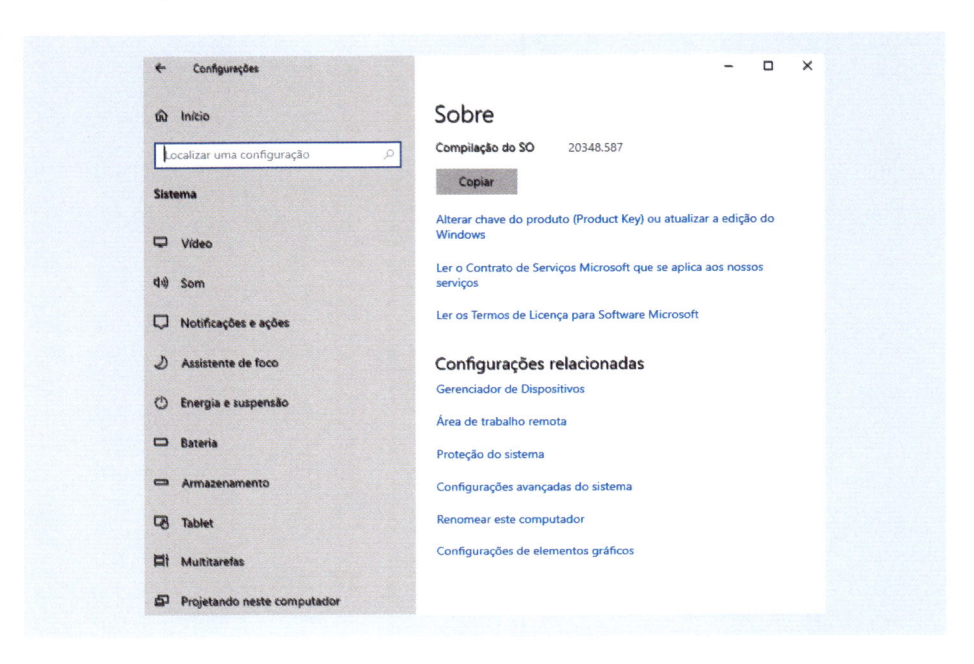

6. Ao clicar em *Configurações avançadas do sistema*, abrirá a janela *Propriedades do Sistema*. Selecione a aba *Nome do computador*.

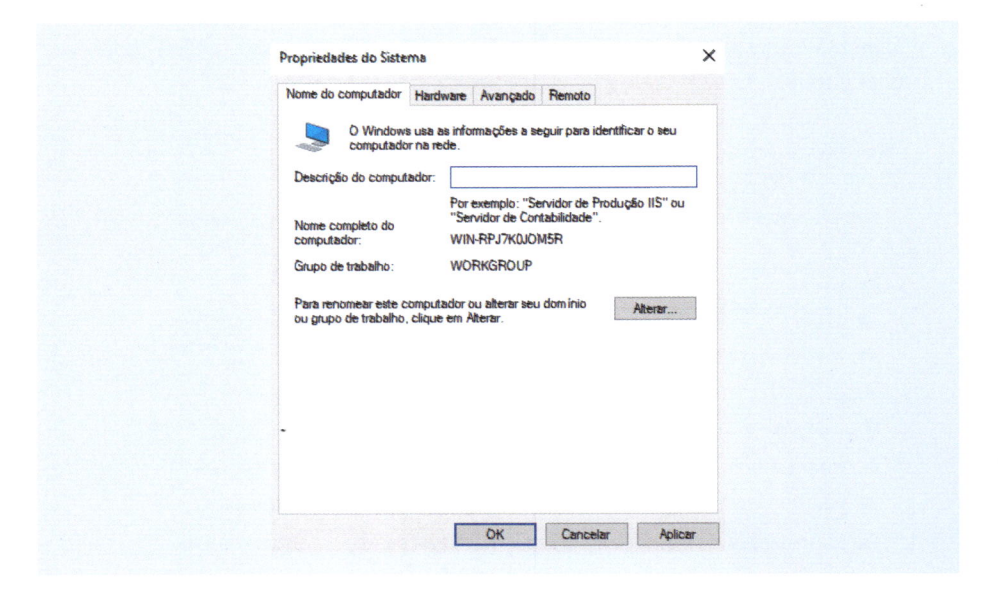

7. No campo *Descrição do computador*, digite *Servidor Principal* e clique no botão *Alterar*.

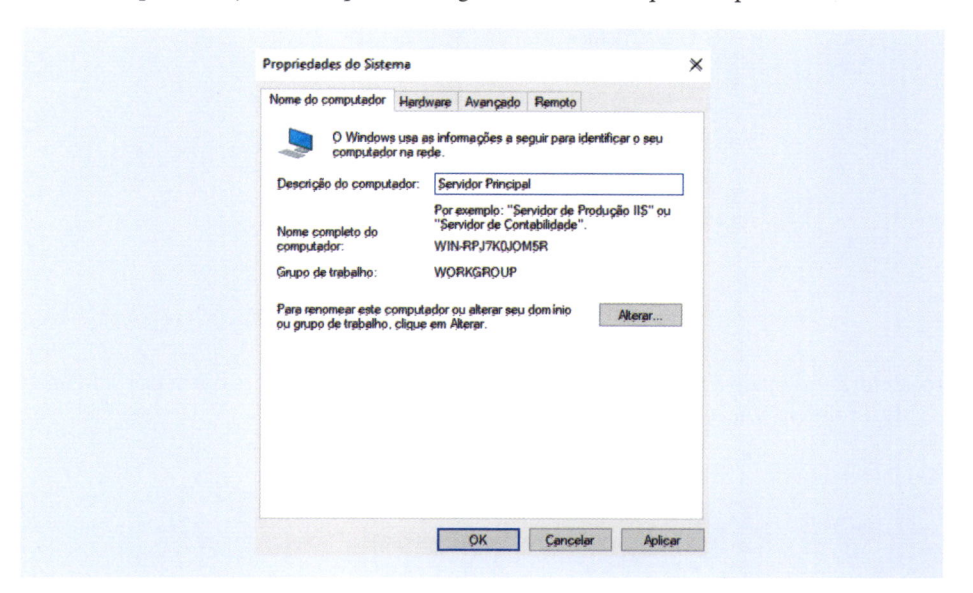

8. Na próxima janela, em *Nome do computador*, digite *Servidor01* e clique em *OK*.

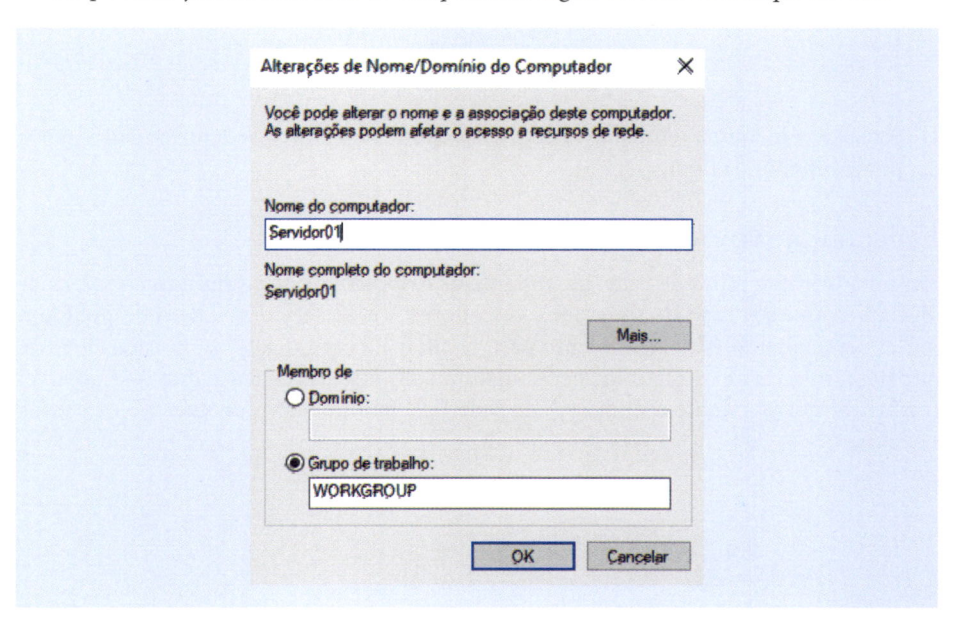

9. Aparecerá uma janela informando que o computador deve ser reinicializado para que as últimas alterações sejam aplicadas. Clique em *OK*.

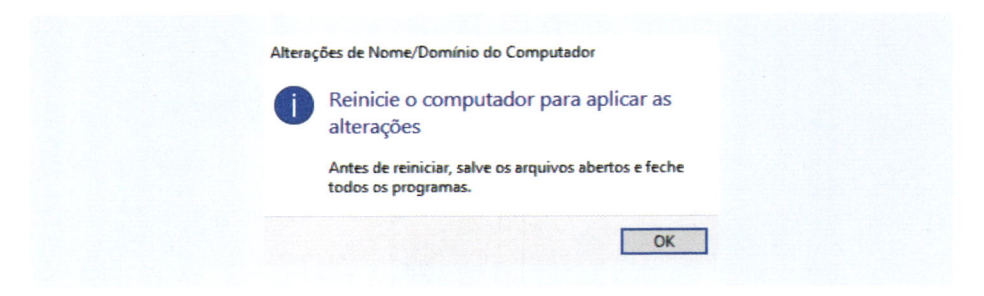

10. Retornando para a janela anterior, clique em *Aplicar*, e aparecerá outra tela solicitando a reinicialização. Clique no botão *Reiniciar Agora*.

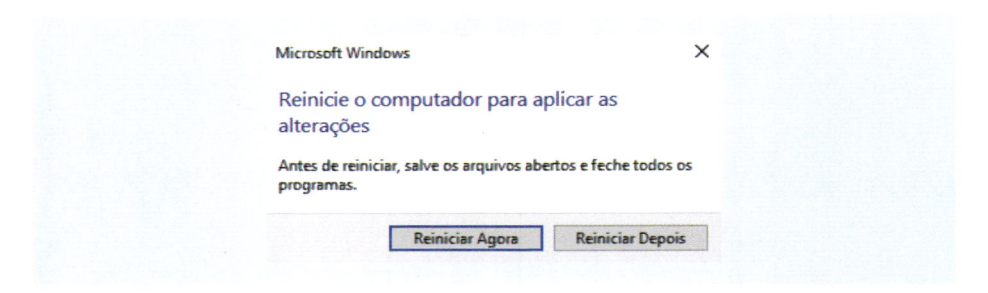

11. Aguarde a máquina reinicializar o sistema operacional e acesse-a novamente após o procedimento de boot.

Especificação do IP fixo do servidor

Em uma infraestrutura de rede, geralmente os dispositivos de comunicação intermediária – como é o caso de switches e roteadores – e os servidores de rede possuem um endereçamento fixo, exatamente para facilitar a comunicação com seus clientes, que buscam acessar os recursos necessários a suas atividades. Para que seja possível configurar corretamente o endereço de rede (IP) fixo no servidor, execute os passos a seguir.

1. Para verificar qual é o endereço atual do servidor, abra a VM do Windows Server, acesse o ícone *Lupa* e digite *prompt de comando*, teclando *Enter*. Assim que a janela do prompt de comando abrir, digite o comando *ipconfig /all*. Aparecerá algo parecido com o que está registrado na figura a seguir.

Como é possível notar, tal comando informa o nome do dispositivo, o endereço do proxy, o endereço IP do host, o endereço de gateway padrão e muitas outras informações, caso estejam configuradas previamente ou automaticamente pelo próprio sistema operacional.

2. Para aplicar ou alterar o endereço IP do servidor, vá até *Painel de Controle*, encontre a opção *Central de Rede e Compartilhamento*.

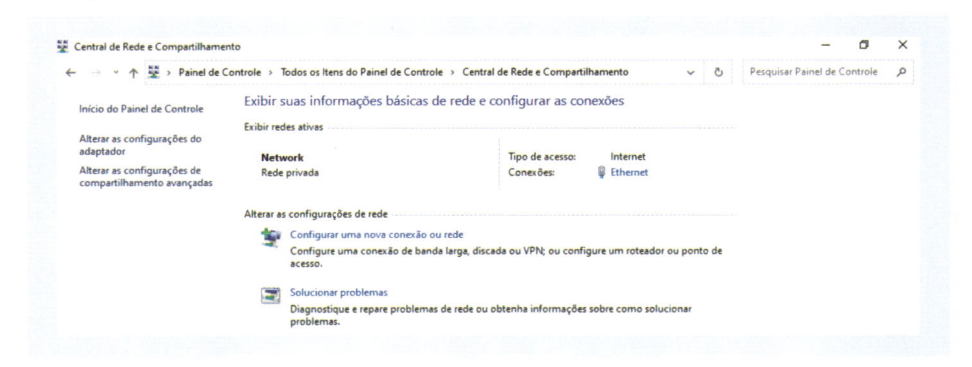

3. Selecione *Alterar as configurações do adaptador* e, após a abertura da nova janela, clique duas vezes sobre o ícone *Ethernet*. A tela *Status de Ethernet vai aparecer*. Em seguida, clique em *Propriedades*.

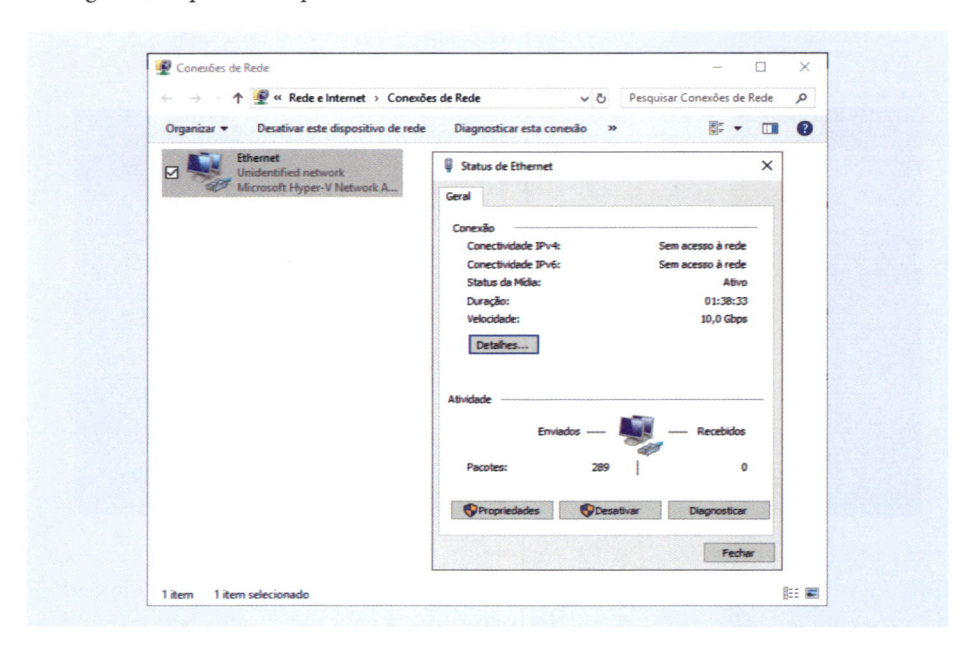

4. Desça a barra de rolagem e dê um duplo clique em *Internet Protocol Version 4 (TCP/IPv4)*.

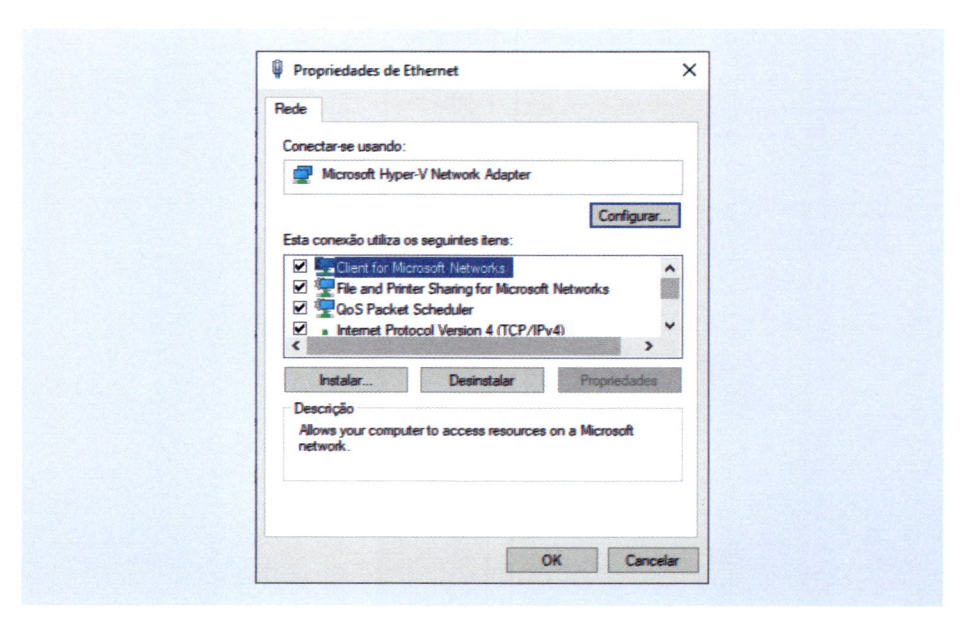

5. A janela *Propriedades de Internet Protocol Version 4 (TCP/IPv4)* se abrirá.

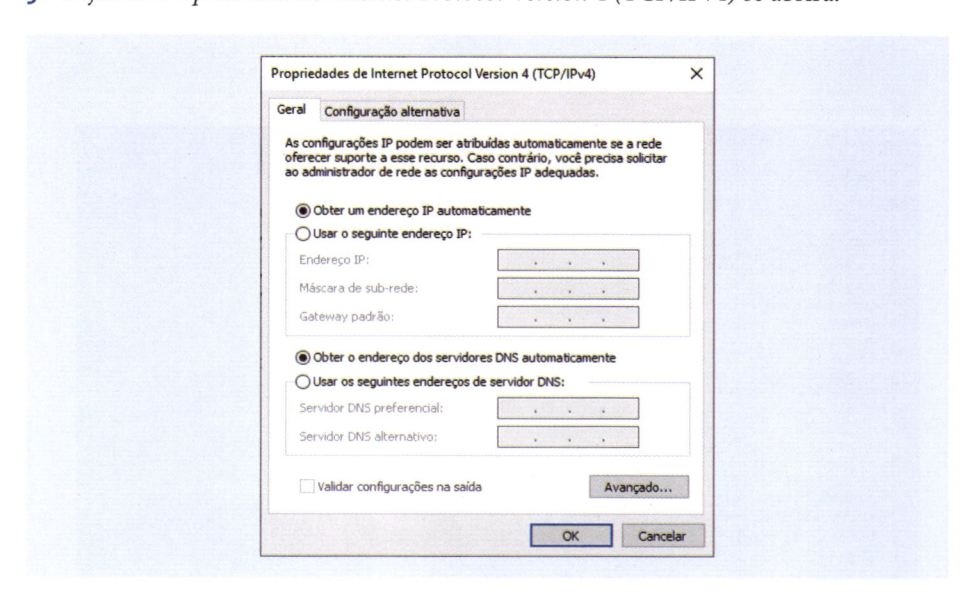

6. Selecione a opção *Usar o seguinte endereço IP:* e, em *Endereço IP:*, digite o endereço 10.50.1.1. Além disso, em *Máscara de sub-rede*, digite a máscara 255.0.0.0 e, nesse momento, não defina o *Gateway padrão*. Em seguida, selecione *Usar os seguintes endereços de servidor DNS:* e, em *Servidor DNS preferencial:*, digite 10.50.1.1. Depois, clique em *OK*, mais uma vez em *OK* e, por fim, em *Fechar*.

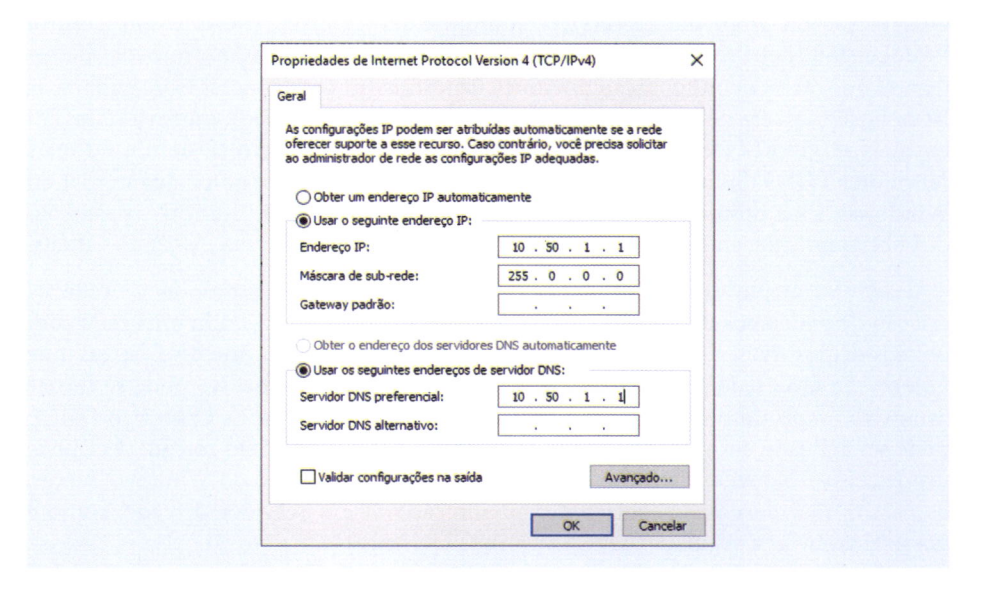

7. Acesse novamente o prompt de comando e execute o comando *ipconfig /all*. Verifique agora se o comando apresenta os endereços incluídos na etapa anterior.

```
Administrador: Prompt de Comando                                    —  □  ×
Microsoft Windows [versão 10.0.17763.737]
(c) 2018 Microsoft Corporation. Todos os direitos reservados.

C:\Users\Administrator>ipconfig /all

Configuração de IP do Windows

    Nome do host. . . . . . . . . . . . . . . : Servidor01
    Sufixo DNS primário . . . . . . . . . . . :
    Tipo de nó. . . . . . . . . . . . . . . . : híbrido
    Roteamento de IP ativado. . . . . . . . . : não
    Proxy WINS ativado. . . . . . . . . . . . : não

Adaptador Ethernet Ethernet:

    Sufixo DNS específico de conexão. . . . . :
    Descrição . . . . . . . . . . . . . . . . : Microsoft Hyper-V Network Adapter
    Endereço Físico . . . . . . . . . . . . . : 00-15-5D-38-01-02
    DHCP Habilitado . . . . . . . . . . . . . : Não
    Configuração Automática Habilitada. . . . : Sim
    Endereço IPv6 de link local . . . . . . . : fe80::3c60:4c7f:f778:146%6(Preferencial)
    Endereço IPv4. . . . . . . . . . . . . .  : 10.50.1.1(Preferencial)
    Máscara de Sub-rede . . . . . . . . . . . : 255.0.0.0
    Gateway Padrão. . . . . . . . . . . . . . :
    IAID de DHCPv6. . . . . . . . . . . . . . : 67114333
    DUID de Cliente DHCPv6. . . . . . . . . . : 00-01-00-01-29-5E-47-FA-00-15-5D-38-01-02
    Servidores DNS. . . . . . . . . . . . . . : 10.50.1.1
    NetBIOS em Tcpip. . . . . . . . . . . . . : Habilitado

C:\Users\Administrator>
```

Configuração do DHCP

O DHCP é um protocolo de serviço da arquitetura TCP/IP (Transmission Control Protocol/Internet Protocol – protocolo de controle de transmissão/protocolo de internet) que oferece configuração dinâmica de terminais, com concessão de endereços IP de host, máscara de sub-rede, default gateway (gateway padrão), número IP de um ou mais servidores DNS, sufixos de pesquisa do DNS e número IP de um ou mais servidores WINS (Windows Internet Name Service – serviço de nome de internet do Windows). Esse protocolo é o sucessor do BOOTP (Bootstrap Protocol – protocolo de bootstrap), que, embora mais simples, tornou-se limitado para as exigências atuais.

O desenvolvimento do DHCP ocorreu para apoiar os administradores de rede na criação de endereços de hosts de maneira automática (dinâmica). Em uma rede com poucos dispositivos, a aplicação de endereços não se torna um processo estressante; porém, em uma rede grande, com inúmeros usuários, esse processo pode se tornar cansativo, improdutivo e até mesmo causar erros de configuração. O serviço DHCP pode ser aplicado em vários dispositivos de redes, por exemplo, em roteadores e pontos de acesso. No entanto, como este livro trata da configuração do Windows Server, os passos aqui descritos seguirão a configuração em um servidor de rede, como é possível verificar a seguir.

1. Para instalar e configurar o serviço DHCP no Windows Server, acesse o *Gerenciador do Servidor*, clique em *Gerenciar* e depois em *Adicionar Funções e Recursos*.

2. Será aberta a janela *Assistente de Adição de Funções e Recursos*. Clique em *Próximo*.

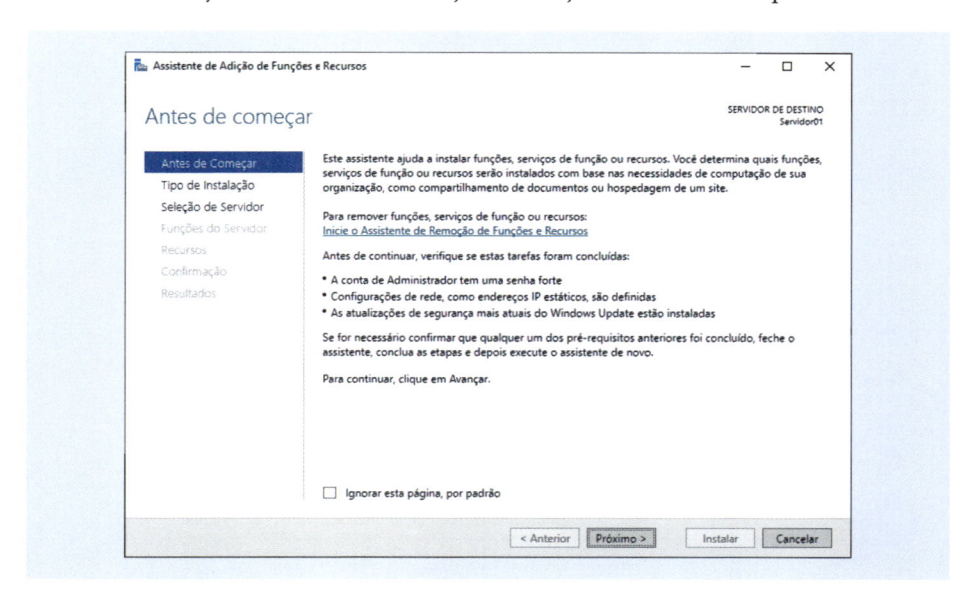

3. Em *Tipo de Instalação*, selecione a opção *Instalação baseada em função ou recurso* e clique em *Próximo*.

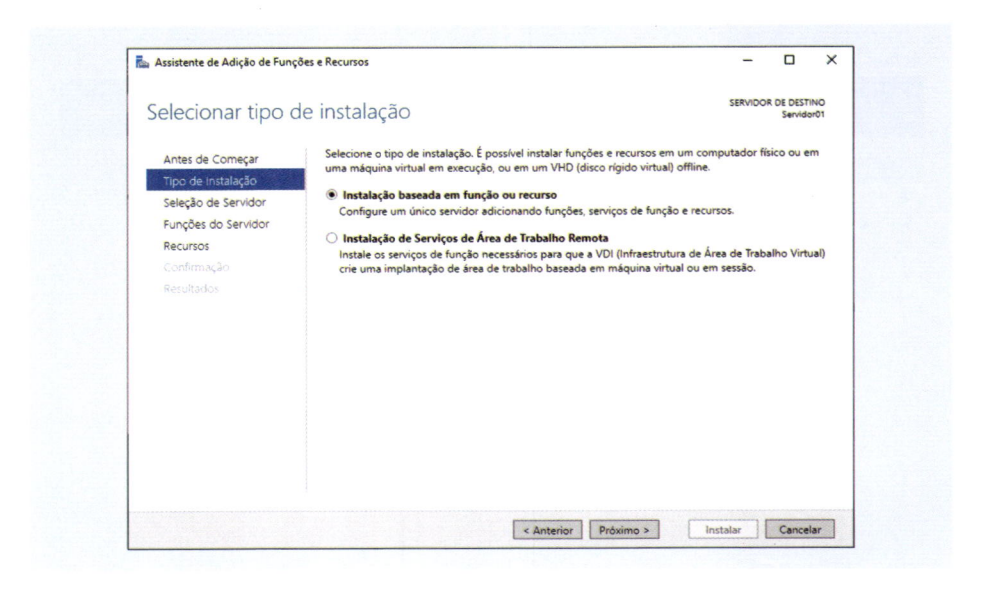

4. Em *Seleção de Servidor*, escolha a opção *Selecionar um servidor no pool de servidor*. Selecione o servidor que deseja – neste caso, só há o *Servidor01* – e clique em *Próximo*.

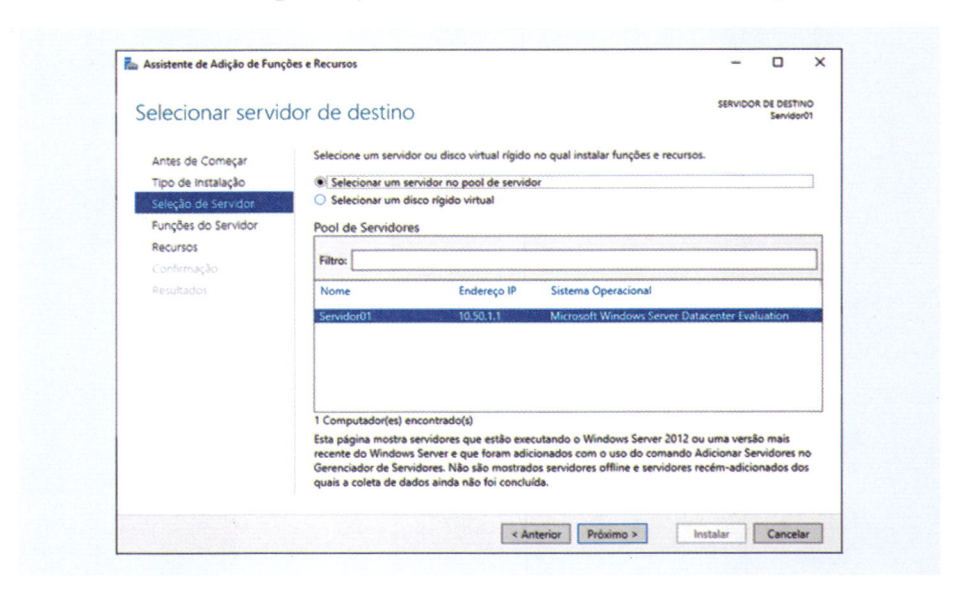

5. Em *Funções do Servidor*, escolha a opção *DHCP Server* e clique na caixa ao lado.

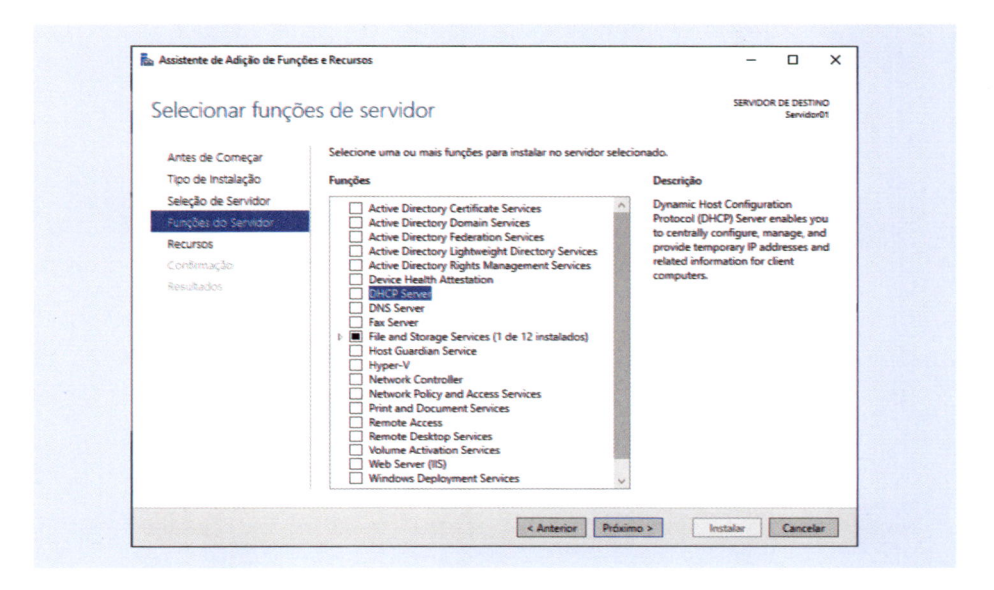

6. Será apresentada a janela de adição de recursos. Clique em *Adicionar Recursos*.

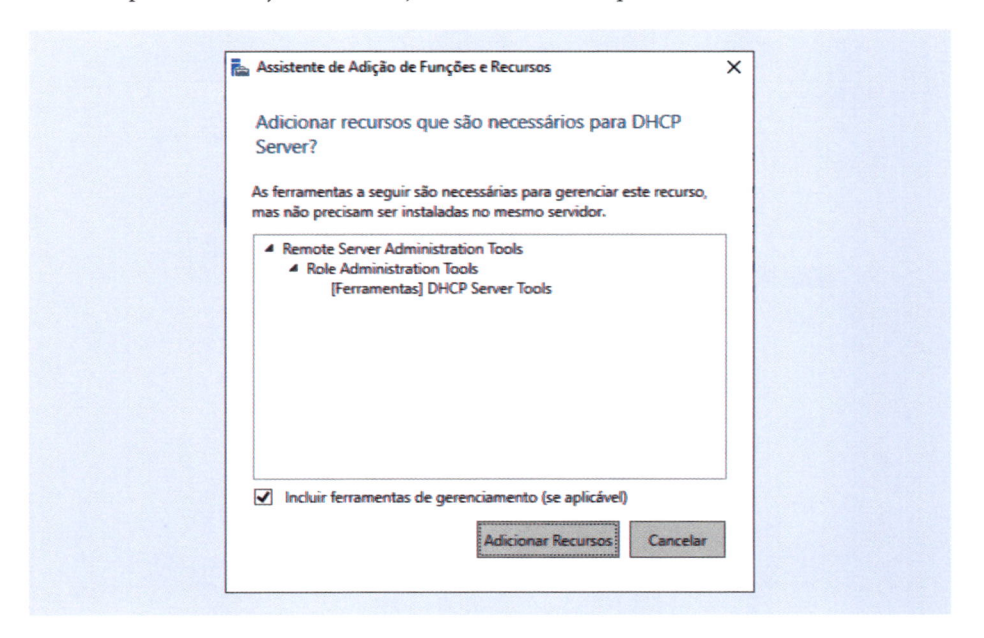

7. Note que a opção *DHCP Server* está agora selecionada. Clique em *Próximo*.

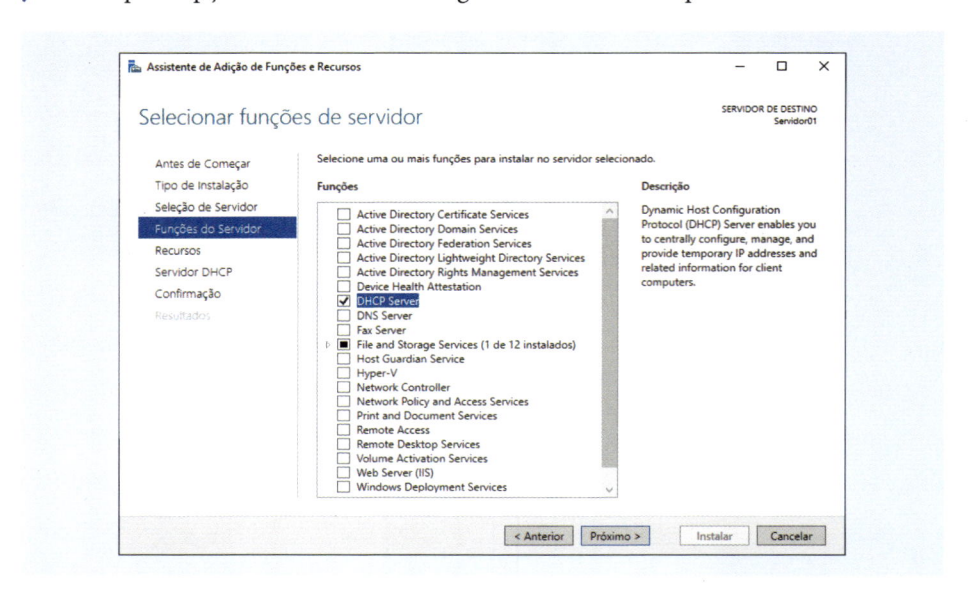

8. A janela *Recursos* será aberta. Nesta etapa, não há nenhuma escolha a fazer. Dê um clique no botão *Próximo*.

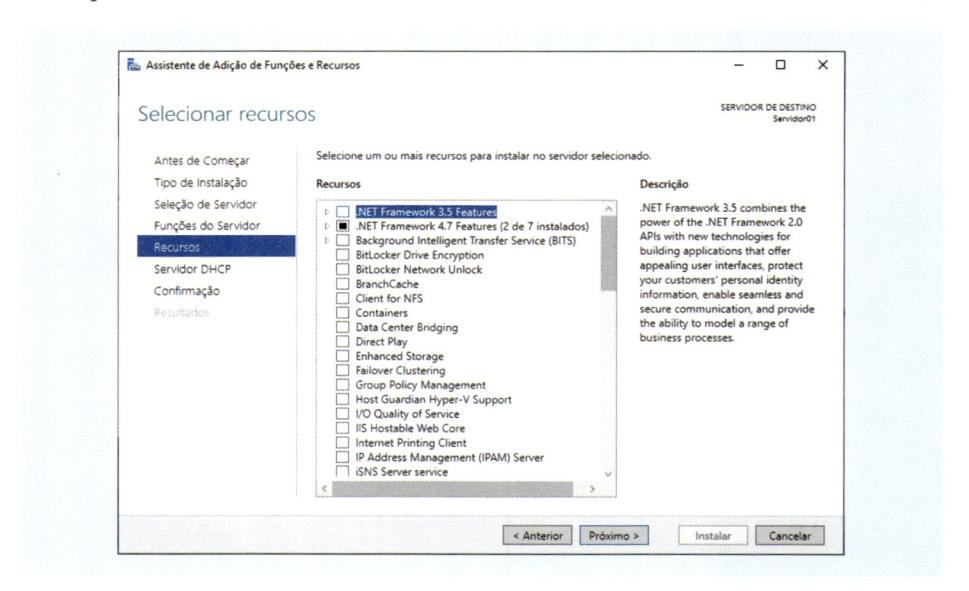

9. Na janela *Servidor DHCP*, aparecerão informações a respeito do servidor escolhido. Clique em *Próximo*.

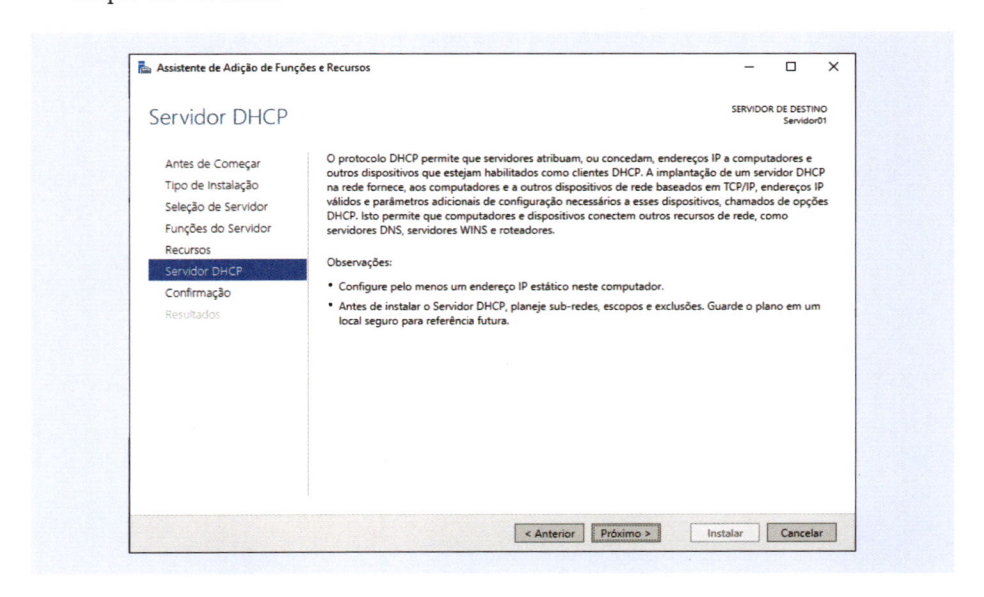

10. Na janela de confirmação, não selecione a caixa *Reiniciar cada servidor de destino automaticamente, se necessário* e clique em *Instalar*.

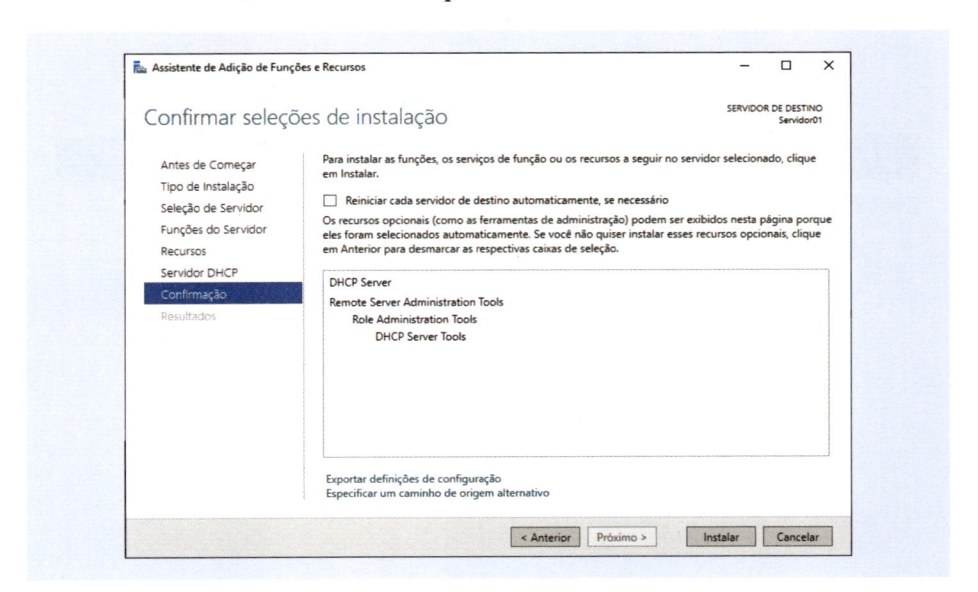

11. Será exibido o progresso da instalação. Aguarde que ele termine e, quando aparecer a informação "Configuração *necessária. Instalação bem-sucedida em Servidor01*", clique no botão *Fechar*.

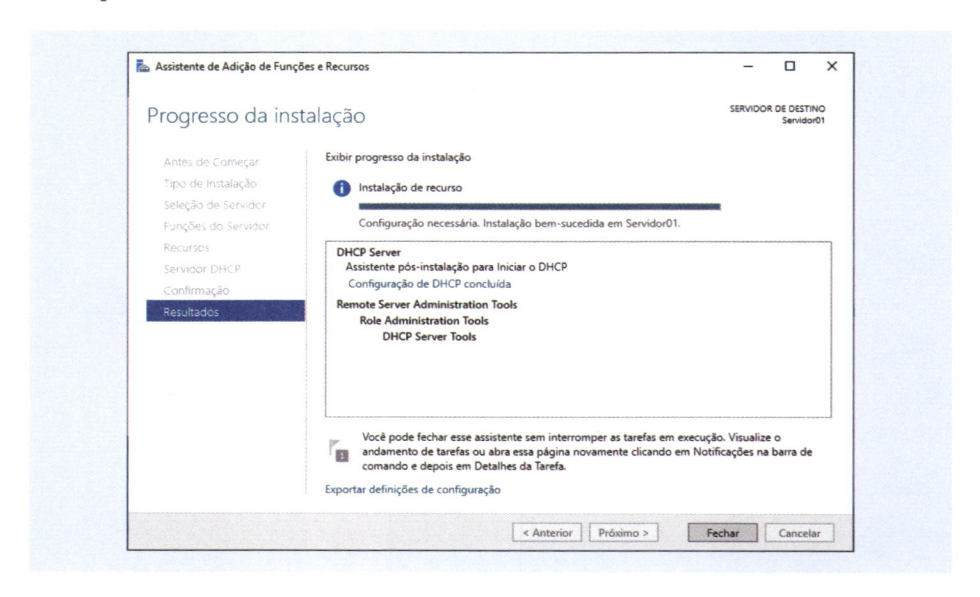

12. Aparecerá um sinal de exclamação em amarelo sobre o serviço DHCP concluído. Clique sobre esse símbolo a fim de que seja possível criar grupos de segurança para delegar a administração do servidor DHCP.

13. Clique sobre a opção *Configuração de DHCP concluída*. Aparecerá a janela *Descrição*; clique, então, no botão *Confirmar*.

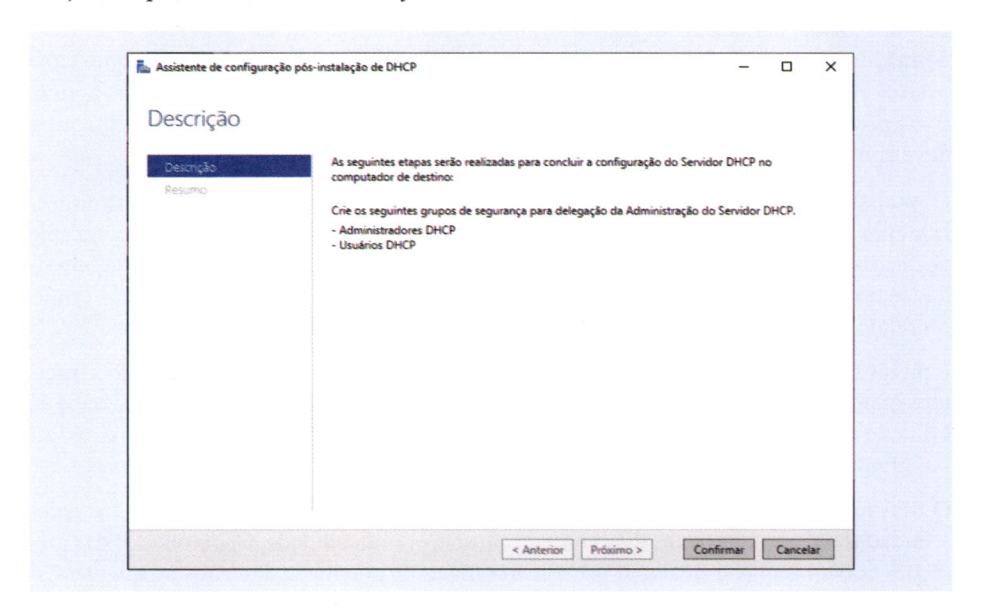

14. A janela *Resumo* será aberta em seguida, apresentando o status de que os grupos de segurança estão concluídos. Clique em *Fechar* e retorne à tela *Gerenciador do Servidor*.

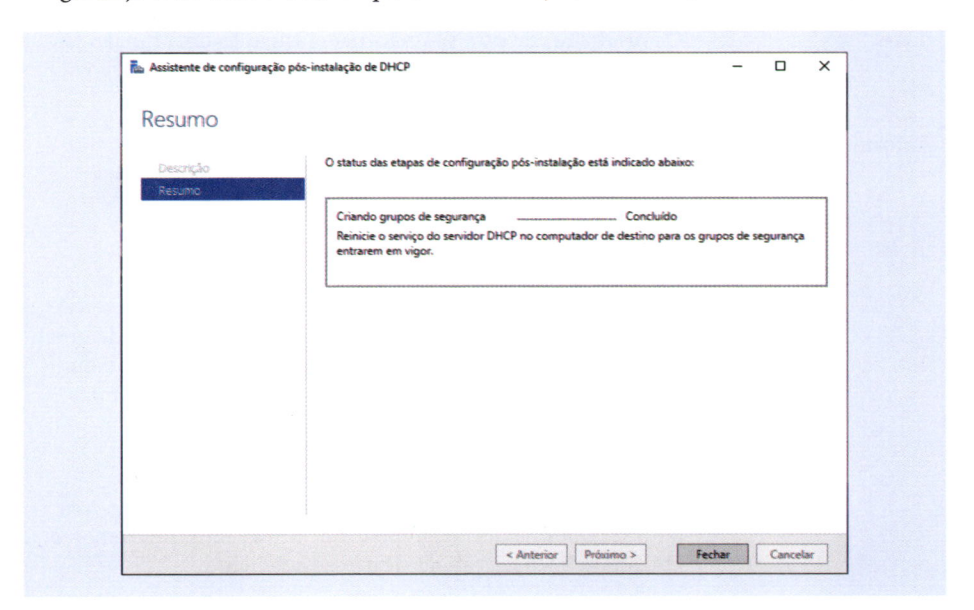

Analisador de práticas recomendadas

No gerenciamento do Windows Server, as práticas recomendadas são diretrizes consideradas ideais, em circunstâncias normais, de configuração de um servidor, conforme definido pelos especialistas de administração de rede. Por exemplo, é tida como uma prática recomendada manter abertas somente portas necessárias para que os aplicativos possam se comunicar com outros dispositivos – ou seja, portas não utilizadas deveriam ser bloqueadas.

O analisador de práticas recomendadas (BPA – Best Practices Analyzer) é uma ferramenta de gerenciamento de servidor que está disponível no Windows Server. Ele pode auxiliar os administradores de rede a reduzir as violações de práticas recomendadas por meio da verificação de funções instaladas em servidores gerenciados, criando relatórios de violações de práticas recomendadas para esse administrador.

É possível executar as verificações de violações de práticas recomendadas usando a interface gráfica do próprio BPA ou através de cmdlets no Windows PowerShell (interface de linha de comando). Através desses recursos, é possível também instruir o BPA a excluir ou ignorar os resultados da varredura que não se deseja visualizar na administração.

O BPA funciona medindo a conformidade de uma função com as regras de práticas recomendadas em oito categorias diferentes de eficácia e confiabilidade. Os resultados das medições podem implicar qualquer um dos três níveis de gravidade descritos no quadro 7.1.

Quadro 7.1. Três níveis de gravidade dos resultados das medições do BPA.

Nível de severidade	Descrição
Erro	Os resultados de erro são retornados quando uma função não satisfaz às condições de uma regra de prática recomendada e problemas de funcionalidade podem ser esperados.
Informações	Os resultados de informações são retornados quando uma função satisfaz às condições de uma regra de prática recomendada.
Aviso	Os resultados de aviso são retornados quando os indícios de uma incompatibilidade podem causar problemas se as alterações não foram feitas. O aplicativo pode ser compatível com a operação atual, mas não satisfazer às condições de uma regra se não forem feitas alterações em sua configuração ou nas configurações da diretriz. Por exemplo, uma varredura dos serviços da área de trabalho remota pode mostrar um resultado de aviso se um servidor de licença estiver indisponível para a função, porque, mesmo se nenhuma conexão remota estiver ativa no momento da varredura, não ter o servidor de licença impede que novas conexões remotas obtenham licenças válidas de acesso ao cliente.

Já o quadro 7.2 descreve as categorias de regras de práticas recomendadas cujas funções são medidas durante uma verificação de BPA.

Quadro 7.2. Práticas recomendadas medidas durante uma verificação de BPA.

Nome da categoria	Descrição
Segurança	As regras de segurança são aplicadas para medir o risco relativo de uma função para a exposição a ameaças como usuários não autorizados ou mal-intencionados, ou mesmo perda ou roubo de dados confidenciais ou proprietários.
Desempenho	As regras de desempenho são aplicadas para medir a capacidade de uma função de processar solicitações e executar as próprias tarefas prescritas em uma empresa dentro dos períodos esperados, considerando a carga de trabalho da função.
Configuração	As regras de configuração são aplicadas a fim de identificar a necessidade de modificações para a execução ideal da função. As regras de configuração podem ajudar a evitar conflitos nas configurações que talvez resultem em mensagens de erro ou impedir que a função execute as obrigações prescritas em uma empresa.
Política	As regras de política são aplicadas a fim de identificar políticas de grupo do Windows ou configurações do registro que podem exigir modificação para que uma função opere de maneira ideal e segura.
Operação	As regras de operação são aplicadas para identificar possíveis falhas de uma função ao executar as tarefas prescritas em uma empresa.
Pré-implantação	As regras de pré-implantação são aplicadas antes que uma função instalada seja implantada em uma empresa. Elas permitem aos administradores que avaliem se as práticas recomendadas foram executadas, antes de a função ser adotada na produção.
Pós-implantação	As regras de pós-implantação são aplicadas depois que todos os serviços exigidos foram iniciados para uma função e depois que a função é executada em uma empresa.
Pré-requisitos	As regras de pré-requisitos explicam os parâmetros de configurações, as configurações de políticas e os recursos necessários para uma função antes que o BPA possa aplicar regras específicas de outras categorias. Um pré-requisito nos resultados de varredura indica que uma configuração incorreta, um programa ausente, uma política desabilitada ou habilitada incorretamente, uma configuração de chave de registro ou outras configurações impediram que o BPA aplicasse uma ou mais regras durante a varredura. Um resultado de pré-requisito não indica compatibilidade ou incompatibilidade; isso significa que não foi possível aplicar a regra e, assim, ela não faz parte dos resultados da varredura.

> **Importante**
>
> Como nos exemplos deste livro estão sendo utilizadas máquinas virtuais, o BPA talvez apresente alguns erros que não ocorreriam em máquinas reais e que podem ser corrigidos de maneira simples, por exemplo, a permissão de uma conexão real com a internet, que possibilita atualizações de software necessárias.

Análise do serviço DHCP instalado

Após a instalação do serviço DHCP no Windows Server, na tela do *Gerenciador do Servidor*, é possível notar a presença do item DHCP no lado esquerdo da tela. Execute os passos a seguir para sua análise.

1. Clique sobre o item *DHCP* no *Gerenciador do Servidor*.

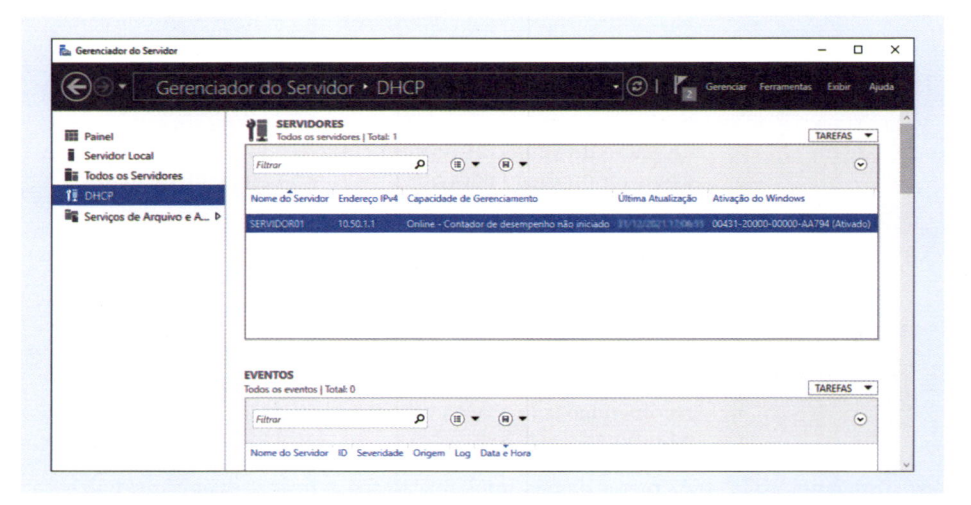

Na área à direita da tela *Gerenciador do Servidor: DHCP*, é possível ver uma série de recursos para o serviço DHCP, como *Servidores, Eventos, Serviços, Analisador de Práticas Recomendadas, Desempenho* e *Funções e Recursos*.

2. Desça com a barra de rolagem até o *Analisador de Práticas Recomendadas*. Clique em *Tarefas*, no canto superior direito dessa pasta, e escolha *Iniciar Exame do BPA*.

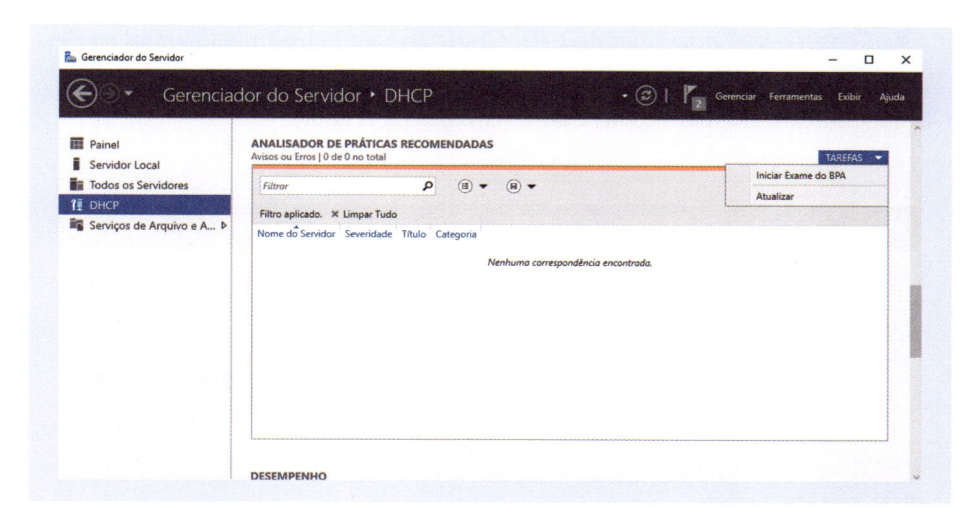

3. Será aberta a janela *Pool de Servidores*; escolha o servidor que deseja analisar (neste caso, aparecerá apenas um servidor) e clique em *Iniciar Exame*.

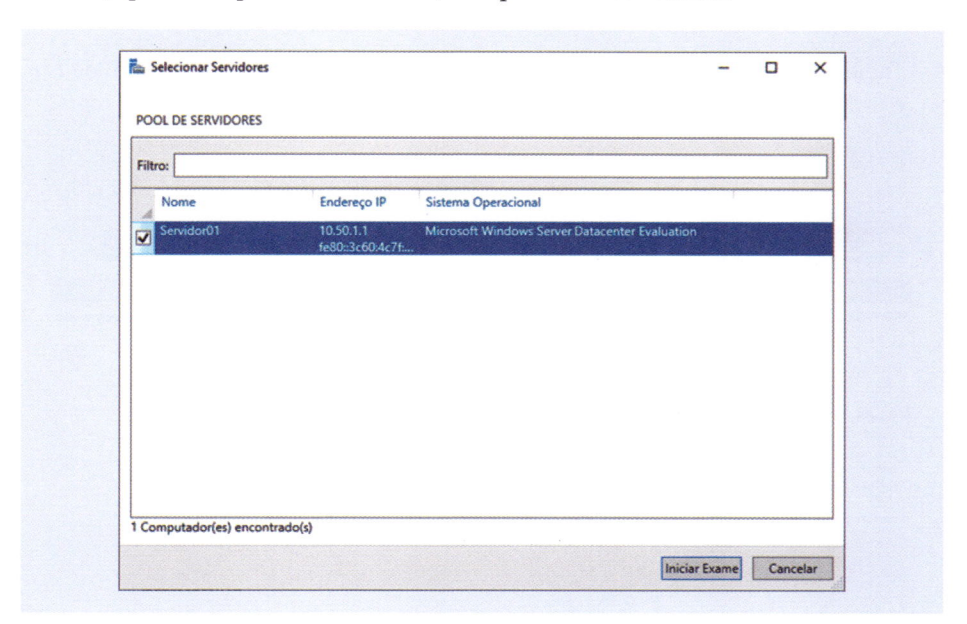

4. Após a varredura, note que o analisador apresentará duas mensagens:
   - *Erro: DHCP: o servidor deve ter pelo menos um escopo IPv4.*
   - *Aviso: DHCP: o servidor deve ter permissões de Controle total para os parâmetros do Registro DHCP.*

   Clicando sobre essas mensagens, é possível ver mais detalhes.

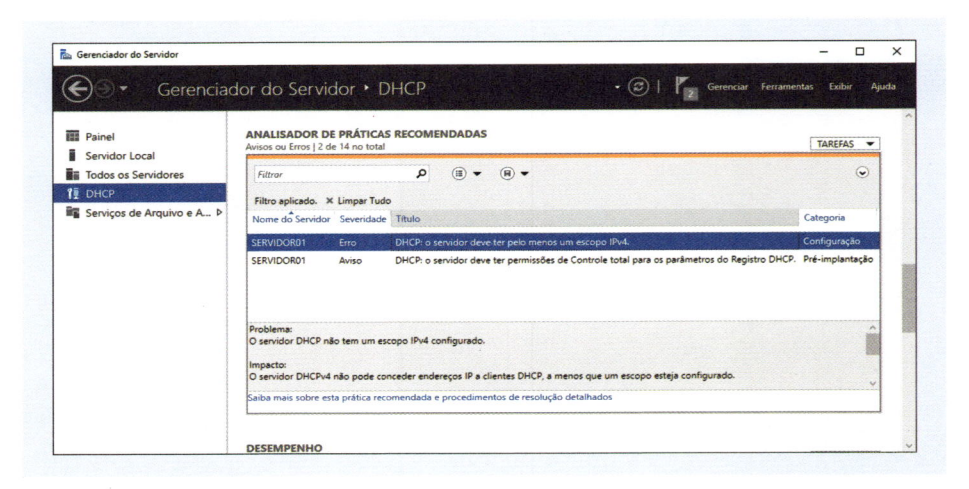

5. Também é possível clicar com o botão direito do mouse sobre a mensagem de *Erro* e *Aviso* e *Copiar as Propriedades do Resultado*.

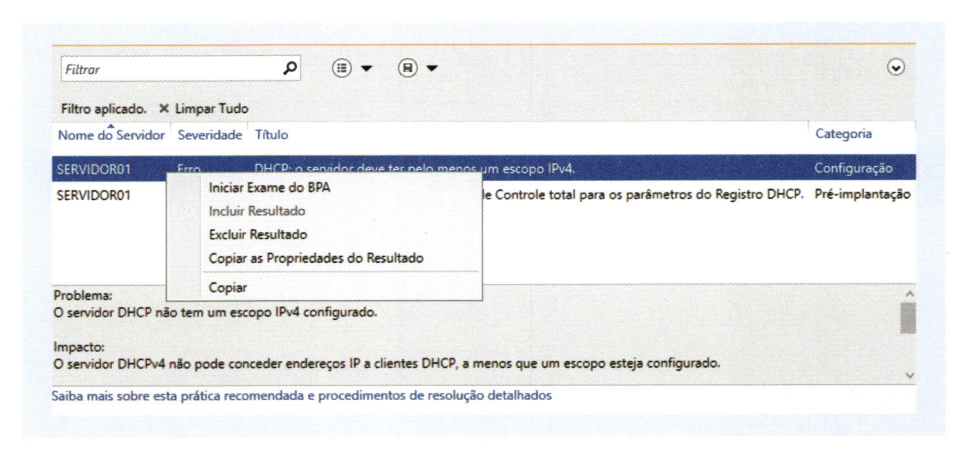

6. É possível copiar essas informações para um arquivo do Bloco de Notas. No final desse documento, aparecerá um link pelo qual o administrador poderá acessar detalhes mais aprofundados dessa análise. Para sua verificação, basta copiar o link e colá-lo em algum navegador de internet.

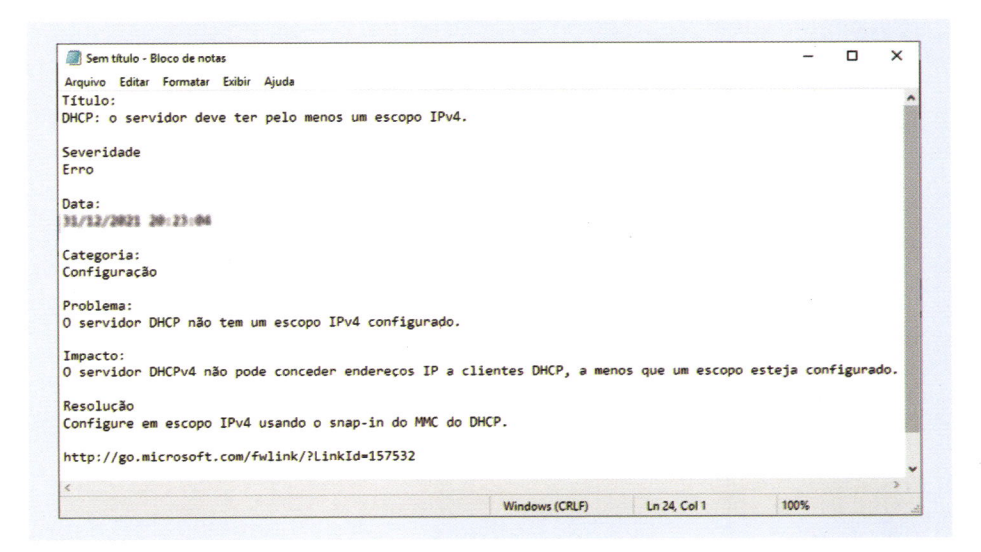

Preparação e configuração do DHCP

Você vai agora configurar de fato o serviço DHCP para que os clientes possam receber os dados solicitados, por exemplo, endereço IP, máscara de rede, entre outras informações.

1. Volte à tela *Gerenciador do Servidor*, clique em *Ferramentas* e, depois, em *DHCP*.

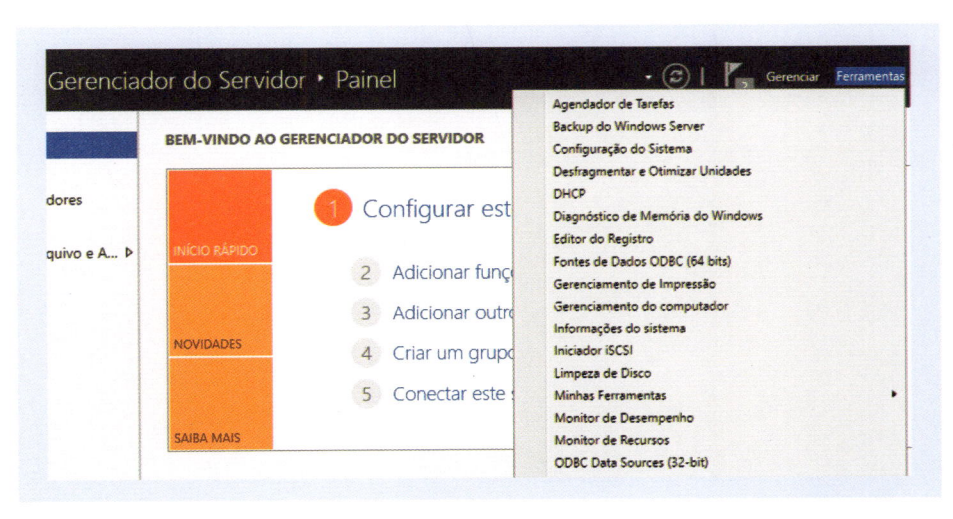

2. A janela *DHCP* para IPv4 e IPv6 será apresentada.

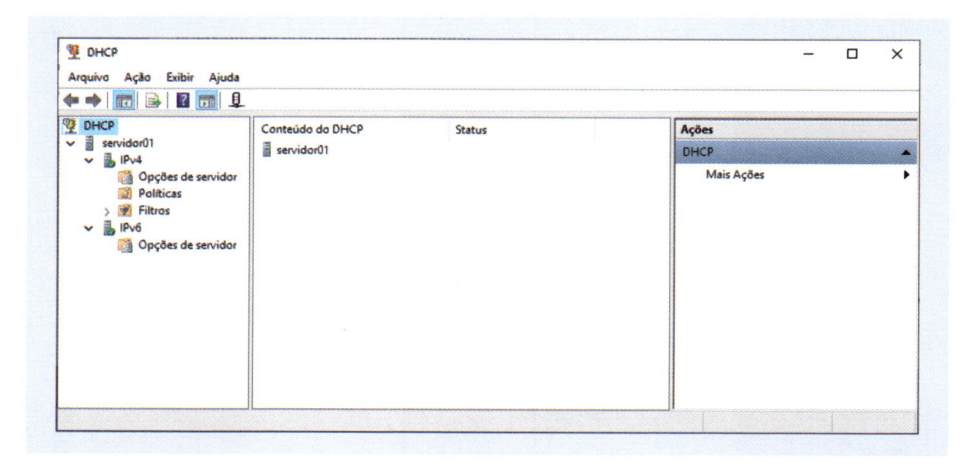

3. Clique sobre o item *IPv4* à esquerda da tela. Será exibida a mensagem de que o analisador de práticas recomendadas indicou a ausência de um escopo para que o DHCP possa fornecer os números IP e outras informações aos usuários da rede.

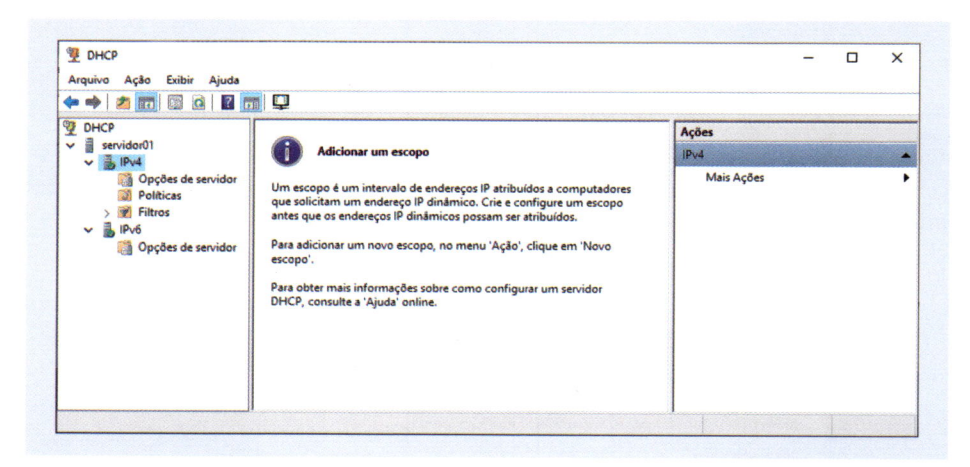

4. Clique com o botão direito do mouse sobre o ícone *IPv4* e escolha a opção *Novo escopo*.

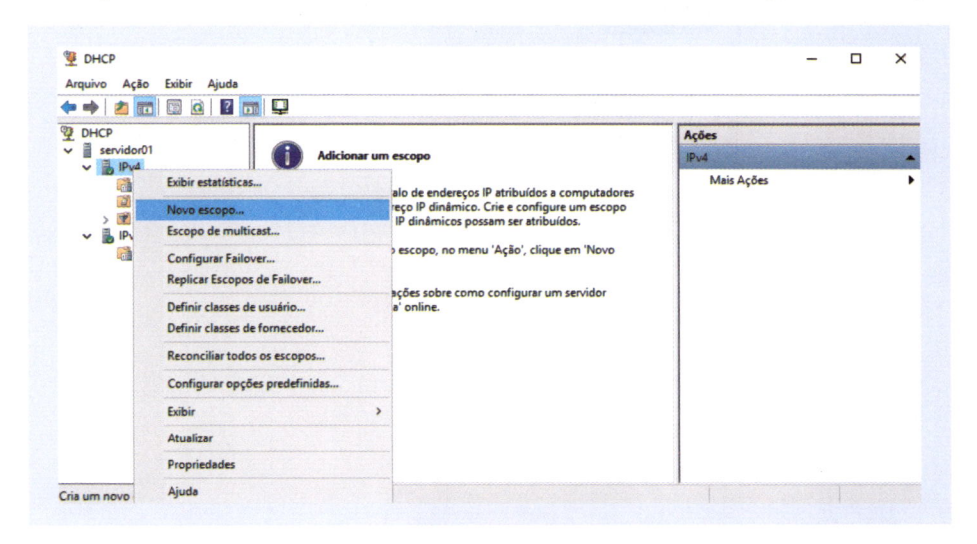

5. Aparecerá a janela *Assistente para Novos Escopos*. Clique sobre o botão *Avançar*.

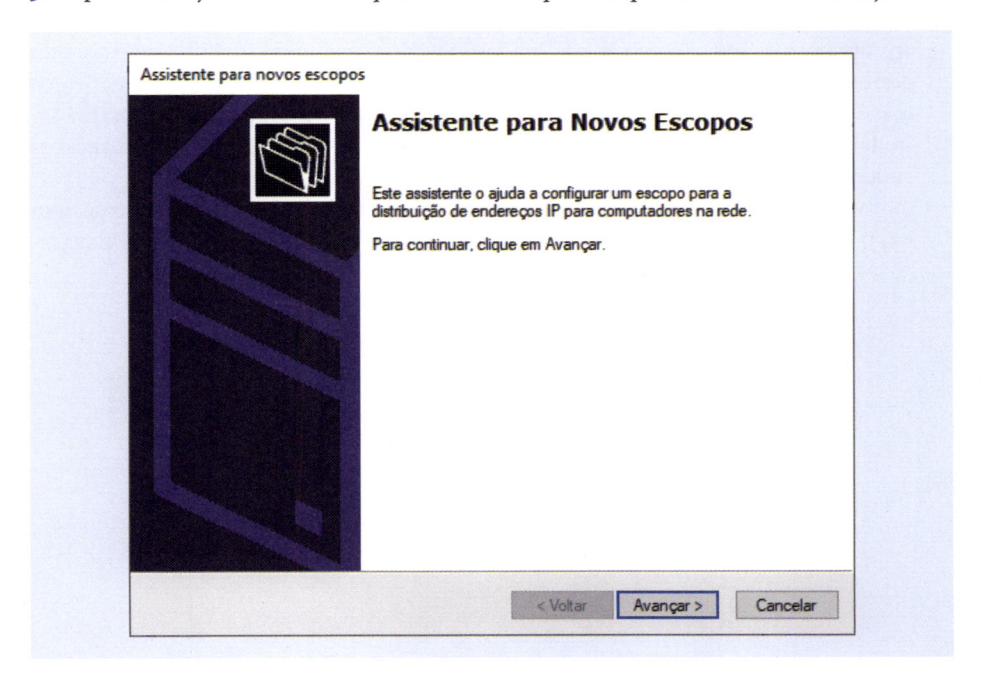

6. Na janela seguinte, em *Nome,* dê o nome *Escopo DHCP Servidor01* e, na descrição, digite *Escopo de Endereços IP do Servidor01*, clicando em *Avançar*.

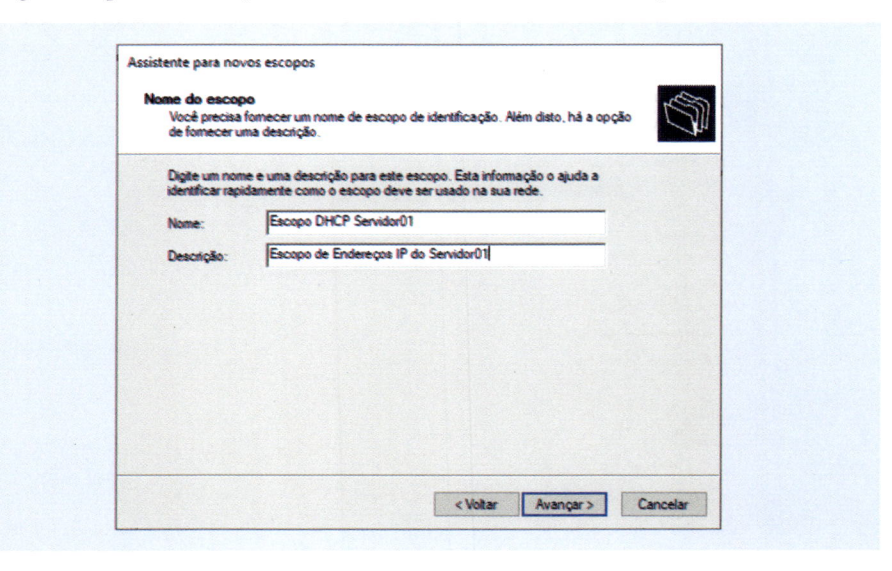

7. Na próxima janela, é preciso digitar o intervalo de endereços que o escopo irá atribuir aos usuários da rede. Como já está sendo utilizado o endereço *10.50.1.1*, não comece por esse endereço para evitar conflitos na entrega dos IPs. Então, parta do endereço inicial *10.50.1.2* até o endereço final *10.50.1.254*. Aplique também a máscara de sub--rede como *255.0.0.0* ou */8*, que inclusive é configurada automaticamente quando os endereços IP são digitados (note que é uma máscara default de Classe A e, por esse motivo, os próximos três octetos representam unicamente valores de hosts, com apenas o primeiro octeto dedicado à rede). Após essas configurações, clique em *Avançar*.

8. Na próxima janela, é possível excluir endereços IP do escopo criado. Isso ocorre quando o administrador, por exemplo, precisa tirar do pool de IPs os endereços que já foram fixamente administrados, como acontece no caso de configurar roteadores, switches, pontos de acesso e outros dispositivos. Neste exemplo, reserve os IPs de *10.50.1.2* até *10.50.1.20*. Após a escolha, clique em *Adicionar*.

9. Note que os endereços que serão excluídos passarão a ser apresentados na janela a seguir. Agora clique em *Avançar*.

10. Será apresentada a duração de concessão dos endereços, que especifica por quanto tempo um cliente pode usá-los. A Microsoft recomenda que essa concessão não seja inferior a sete dias; neste exemplo, deixe no padrão de 8 dias. Clique em *Avançar*.

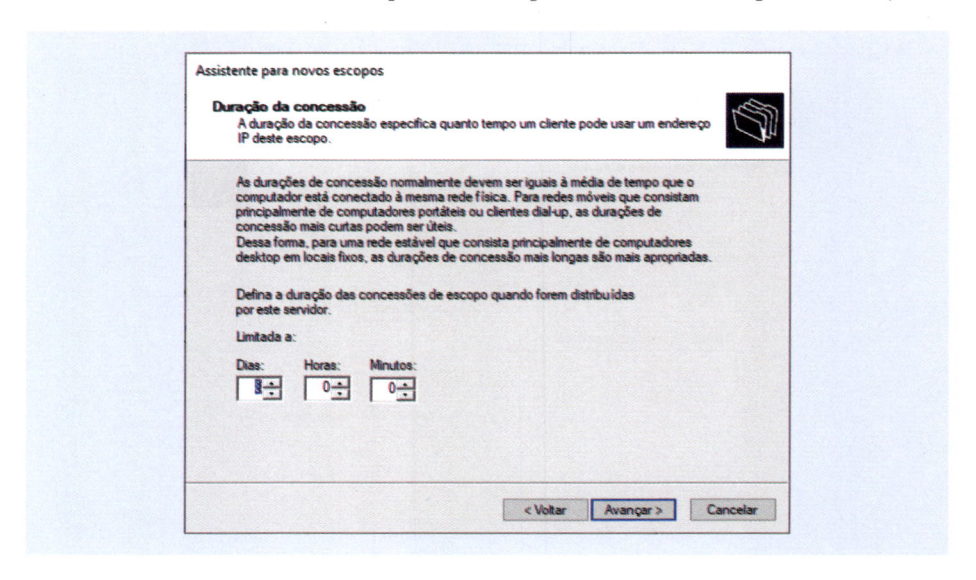

11. Aparecerá a janela de configuração de opções de escopo. Selecione *Sim, desejo configurar essas opções agora* e clique no botão *Avançar*.

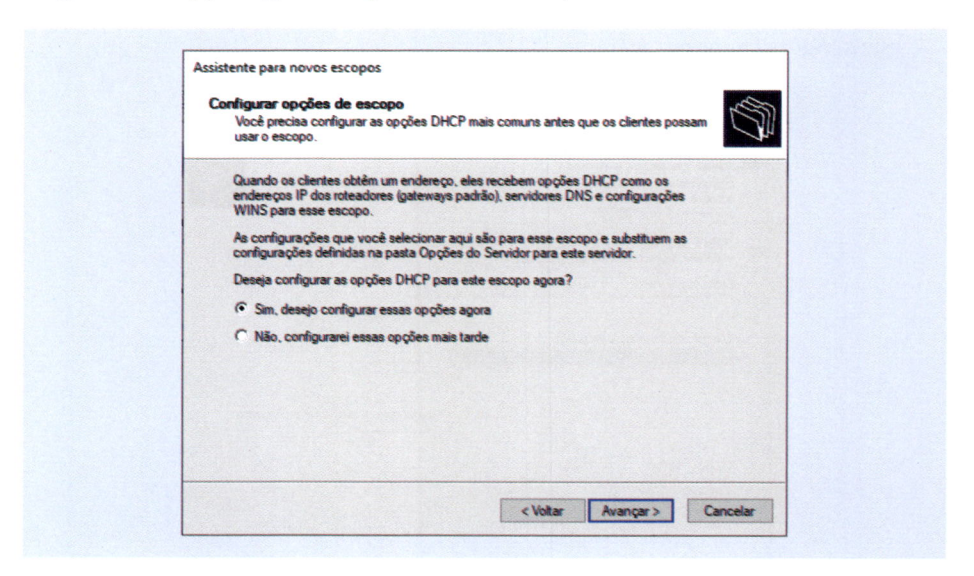

12. Será solicitado o gateway padrão para esse escopo de endereços. O endereço de gateway padrão é aquele que especifica a saída da rede local para uma rede externa; neste caso, geralmente é o endereço de uma porta do roteador que conecta essa rede. Nesse momento, ainda não há essa função, então deixe em branco e clique sobre *Avançar*.

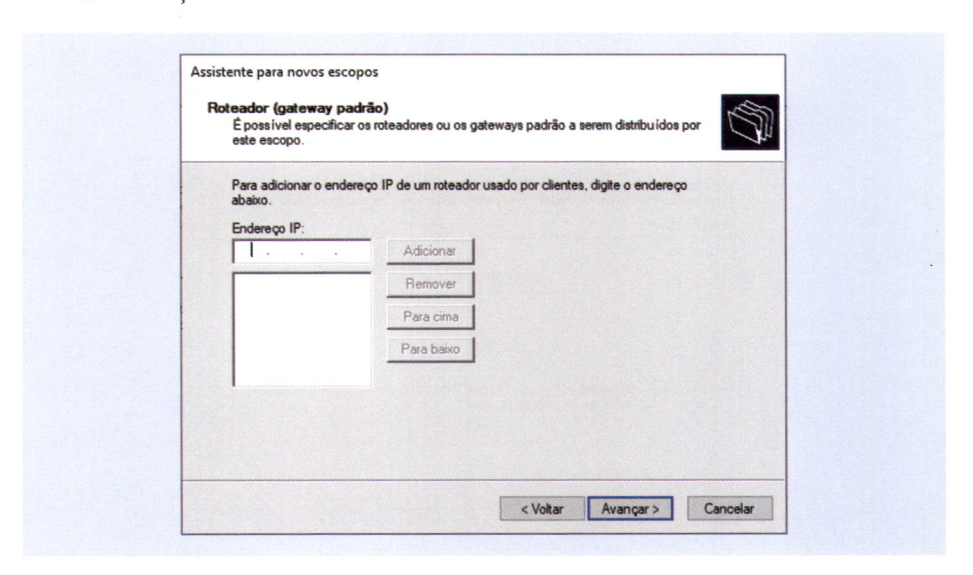

13. Na próxima janela, serão solicitadas informações a respeito dos serviços de DNS que serão vistos adiante. Clique então em *Avançar*.

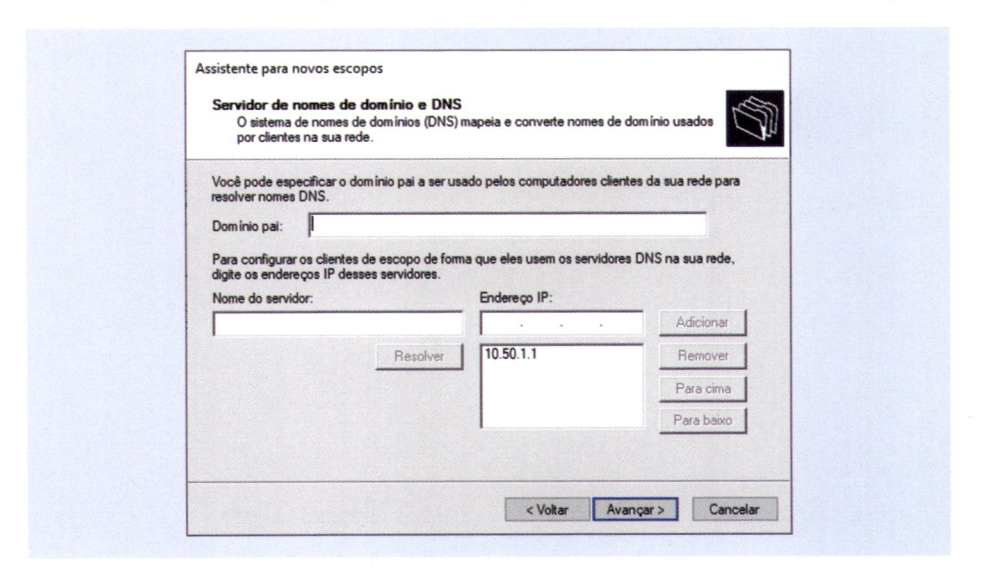

14. Então, serão solicitadas informações a respeito do serviço WINS da Microsoft. Esse serviço garante compatibilidade de versões mais novas com versões mais antigas do Windows, permitindo a conversão de nomes de computadores em NetBIOS para endereços IP. Essa configuração também será vista a seguir, então deixe como está e clique sobre *Avançar*.

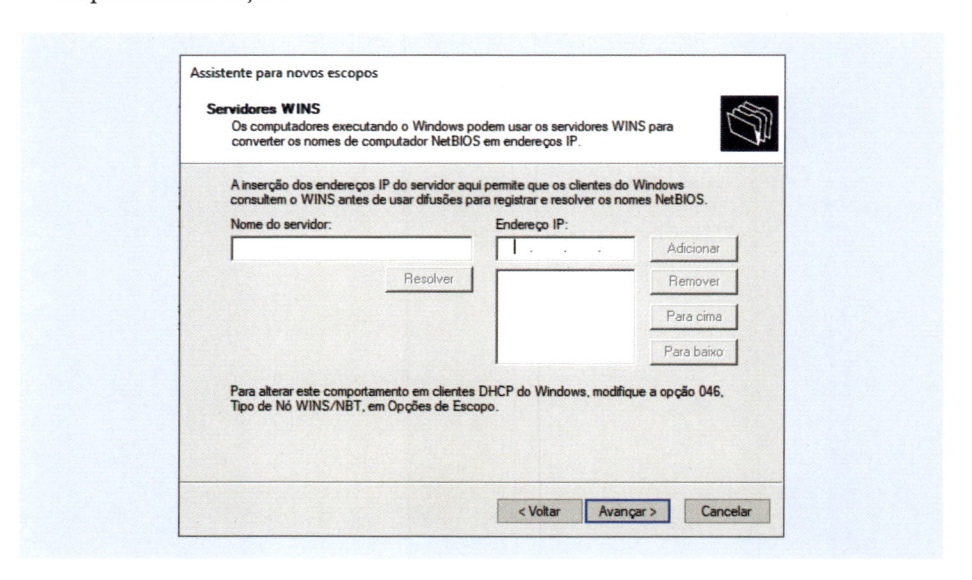

15. Em *Ativar escopo*, marque a opção *Sim, desejo ativar esse escopo agora* e clique em *Avançar*.

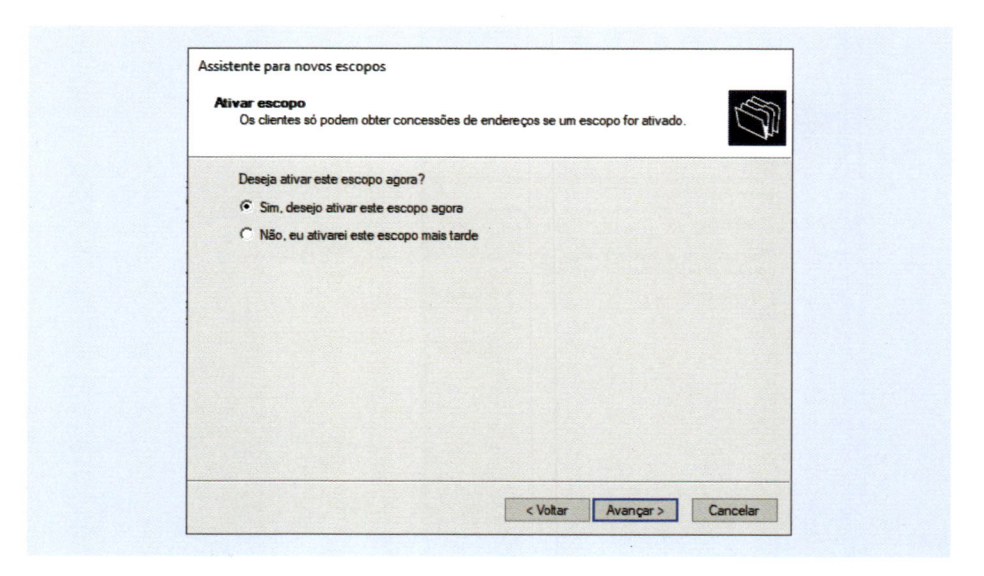

16. Para finalizar essa atividade, clique no botão *Concluir*.

17. O sistema retornará para a janela principal do DHCP e apresentará a configuração como ativa. Isso pode ser visto através de um identificador de cor verde no ícone *IPv4*. Caso apareça um sinal de exclamação (!) na cor azul, isso significa que esse serviço deverá ser iniciado manualmente – que é o que ocorre neste exemplo.

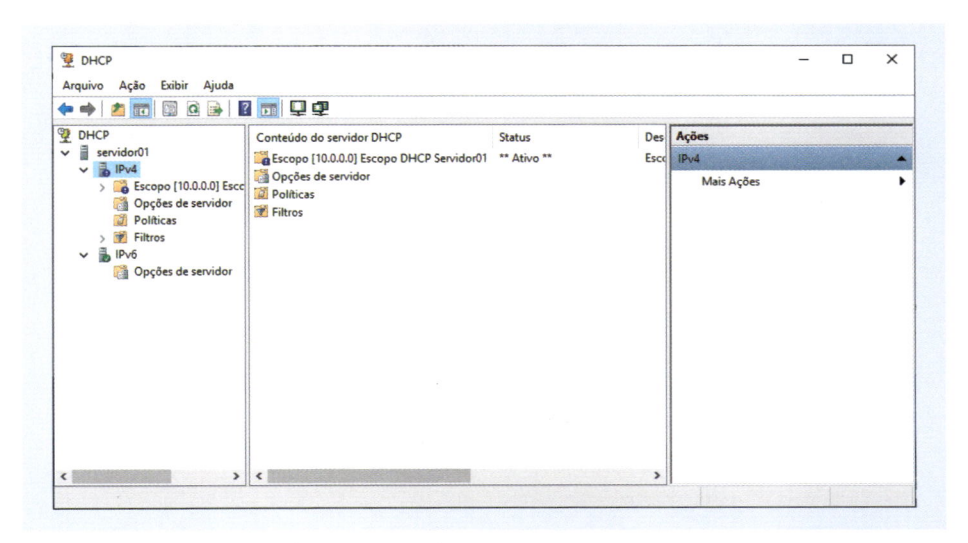

18. Para que esse procedimento seja realizado, clique com o botão direito do mouse sobre o ícone *IPv4* e selecione *Atualizar*.

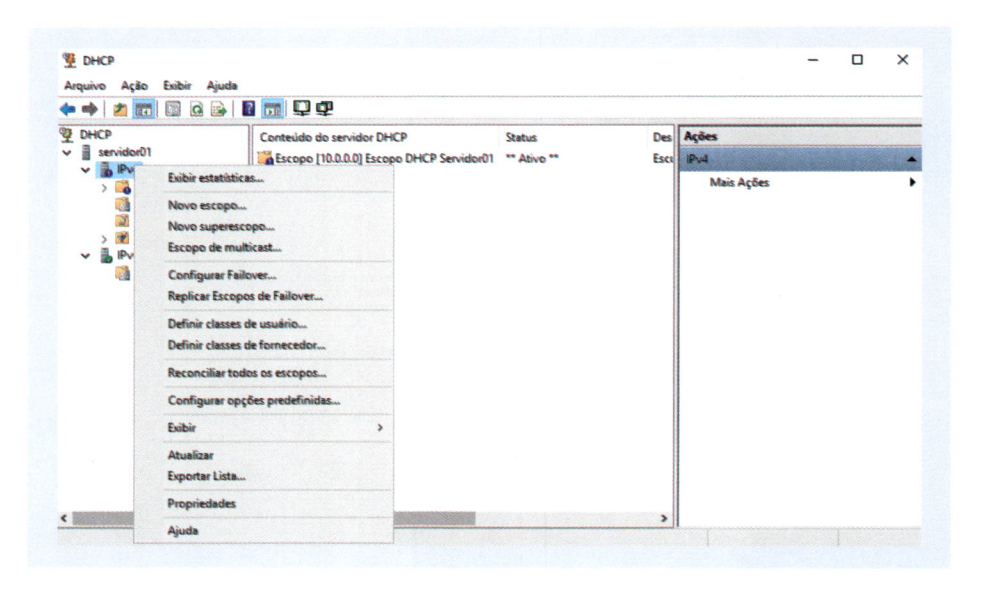

19. Observe que, após esse procedimento, o sistema atualizará o status, e o sinal de exclamação não mais aparecerá, dando espaço ao identificador ativo.

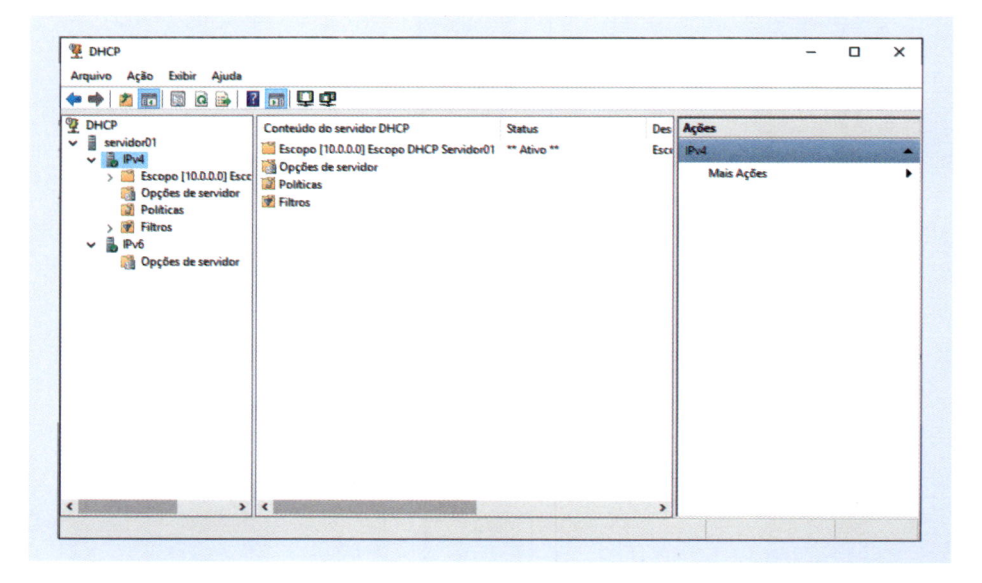

20. Para iniciar, pausar, parar, continuar ou reiniciar o serviço, clique com o botão direito do mouse sobre o ícone *Servidor01* e, em *Todas as tarefas*, verifique essas opções. Clique neste caso sobre *Reiniciar*.

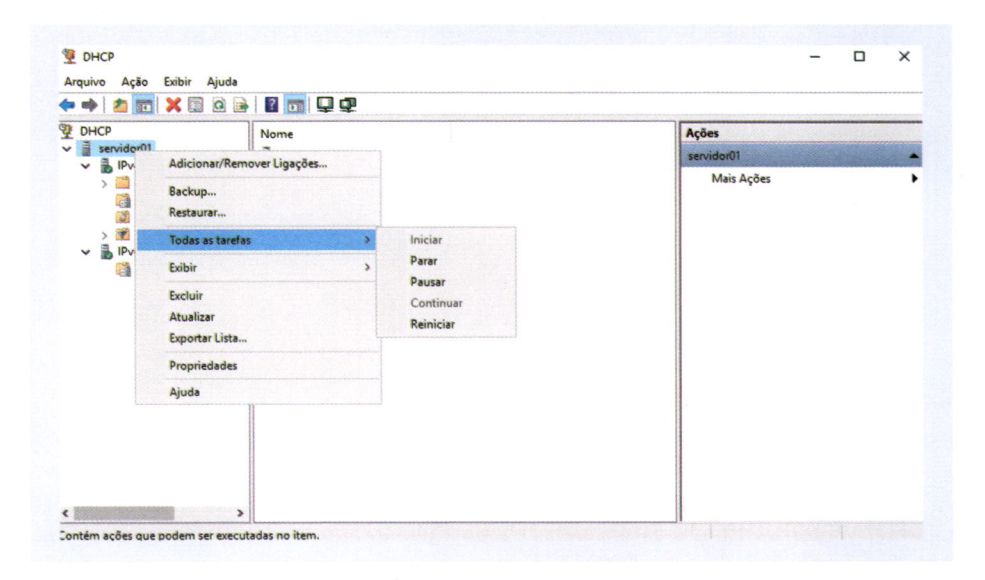

21. Em alguns instantes, o serviço será interrompido e depois reinicializado.

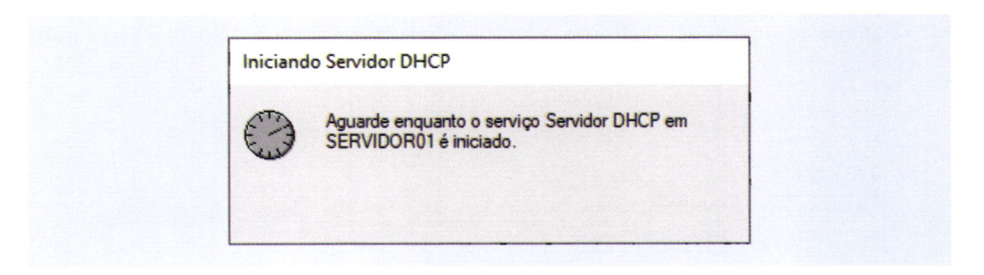

22. Normalmente, o serviço, após inicializado, retorna com o status de parado. Nesse caso, clique sobre os ícones *IPv4* ou *IPv6* e faça o procedimento de atualização, clicando sobre a opção *Atualizar*.

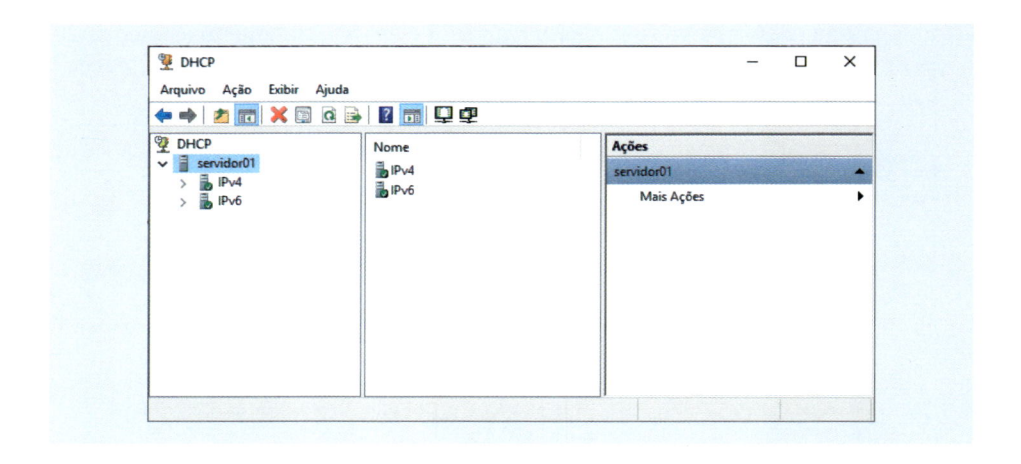

Teste de funcionamento do DHCP

Para que seja possível verificar se o serviço DHCP está funcionando corretamente, é necessária a instalação de uma máquina cliente na infraestrutura de rede. Nesse caso, vá para o *Gerenciador do Hyper-V* e crie outra máquina virtual com o sistema operacional Windows 10, que fará o papel de host cliente nesta rede. Somente para fins de informação, foi criada uma VM com o nome *Windows Client 2010*, com o nome de usuário *Cliente* e a senha *Cliente4321*. Considerando então que essa VM cliente já esteja devidamente criada e instalada, execute os passos descritos a seguir.

1. Verifique se ambas as máquinas Windows Server e Windows Client 2010 foram criadas através do *Gerenciador do Hyper-V*.

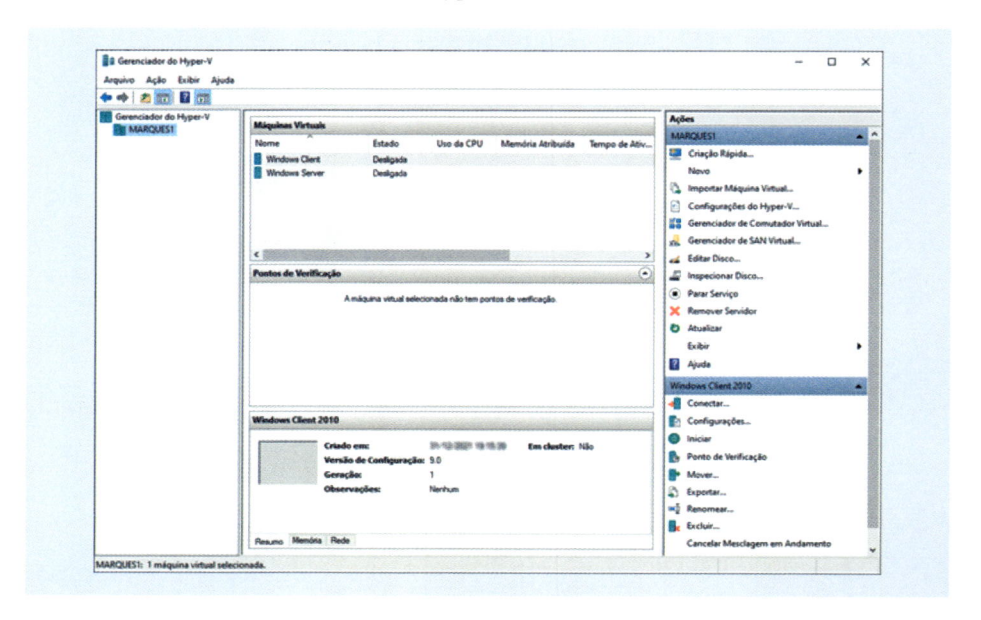

2. Clique sobre a VM *Windows Client 2010* e, na guia *Ações*, no lado direito da janela principal, vá para a opção *Configurações*. Selecione *Adaptador de Rede* como comutador virtual *Conexão Privada* e clique em *OK*.

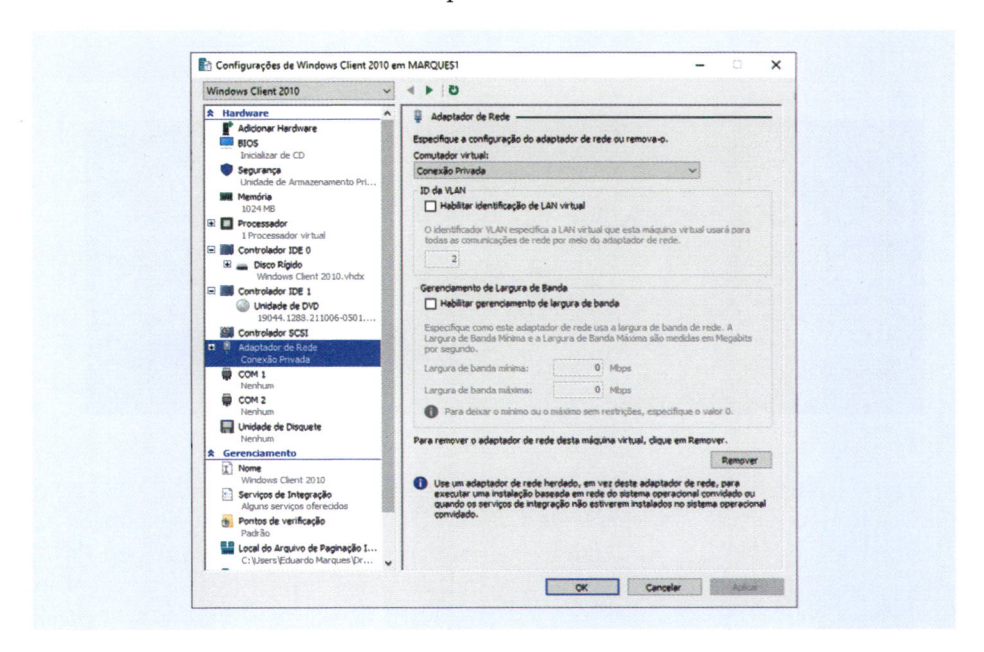

3. Certifique-se de que a VM Windows Server está na mesma rede *Conexão Privada*.

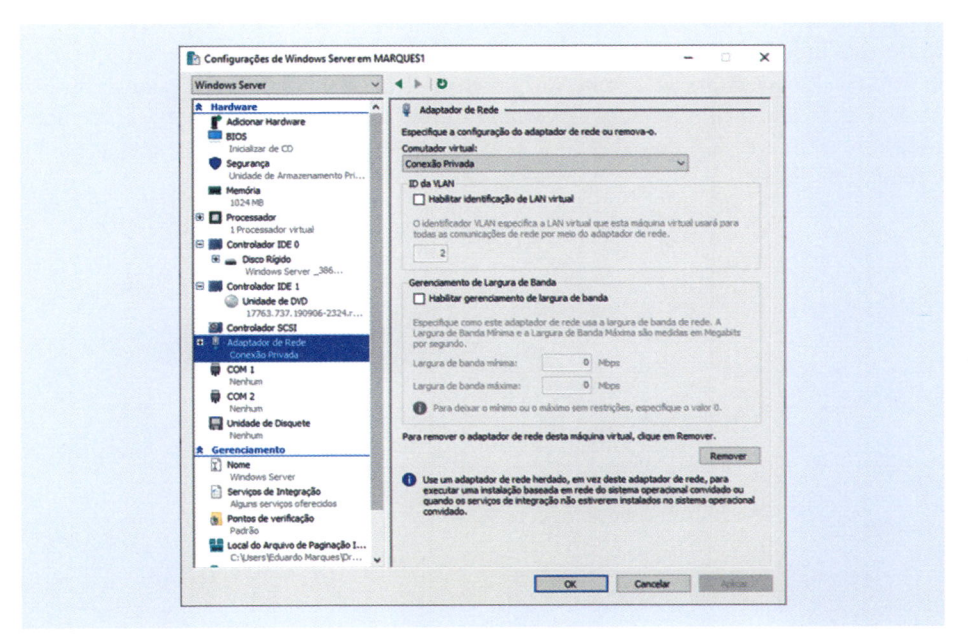

4. Clique sobre a VM *Windows Server* e verifique se ela está devidamente inicializada (se não estiver, inicialize-a) e se o serviço DHCP está funcionando de maneira correta. Após essa checagem, inicialize a VM Windows Client 2010 e entre no prompt de comando, digitando o comando *ipconfig*, como é possível observar na figura a seguir.

```
Prompt de Comando                                         —    □    ×
C:\Users\Cliente>ipconfig

Configuração de IP do Windows

Adaptador Ethernet Ethernet:

   Sufixo DNS específico de conexão. . . . . . :
   Endereço IPv6 de link local . . . . . . . . : fe80::b026:75bf:82d5:f486%12
   Endereço IPv4. . . . . . . . . . . . . . . : 10.50.1.21
   Máscara de Sub-rede . . . . . . . . . . . . : 255.0.0.0
   Gateway Padrão. . . . . . . . . . . . . . . :

C:\Users\Cliente>
```

Veja que o endereço IP recebido do servidor DHCP pela máquina cliente é *10.50.1.21*. Esse salto ocorreu porque, apesar de ter sido criado um escopo de endereços de *10.50.1.2* até *10.50.1.254*, foi definido em configuração que os endereços *10.50.1.2* até *10.50.1.20* fossem excluídos do pool de endereços, ou seja, reservados para outras finalidades. Nesse caso, o primeiro endereço a ser entregue pelo escopo, na sequência, seria o *10.50.1.21*. Se fosse criada outra VM cliente, provavelmente seu endereço IP seria *10.50.1.22*, e assim sucessivamente.

A máquina cliente aprendeu o endereço do servidor DHCP da rede porque, por padrão, o Windows 2010 define a busca de endereços dinamicamente. Para que isso ocorra, as *Propriedades de Protocolo IP Versão 4 (TCP/IPv4)* devem estar definidas com a opção *Obter um endereço IP automaticamente*. Caso a máquina esteja configurada com o endereço IP fixo, selecione a opção *Obter um endereço IP automaticamente* e refaça o ensaio.

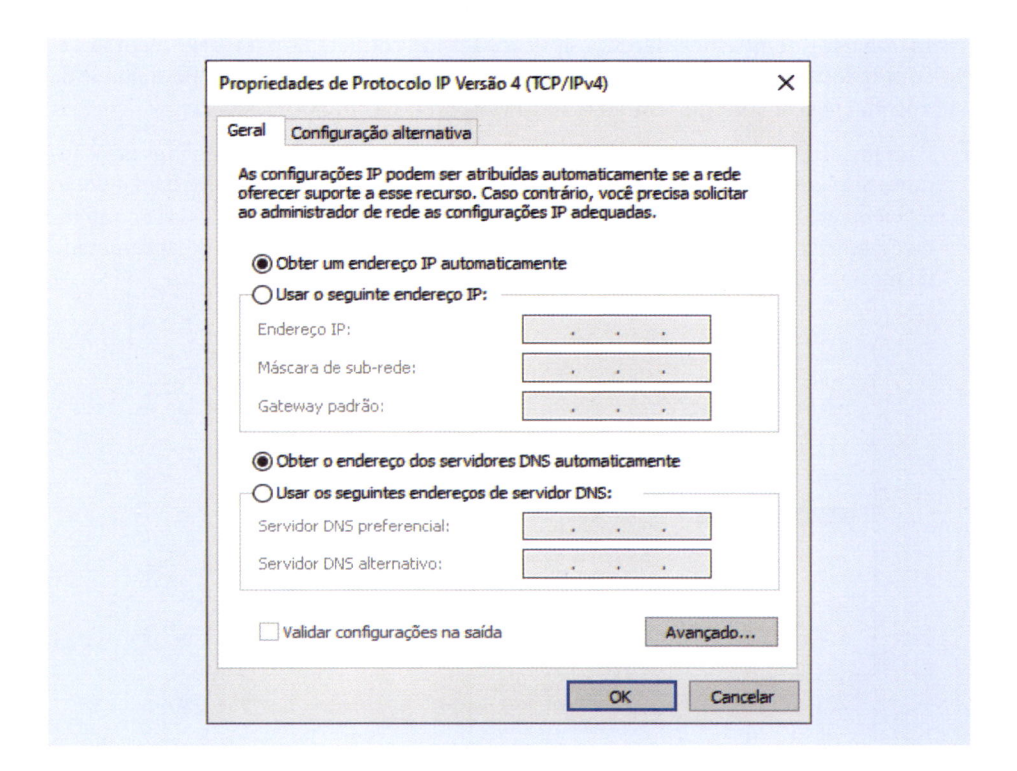

Configuração do DNS

O DNS é um sistema hierárquico e distribuído de gestão de nomes para computadores, serviços ou qualquer máquina conectada à internet ou a uma rede privada. Ele faz a associação entre várias informações atribuídas a nomes de domínios e de cada entidade participante. Sua utilização mais convencional associa nomes de domínios mais facilmente memorizáveis aos endereços IP numéricos de difícil memorização para os usuários e necessários à localização e à identificação de serviços e dispositivos em uma rede. Tal processo é denominado como resolução de nome.

O DNS apresenta uma arquitetura cliente/servidor, podendo envolver vários servidores DNS na resposta a uma consulta. Ele resolve nomes para os endereços IP e endereços IP para os nomes respectivos, permitindo a localização de hosts em determinado domínio. Essa arquitetura de servidores não necessariamente afeta o desempenho da rede, por envolver buscas rápidas e geralmente de tamanho reduzido. Por padrão, o DNS utiliza o protocolo de transporte User Datagram Protocol (UDP – protocolo de datagrama do usuário) na porta 53 para servir às solicitações e às requisições de maneira mais ágil e menos degradante.

Existem centenas de servidores-raiz DNS (root servers) em todo o mundo, agrupados em 13 zonas DNS raiz; sem elas, a internet não funcionaria apropriadamente. Da mesma forma que o DHCP, o serviço DNS pode ser implementado em vários sistemas operacionais. Em sistemas livres, a aplicação mais conhecida para esse recurso seria com o software BIND, porém, como este livro aborda o sistema operacional da Microsoft, ele será configurado no Windows Server nas próximas etapas.

1. Para instalar o serviço DNS no Windows, acesse o *Gerenciador do Servidor* no Windows Server, clique em *Gerenciar*, *Adicionar Funções e Recursos*, avance com o botão *Próximo* até *Funções do Servidor* (essas etapas são exatamente iguais às da configuração anterior) e escolha o *DNS Server*, adicionando o recurso, como apresentado na figura a seguir.

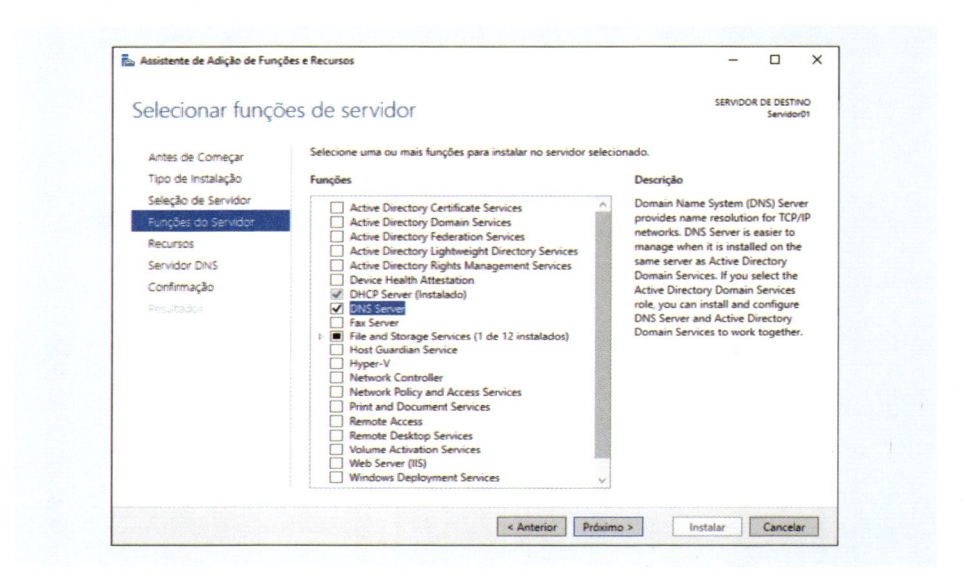

2. Clique nos botões *Próximo* até o final da instalação. Em *Confirmar Seleções de Instalação*, clique em *Instalar*. O sistema irá apresentar o progresso da instalação e, com o término dela, os serviços DHCP e DNS deverão ser apresentados na tela do *Gerenciador do Servidor*.

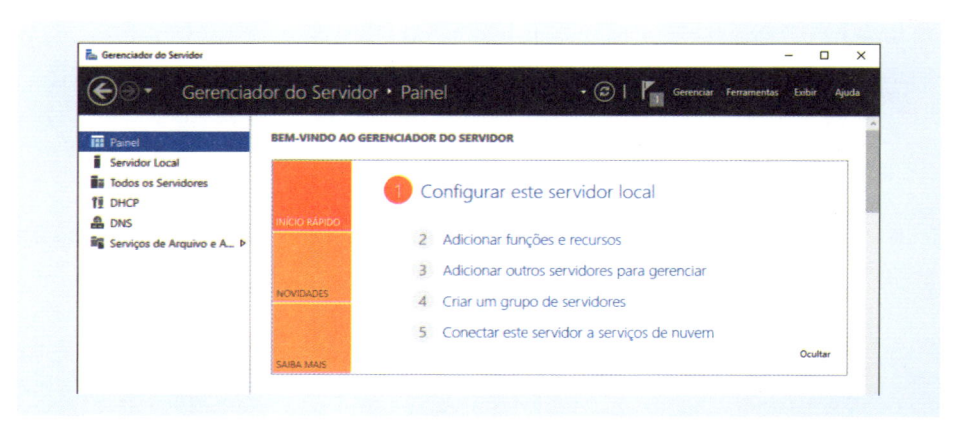

3. Para configurar o serviço DNS em *Gerenciador do Servidor*, vá para o menu *Ferramentas* e selecione a opção *DNS*.

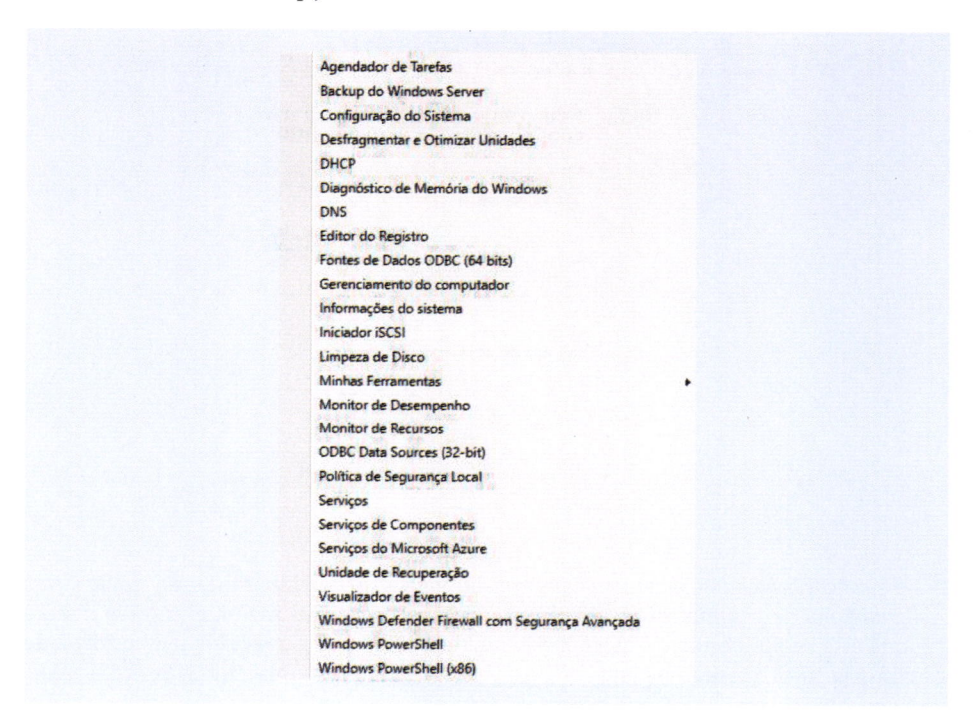

4. Na tela *Gerenciador DNS*, clique com o botão direito do mouse sobre o nome SERVIDOR01 e escolha *Configurar um servidor DNS*.

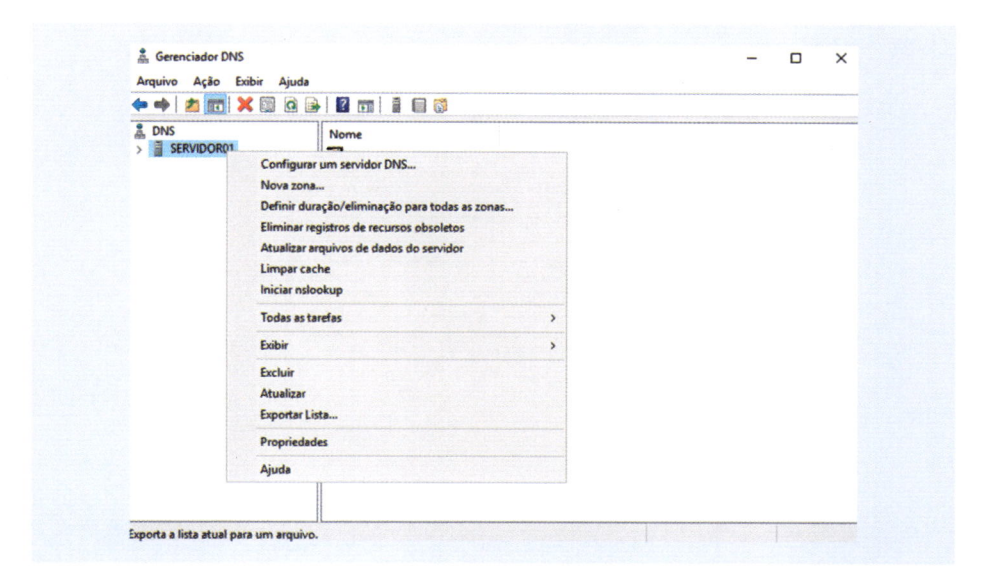

5. O *Assistente para configuração de servidor DNS* será aberto. Clique, então, no botão *Avançar*.

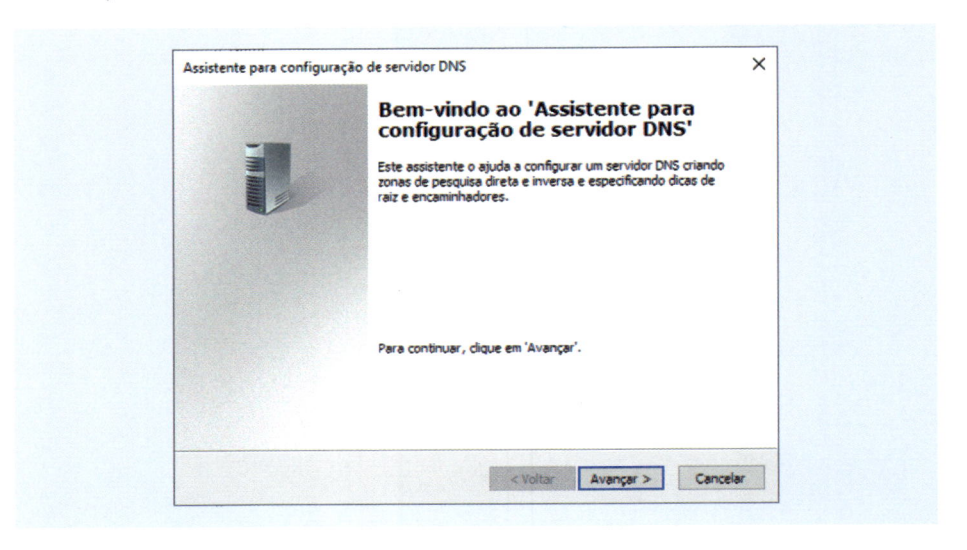

6. Na janela *Selecionar ação de configuração*, selecione a primeira opção, que é *Criar uma zona de pesquisa direta (recomendável para pequenas redes)*. O motivo disso é que está sendo configurada uma pequena rede, na qual o servidor tem autoridade em relação aos nomes de DNS dos recursos locais e encaminha todas as outras consultas para um provedor de serviços de internet e outros servidores DNS. Clique em *Avançar*.

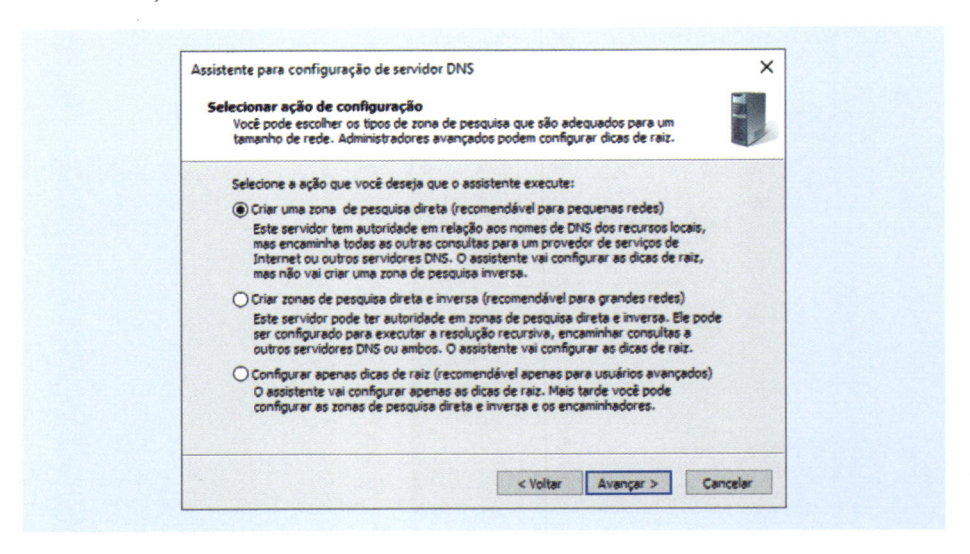

7. Na próxima janela, *Local do servidor primário*, escolha a primeira opção, que é *Este servidor mantém a zona*, por conta de esse serviço estar sendo instalado em uma rede local (interna). Clique em *Avançar*.

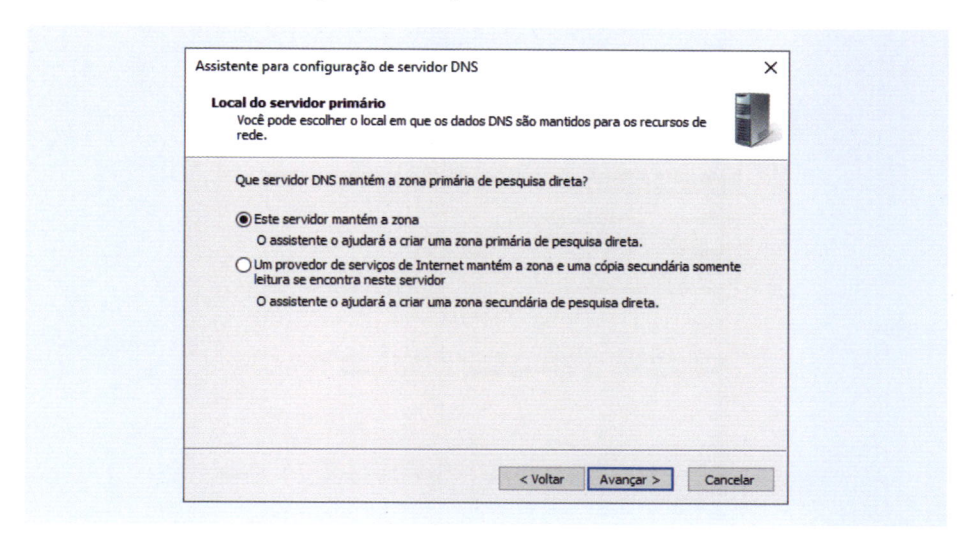

8. Na janela *Assistente de Nova Zona*, em *Nome da zona*, coloque um nome apropriado para esse ambiente. Neste exemplo, digite *com* e, depois, clique no botão *Avançar*. Lembre-se de que as buscas no DNS são realizadas de trás para a frente, por exemplo: o domínio *senac.com.br* é lido primeiramente como *.br*, depois *.com* e, por último, *senac*.

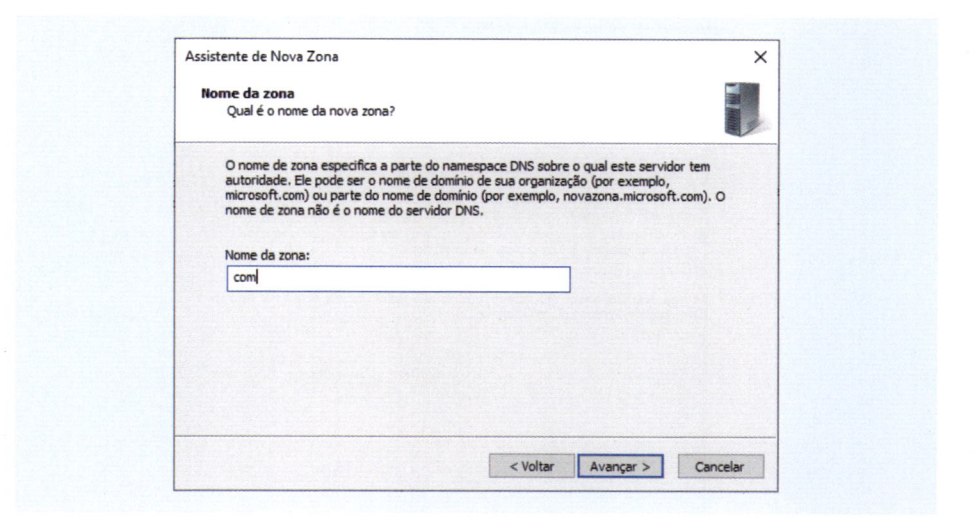

9. Na janela *Arquivo de zona*, o sistema irá autocompletar em *Criar um novo arquivo com este nome* o nome *com.dns*. Escolha essa primeira opção padrão. Clique em *Avançar*.

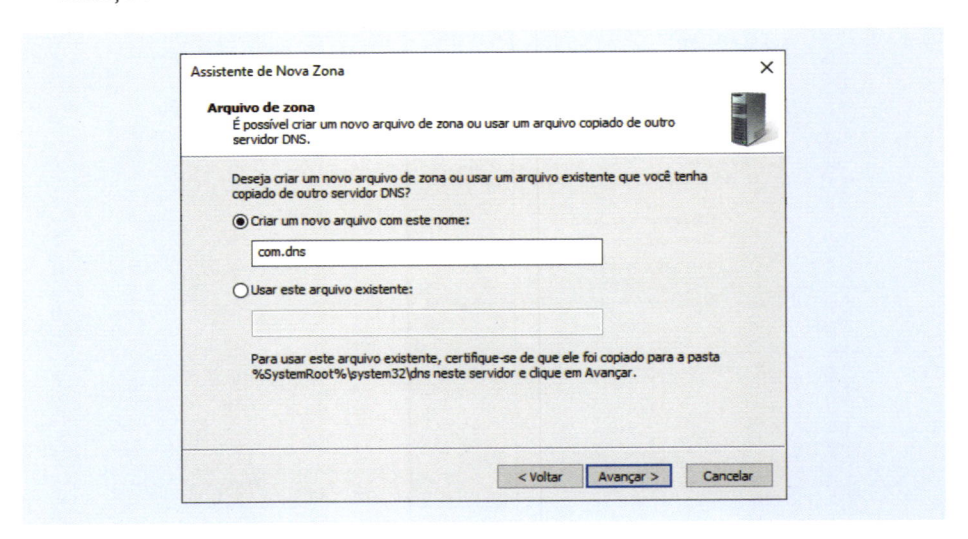

10. Na janela *Atualização dinâmica*, escolha a última opção, que é *Não permitir atualizações dinâmicas*, e clique em *Avançar*.

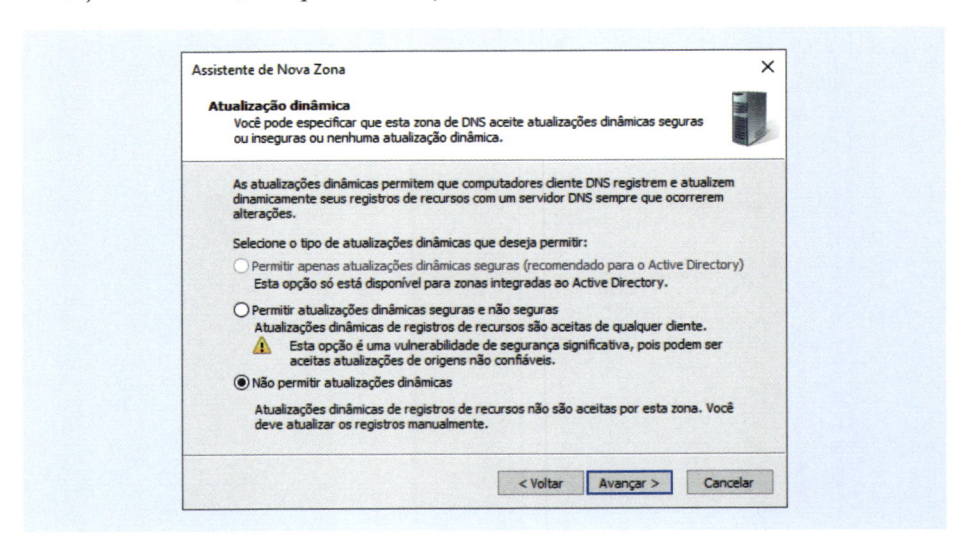

11. Selecione agora em *Encaminhadores* a opção *Não encaminhar consultas* e clique em *Avançar*. Aparecerá uma lupa procurando *Dicas de raiz* e após será apresentada a próxima janela.

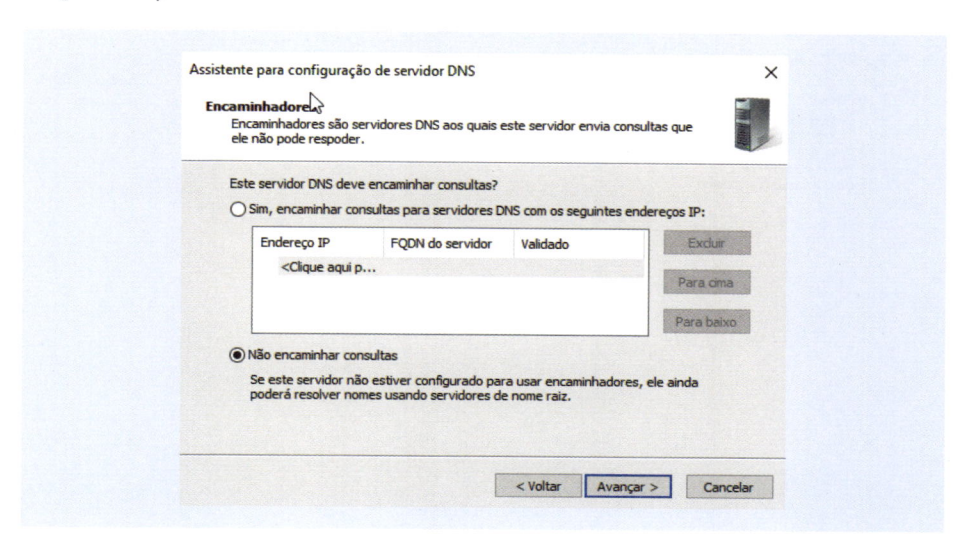

12. Aparecerá a conclusão do assistente de nova zona com as informações configuradas. Clique em *Concluir*.

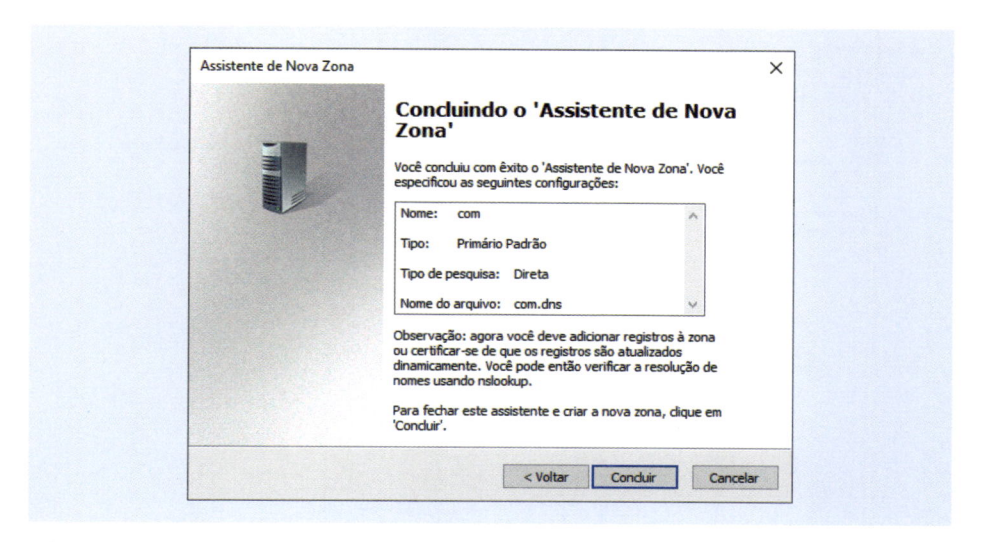

13. Verifique que, no *Gerenciador DNS*, aparecerá a zona de pesquisa direta *com*.

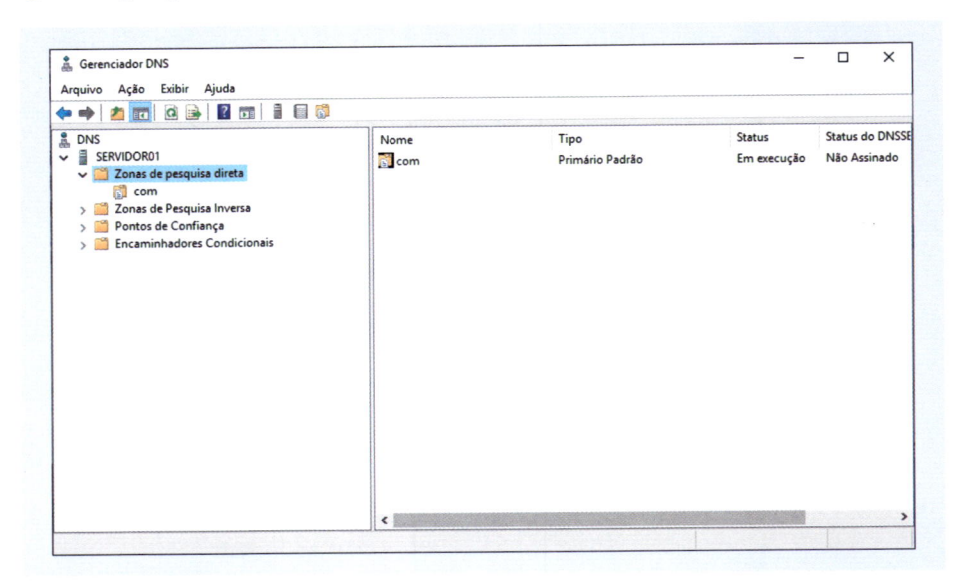

14. Clique na zona *com* à esquerda da tela e, no lado direito dela, dê um clique com o botão direito do mouse e selecione a opção *Novo Host (A ou AAAA)*.

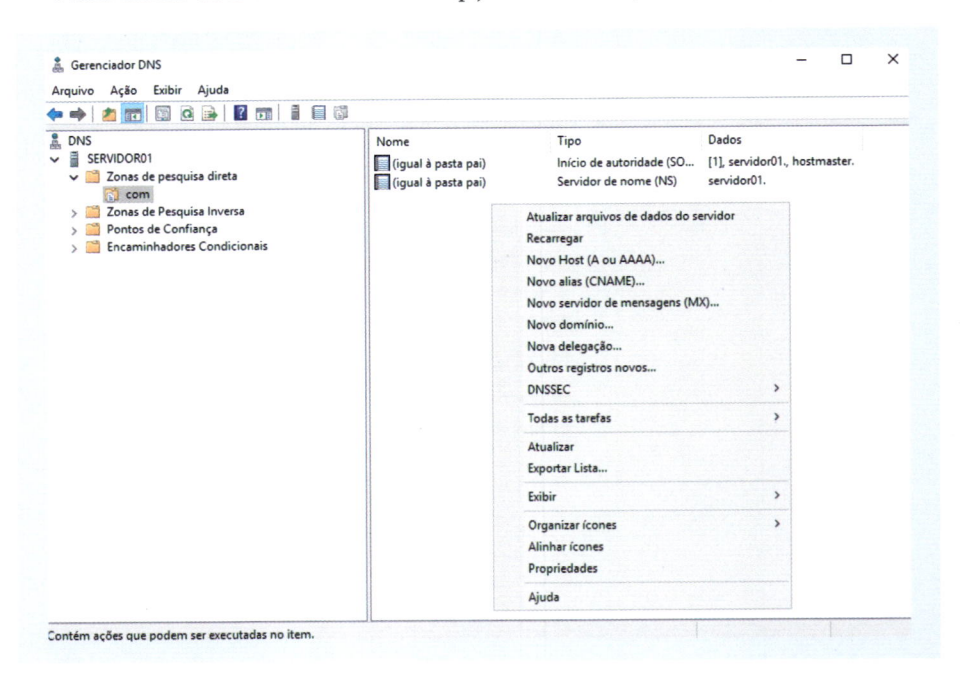

15. Na janela *Novo host*, em *Nome (usa domínio pai se deixado em branco)*, digite *senac*. Perceba que, no campo *Nome de domínio totalmente qualificado (FQDN)*, já será criado dinamicamente o prefixo *senac.com*. É necessário também que seja aplicado o endereço IP desse domínio. Clique em *Adicionar host*.

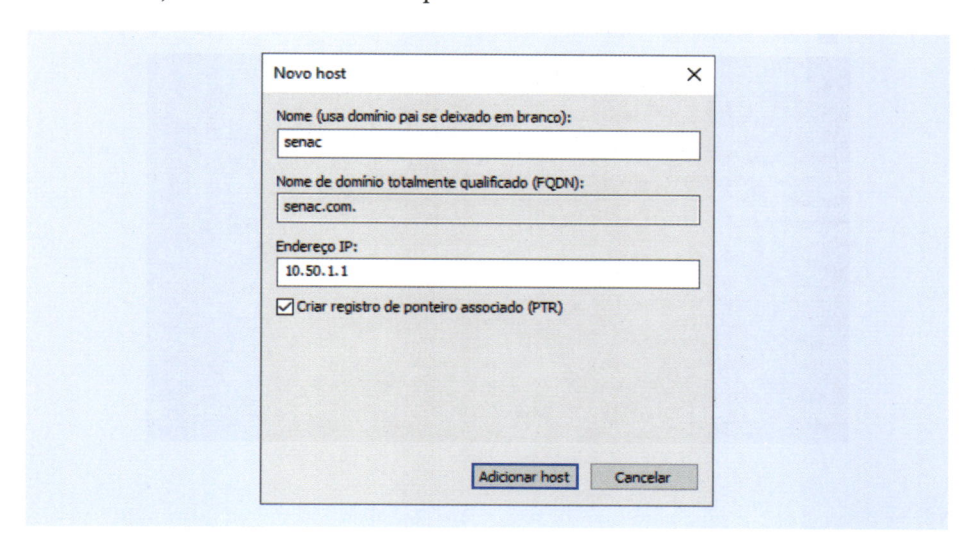

16. Aparecerá uma mensagem do Pointer Record (PTR – registro do ponteiro); clique em *OK*. Será aberta outra janela, então, clique em *Concluído*. Note que já aparecerá o nome *senac* devidamente configurado.

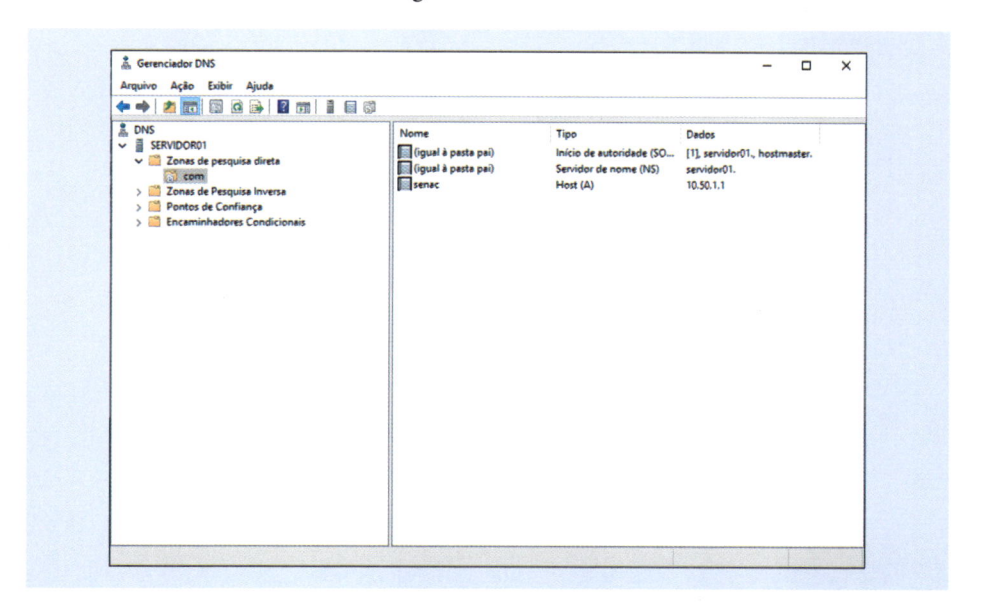

17. É possível agora acessar o cliente Windows 10 e, através do prompt de comando, "pingar" o domínio *senac.com* com o comando *ping senac.com*. Provavelmente, o servidor DNS responderá afirmativamente para a máquina cliente.

18. Se desejar que o *ping* para o *www.senac.com* seja respondido, vá novamente ao *Gerenciador DNS* e clique sobre a tela com o botão direito do mouse. Escolha agora a opção *Novo alias (CNAME)*.

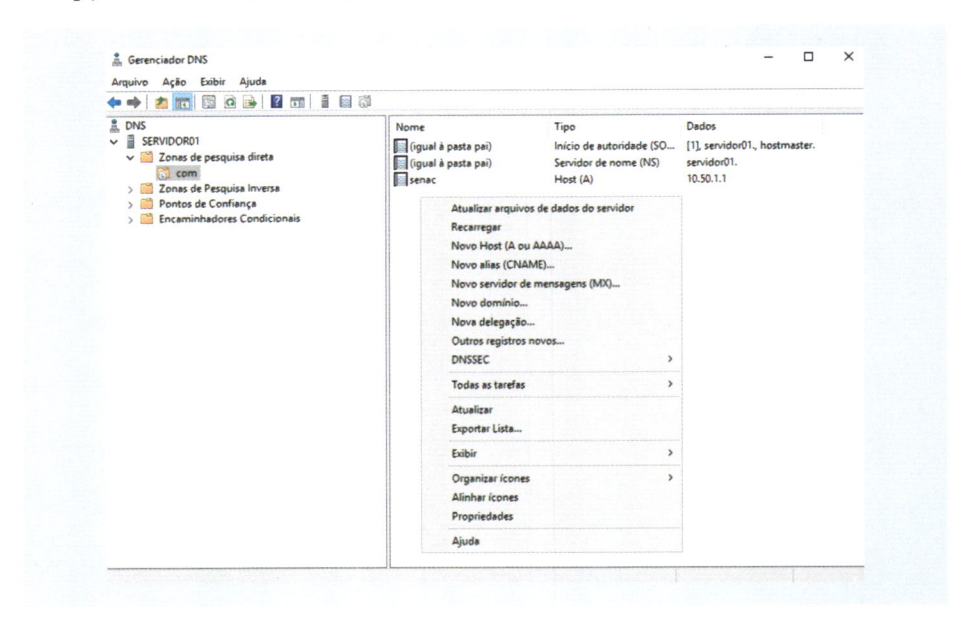

19. Nessa janela, em *Nome do alias (usa domínio pai se deixado em branco)*, digite *www.senac*. Veja que, em *Nome de domínio totalmente qualificado (FQDN)*, o campo já se autocompleta com *www.senac.com*. Clique então no botão *Procurar*.

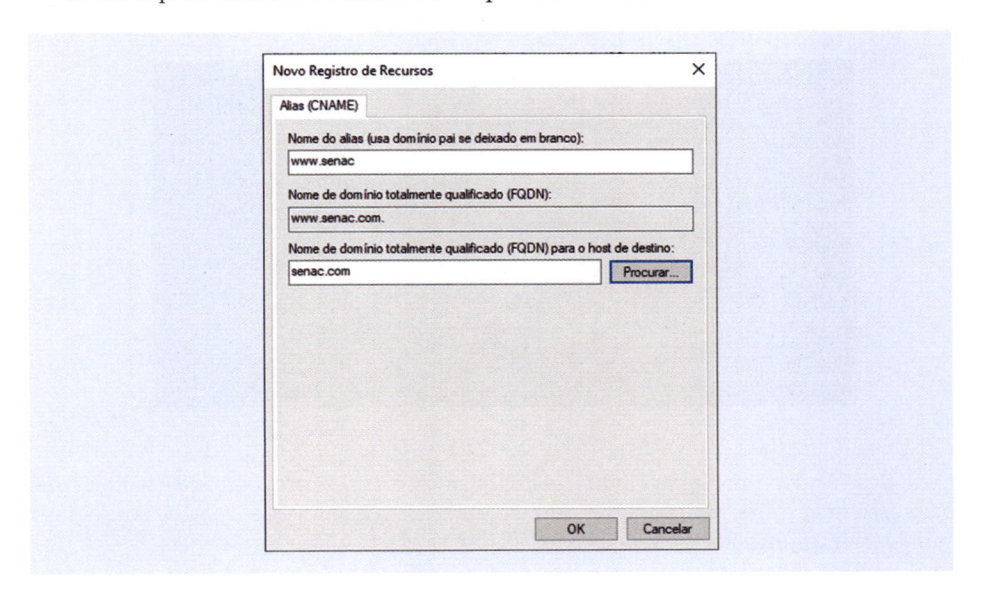

20. Escolha *SERVIDOR01*, *Zonas de pesquisa direta*, *com* e *senac*, clicando em *OK*. Ao clicar em *OK*, vai aparecer o apelido *senac.com*, associando-se ao host ao qual ele está conectado.

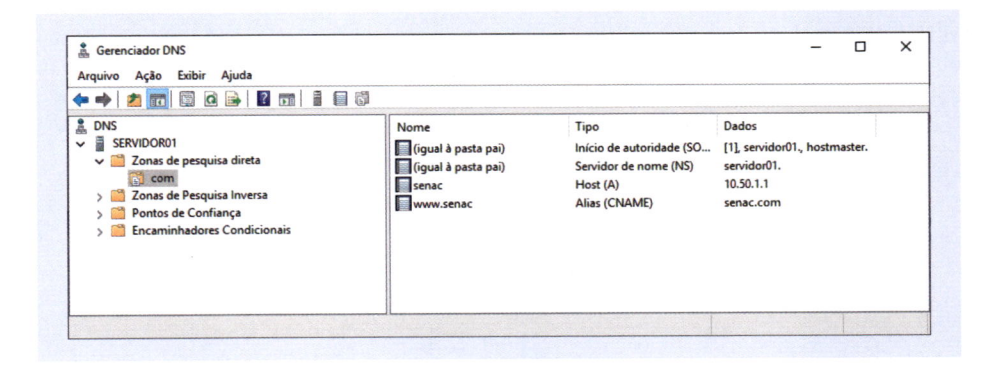

21. Vá agora mais uma vez para a máquina cliente Windows 10 e dê um *ping* em *www.senac.com*; provavelmente, a resposta do servidor DNS será bem-sucedida.

```
C:\Users\Cliente>ping www.senac.com

Disparando senac.com [10.50.1.1] com 32 bytes de dados:
Resposta de 10.50.1.1: bytes=32 tempo<1ms TTL=128
Resposta de 10.50.1.1: bytes=32 tempo<1ms TTL=128
Resposta de 10.50.1.1: bytes=32 tempo<1ms TTL=128
Resposta de 10.50.1.1: bytes=32 tempo<1ms TTL=128

Estatísticas do Ping para 10.50.1.1:
    Pacotes: Enviados = 4, Recebidos = 4, Perdidos = 0 (0% de
             perda),
Aproximar um número redondo de vezes em milissegundos:
    Mínimo = 0ms, Máximo = 0ms, Média = 0ms

C:\Users\Cliente>
```

Caso deseje criar uma zona como *.com.br*, siga os mesmos procedimentos anteriores para essa nova zona, incluindo o nome do domínio e o alias. Assim, você conseguirá "*pingar*" o domínio *www.senac.com.br*.

Configuração do WINS

O WINS é a implementação do NetBIOS Name Service (NBNS – serviço de nome NetBIOS) da Microsoft. Era um servidor de nomes e serviço para nomes de computador NetBIOS, muito utilizado em redes Microsoft no passado. Efetivamente, o WINS está para os nomes NetBIOS da mesma forma que o DNS está para os nomes de domínio. O protocolo WINS mapeia todas as informações de um host solicitadas ao servidor e faz a conversão do nome NetBIOS em ambientes roteados. Depois disso, transforma-o em um endereço IP específico daquele host.

Figura 7.1. Banco de dados WINS.

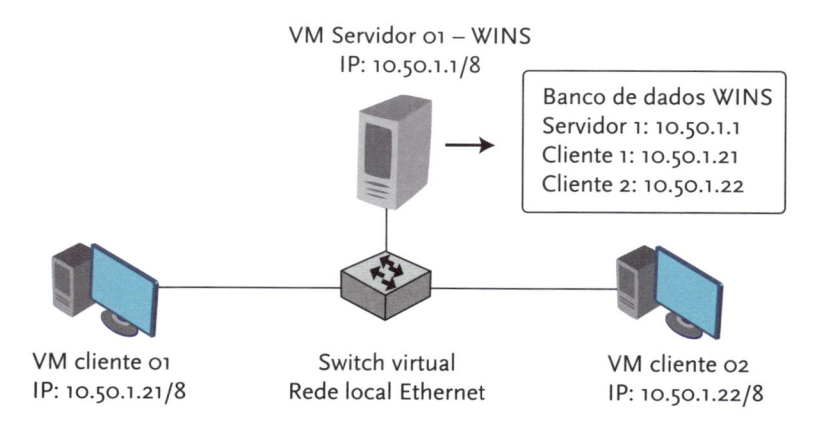

VM Servidor 01 – WINS
IP: 10.50.1.1/8

Banco de dados WINS
Servidor 1: 10.50.1.1
Cliente 1: 10.50.1.21
Cliente 2: 10.50.1.22

VM cliente 01
IP: 10.50.1.21/8

Switch virtual
Rede local Ethernet

VM cliente 02
IP: 10.50.1.22/8

Imagine que o Host01 precise enviar mensagens para o Host02, porém não possui o endereço IP desse computador destino. Nesse caso, o Host01 faz uma solicitação ao servidor WINS, que verifica em seu banco de dados o número IP do Host02. Ao encontrar esse endereço em sua base de dados, ele retorna ao Host01 essa informação, sem gerar broadcast na rede.

O WINS é o predecessor da Microsoft para a resolução de nomes DNS; além disso, é considerado um protocolo bastante rápido para a resolução de nomes NetBIOS em redes segmentadas (ou não) por meio de sub-redes.

Quando um servidor WINS é ativado e configurado, é criada a compatibilidade entre versões anteriores do sistema operacional da Microsoft em um ambiente de rede ao qual pertence o servidor que está sendo configurado. Descubra a seguir como configurar esses serviços de rede da Microsoft.

1. Acesse o *Gerenciador do Servidor* no Windows Server. Clique em *Gerenciar*, *Adicionar Funções e Recursos* e vá até a opção *Recursos*. Desça a barra de rolagem da tela e escolha *WINS Server*. Clique em *Próximo*.

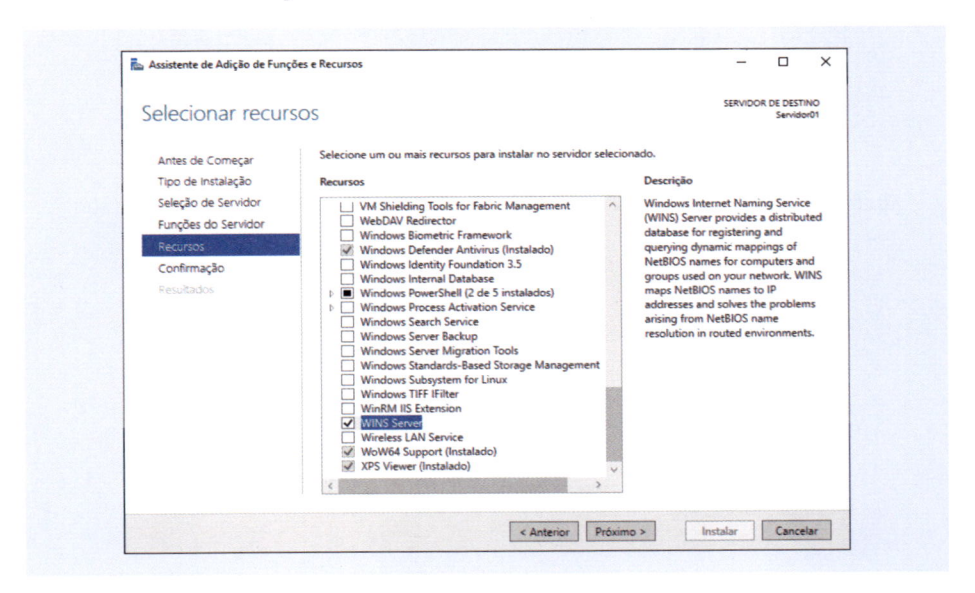

2. Assim que adicionar o serviço WINS, clique em *Próximo*. Automaticamente será apresentado o *Assistente de Adição de Funções e Recursos: Confirmar seleções de instalação*; clique em *Instalar*.

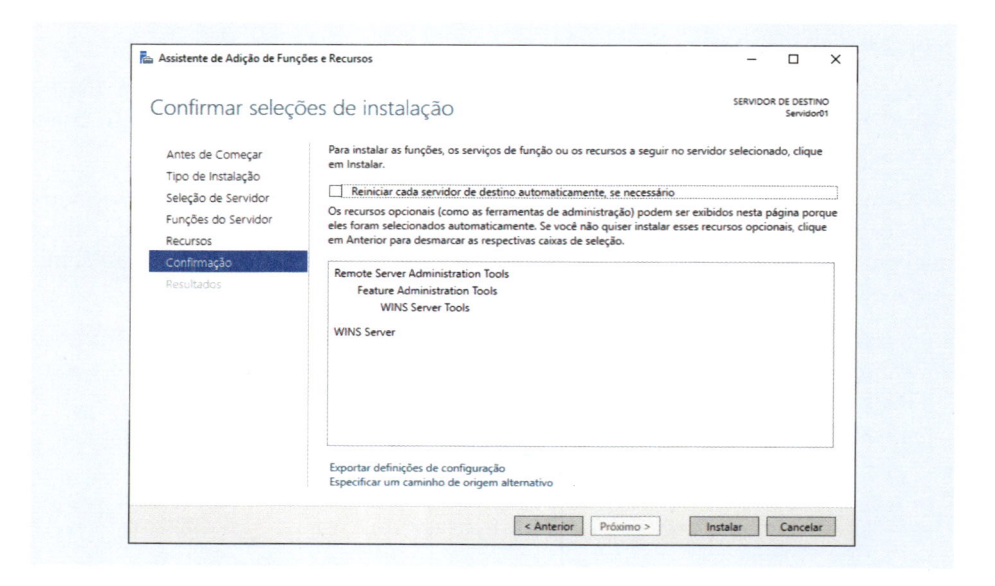

3. Aparecerá a janela *Progresso da instalação*. Aguarde o processo ser completado.

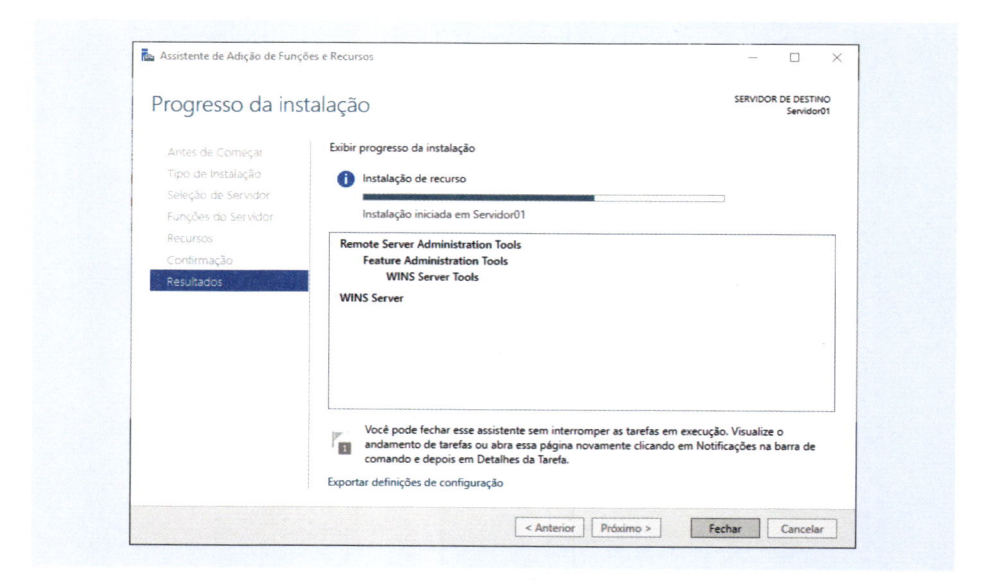

4. Para verificar que a instalação do serviço WINS foi realizada com sucesso, acesse o menu *Ferramentas*, e a última opção será *WINS*. Clique nessa opção e você verá a janela a seguir.

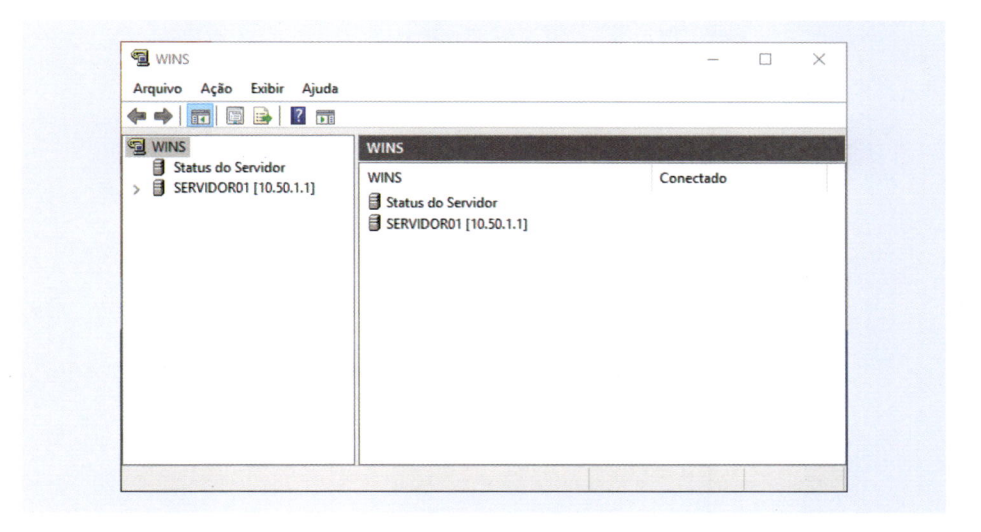

5. Vá até a máquina cliente, acesse *Painel de Controle, Rede e Internet, Central de Rede e Compartilhamento, Alterar as configurações do adaptador*. Selecione a placa *Ethernet*, e, em *Propriedades*, selecione o *Protocolo IP Versão 4 (TCP/IPv4)*. Clique sobre *Propriedades, Avançado* e selecione a aba *WINS*.

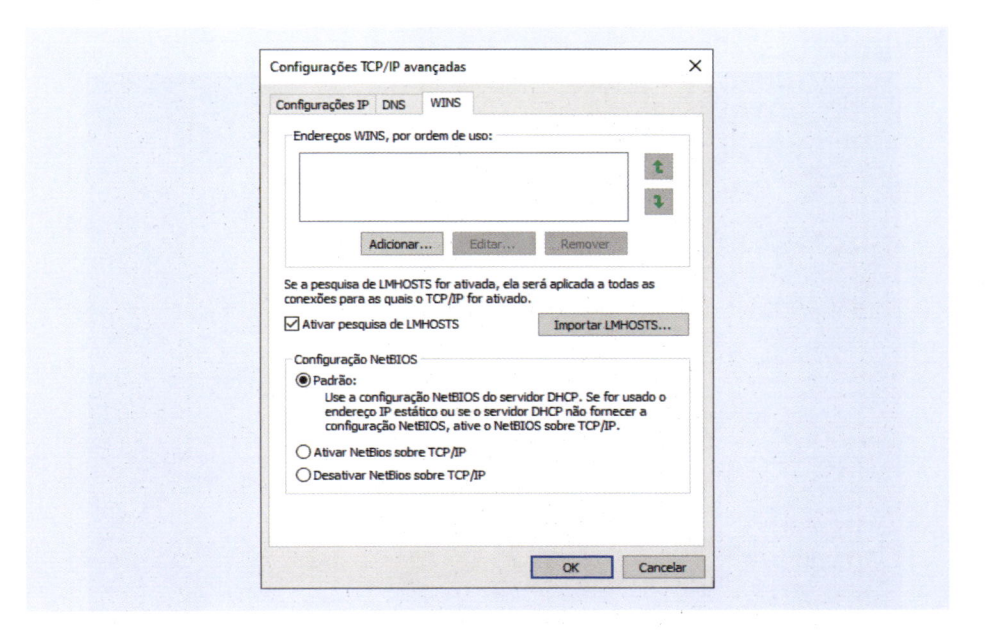

6. Na aba WINS, clique no botão *Adicionar* e digite o endereço IP do servidor WINS, que seria *10.50.1.1*. Depois de fazer isso, clique em *Adicionar* e em *OK*.

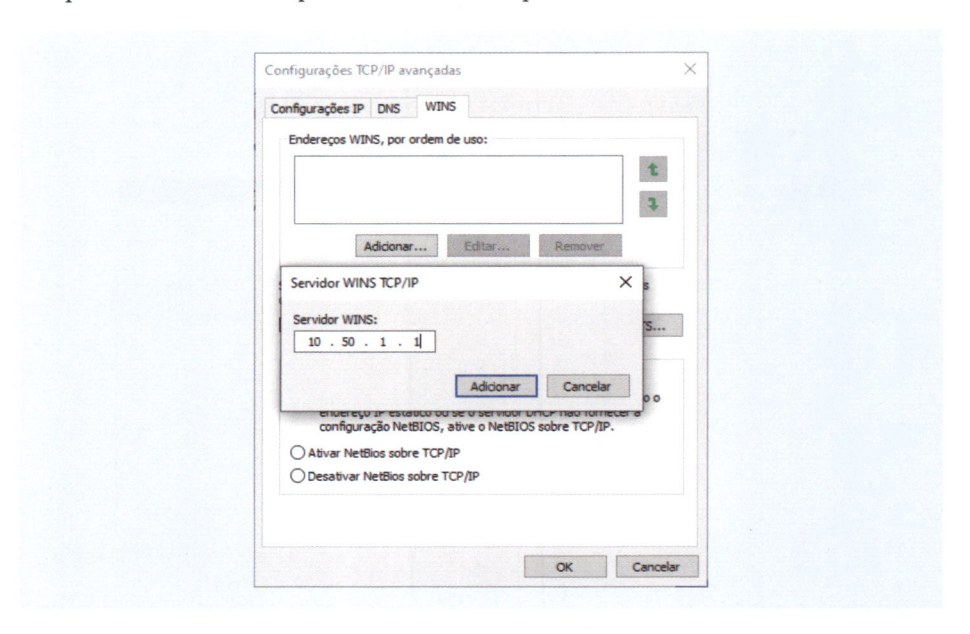

7. No prompt de comando da máquina cliente, dê o comando *ipconfig /all* e veja que a máquina reconhece o servidor WINS.

8. Na máquina cliente, acesse o arquivo *hosts* no diretório/pasta *Este Computador, Disco Local (C:), Windows, System32, drivers, etc* e abra o arquivo *hosts* com o Bloco de Notas. Identifique os endereços dos servidores de outros serviços da rede, por exemplo:

   - mail.dominio.local
   - web.dominio.local
   - ftp.dominio.local
   - intranet.dominio.local

Em sua infraestrutura, não haveria esses servidores instalados, mas isso serve como uma observação de como ficaria o arquivo de host. Não se esqueça de salvar o arquivo, clicando em *Salvar*.

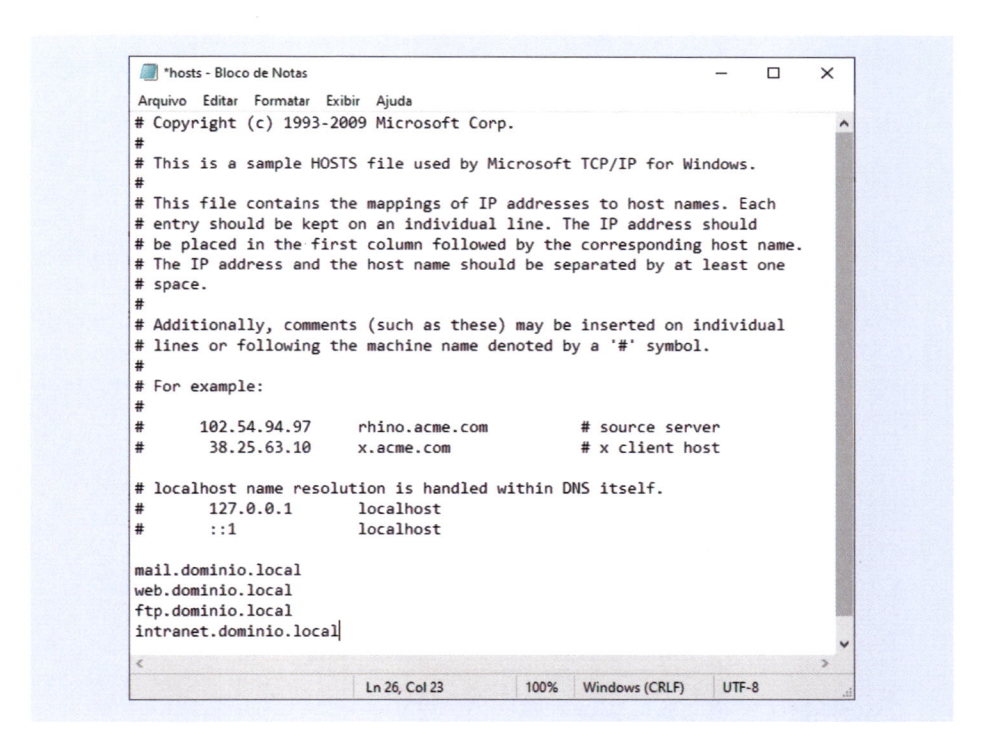

9. Agora, para finalizar o procedimento, vá até o *Gerenciador do Servidor* no Windows Server e acesse o serviço *WINS*. Clique no *SERVIDOR01 [10.50.1.1]* e, com o botão direito do mouse, selecione *Registros Ativos* e *Novo mapeamento estático*.

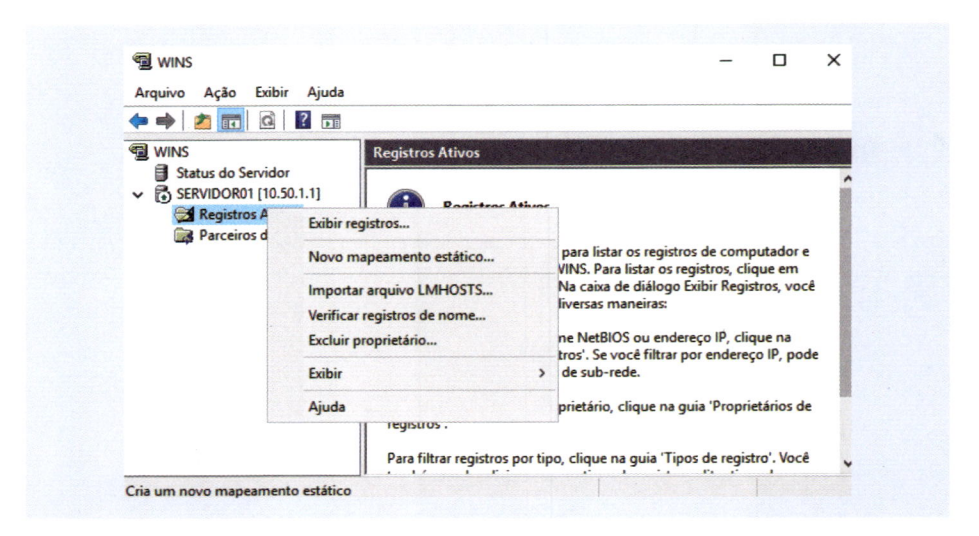

10. Na janela *Novo mapeamento estático*, inclua os servidores que sua infraestrutura de rede possui (neste caso hipotético), digite o nome do servidor e o endereço IP desse servidor. Na próxima figura, como exemplo, está digitado *MAIL* com o endereço IP *10.50.1.2*. Porém, vale lembrar que essa máquina não está devidamente configurada. Execute essas ações para todos os servidores que foram apontados no arquivo *hosts* anteriormente configurado.

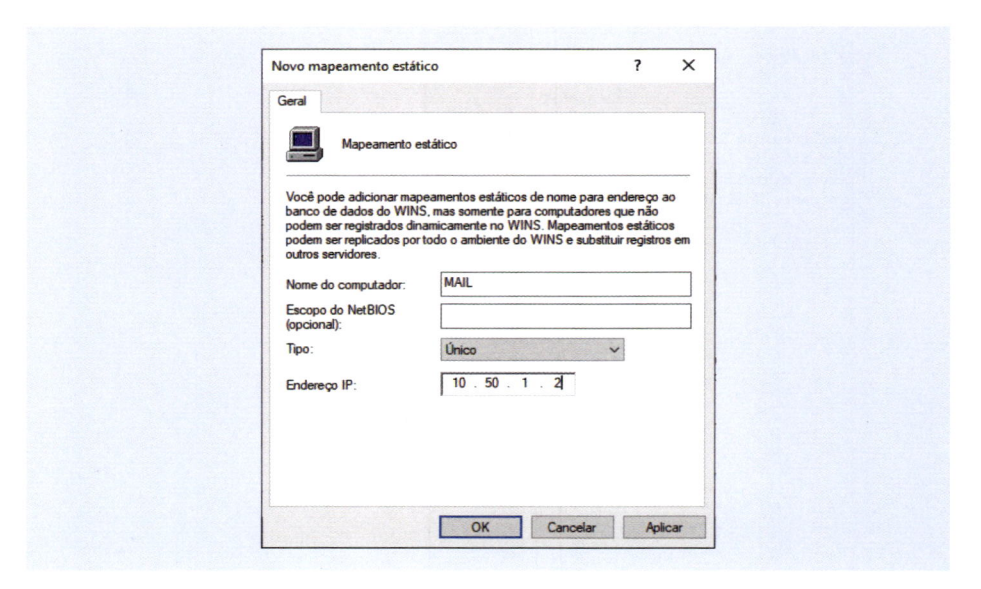

11. Clique novamente sobre *Registros Ativos* e, em *Exibir registros*, clique no botão *Localizar*. A lista dos servidores configurados no *WINS* será apresentada.

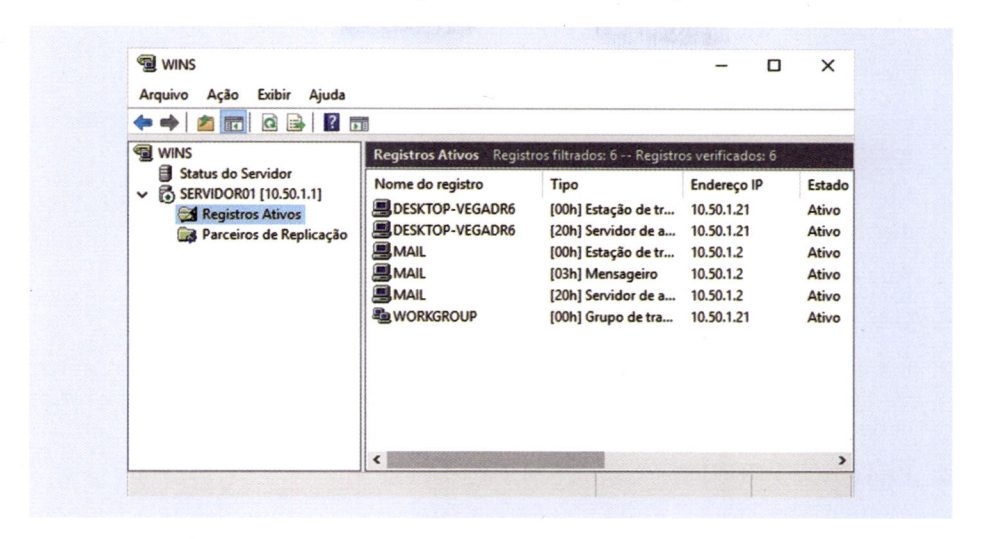

Exercícios propostos

1. Para que serve o serviço DHCP em uma infraestrutura de rede?
2. Qual é o objetivo de criar um escopo para o serviço DHCP?
3. Quais são as informações que o servidor DHCP pode enviar para seus clientes na rede?
4. Configure uma nova zona primária *com* para que o servidor DNS possa fornecer o domínio *www.senac.com.br* na rede.
5. Para que serve uma reserva IP?
6. O que é e para que serve o BPA?
7. Por que devemos especificar endereços IP fixos em servidores e dispositivos intermediários de rede (como switches, pontos de acesso [APs – access points] e roteadores)?
8. Para que serve o WINS?
9. Qual é a vantagem e a desvantagem de instalar no mesmo servidor de rede os serviços DHCP e DNS?
10. Faça uma nova reserva de IP (IP inicial *10.50.1.80* e IP final *10.50.1.90*) em um serviço DHCP.

Anotações

Anotações

8

Instalação e configuração do Active Directory

OBJETIVOS:
» Aprender sobre serviços de rede
» Instalar e configurar o Active Directory
» Conhecer a *Central Administrativa do Active Directory*
» Criar acessos de usuários no domínio de rede

Serviços de redes

O Active Directory (AD – diretório ativo) da Microsoft surgiu para evitar que um usuário precise ter inúmeras senhas para diferentes serviços dentro de um ambiente computacional. Ou seja, com a utilização do AD, os clientes poderão ter apenas uma senha de login para acessar todos os recursos disponíveis na rede. Nesse caso, é possível definir um diretório no AD como um banco de dados que armazena informações dos usuários.

O AD surgiu com o lançamento do Windows 2000 Server, que tinha como seu antecessor o Windows NT, um sistema de 32 bits, multiarquitetura, multiusuário, multiprocesso (ou multitarefa), que deu origem ao NTFS (New Technology File System – sistema de arquivos de nova tecnologia) e trabalhava dentro de um domínio de rede.

Objetos como usuários, grupos, membros dos grupos, senhas, contas de computadores, relações de confiança, informações sobre o domínio e unidades organizacionais ficam armazenados no banco de dados do AD. Além disso, ele pode disponibilizar vários outros serviços, como: autenticação dos usuários, replicação de seu banco de dados, pesquisa dos objetos disponíveis na rede, administração centralizada da segurança utilizando Group Policy Object (GPO – objeto de política de grupo), entre outros. Esses recursos tornam a administração do AD bem mais fácil, sendo possível acompanhar centralizadamente todos os recursos disponíveis na rede.

Esses recursos de rede podem ser acessados pelos usuários assim que efetuarem logon no ambiente. O AD é responsável por verificar se as informações fornecidas pelos clientes são válidas, provendo autenticação na rede. Ele é organizado de forma hierárquica, com a utilização de domínios. Um domínio nada mais é do que um limite administrativo seguro, ou seja, o administrador do domínio possui permissões e políticas de segurança somente no domínio no qual ele tem permissão, e não em outros. Isso possibilita que diferentes domínios tenham diferentes administradores e diferentes políticas de segurança.

A estrutura do AD da Microsoft conta com alguns itens principais:

- **Domínio:** o nome de domínio é o coração dessa arquitetura. Uma vez que o primeiro controlador de domínio é devidamente criado e seu nome é escolhido, esse rótulo será adicionado a todos os recursos de sua infraestrutura. Caso seja necessário criar uma área lógica separada e/ou dividir o gerenciamento, é possível estabelecer um nome de domínio filho. Cada subdomínio precisa de um controlador de domínio separado, e o gerenciamento é delegado a eles. Vários objetos (usuários ou dispositivos) que utilizam o mesmo banco de dados podem ser agrupados em um único domínio.

- **Árvore:** trata-se de uma organização hierárquica de um ou mais domínios, ou seja, vários domínios podem ser combinados em um único grupo. Para criar uma árvore, é necessário definir um domínio raiz. Todos os domínios compartilham na árvore informações e recursos, nos quais as funções são únicas.

- **Floresta:** quando você cria o primeiro controlador de domínio, é necessário definir o nome da floresta, que também será o primeiro de domínio, além de ser um nome único. Esse é o método para estabelecer conexões entre diferentes empresas ou quando há uma fusão entre diferentes infraestruturas. A confiança permite a leitura de informações em todo o domínio e a oferta de permissão sem a criação repetida do objeto. Várias árvores podem ser agrupadas em uma coleção chamada floresta.
- **Flexible Single Master Operation (FSMO):** (em português: operação mestre única flexível) é uma das funções que o AD desempenha quando se deseja adicionar um novo controlador de domínio, criar itens ou sincronizar a hora. Por padrão, as funções FSMO são estabelecidas no primeiro controlador de domínio, mas podem ser divididas em outras máquinas – isso vai depender da infraestrutura de rede.
- **Catálogo Global:** como o nome diz, é um catálogo de vários domínios, o que permite uma pesquisa mais rápida de objetos sem a necessidade de um nome de domínio. Ou seja, ele pode localizar um objeto de qualquer domínio usando sua réplica parcial de leitura, que é armazenada em um controlador de domínio.

Nos domínios baseados no AD, é possível ter dois tipos de servidores: o Domain Controller (DC – controlador de domínio) e o Member Server (servidor membro). É importante para sua instalação que o serviço DNS (Domain Name System – sistema de nomes de domínio) esteja disponível, pois o AD o utiliza para resolução de nomes e nomeação de servidores e recursos. Por esse motivo, dá para considerar o AD um conjunto de arquivos localizados no servidor de domínio, no qual estão armazenadas todas as informações que permitem controlar o acesso dos usuários à rede, ou seja, nele ficam registrados os nomes e as senhas de usuários, suas permissões de acesso a arquivos, suas cotas de disco, o tempo de utilização que cada usuário deve ter, impressoras e outros recursos da rede. Neste capítulo, você vai entender as etapas de instalação e configuração do AD.

Instalação e configuração do AD

Como já visto, o AD é um serviço do Windows Server que tem como objetivo armazenar as informações dos dispositivos, recursos e usuários de uma rede administrada – neste caso, pelo Windows Server 2022. Para instalar e configurar o AD no servidor, veja os passos a seguir.

1. Acesse o *Gerenciador do Servidor* do Windows Server.

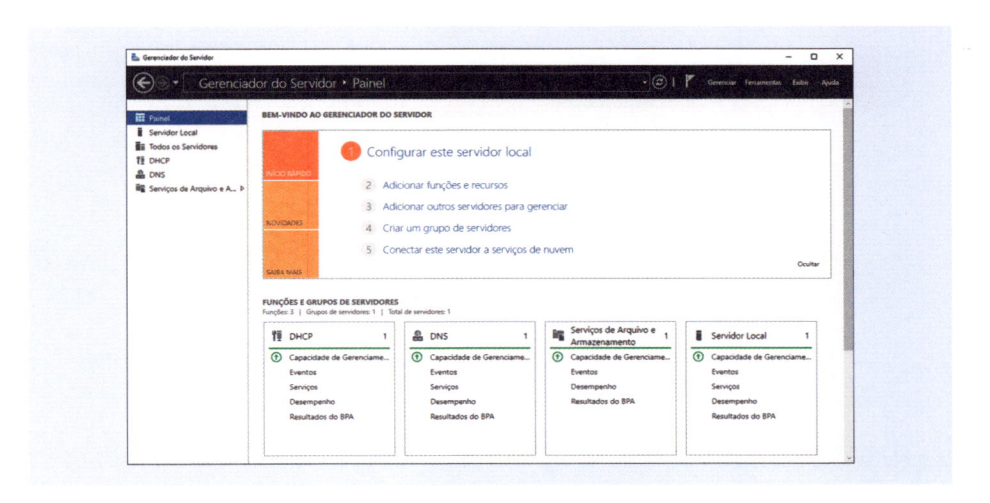

2. Em sua janela principal, selecione no canto superior direito *Gerenciar* e, em seguida, *Adicionar Funções e Recursos*. Aparecerá a tela *Antes de Começar*; clique em *Próximo*.

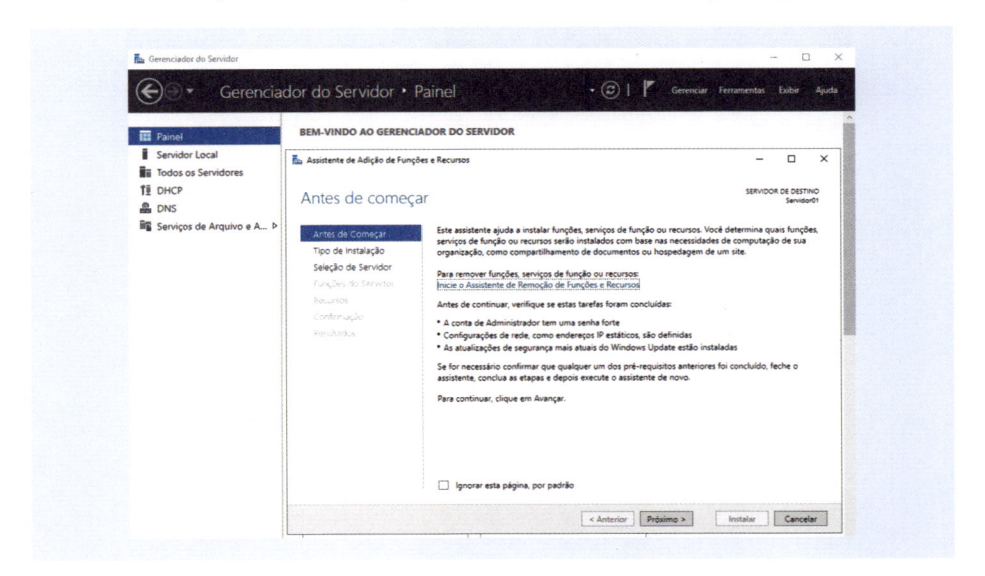

3. Na janela *Selecionar tipo de instalação*, selecione a primeira opção (*Instalação baseada em função ou recurso*), e clique em *Próximo*.

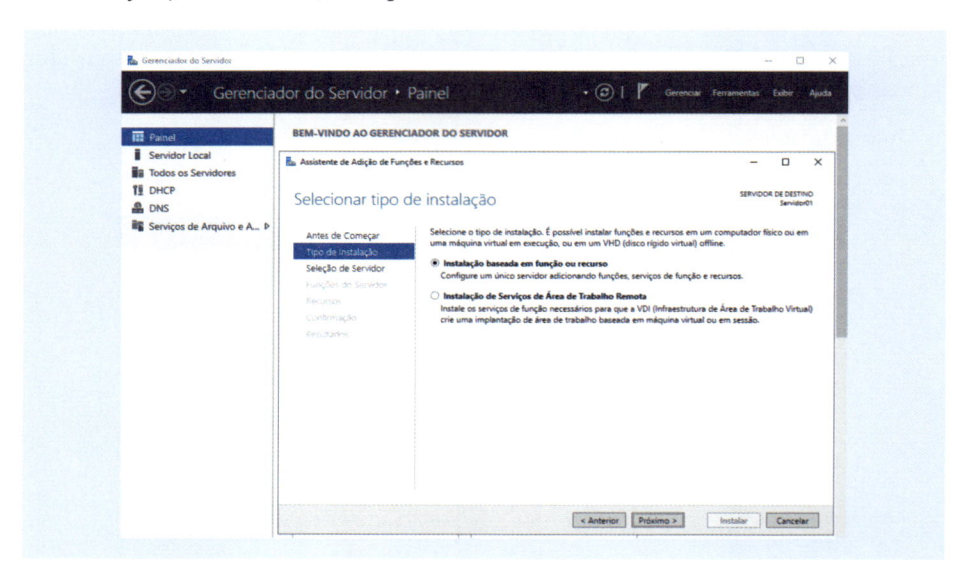

4. Na janela *Selecionar servidor de destino*, clique na opção *Selecionar um servidor no pool de servidor* e escolha o único servidor na rede, que é o *Servidor01*, e clique em *Próximo*.

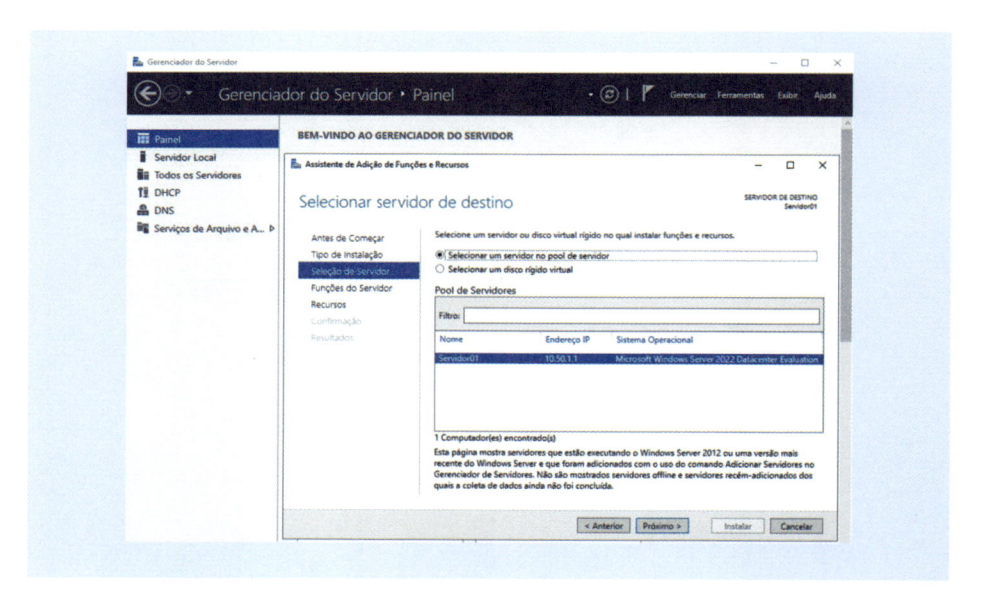

5. Na janela *Selecionar funções de servidor*, selecione a caixa *Active Directory Domain Services* e clique em *Próximo*.

> **Importante**
>
> Cuidado para não selecionar a opção incorreta aqui, pois existem várias caixas com nomes *Active Directory*, e isso pode enganar o administrador por desatenção.

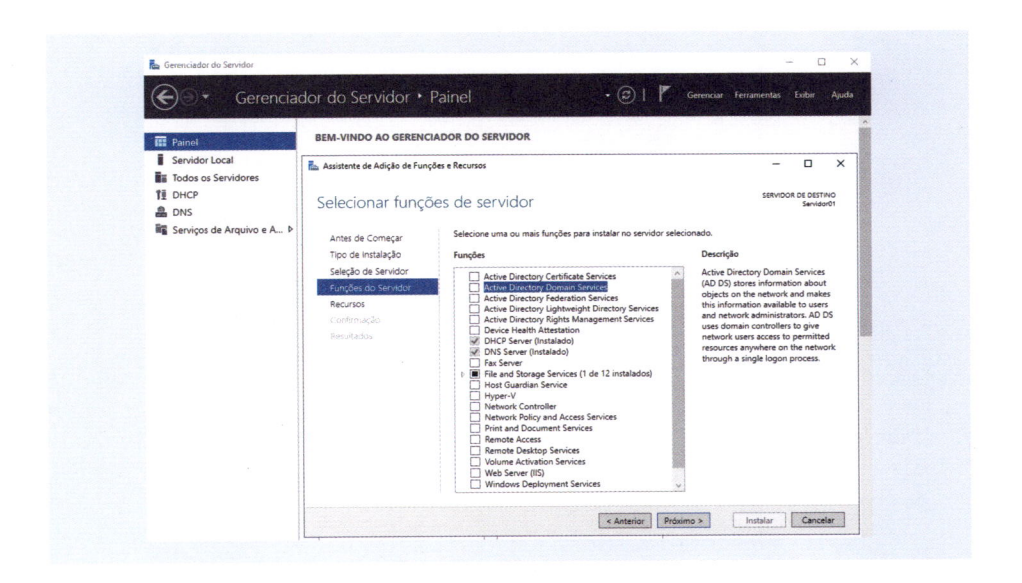

Instalação e configuração do Active Directory – 219

6. Aparecerá uma janela de assistente de configuração, clique em *Adicionar Recursos*. Você verá que o recurso foi devidamente instalado. Clique novamente em *Próximo* e depois em *Próximo* mais uma vez para dar continuidade ao processo de instalação. Aparecerá a tela de *Serviços de Domínio Active Directory*; clique, então, em *Próximo*.

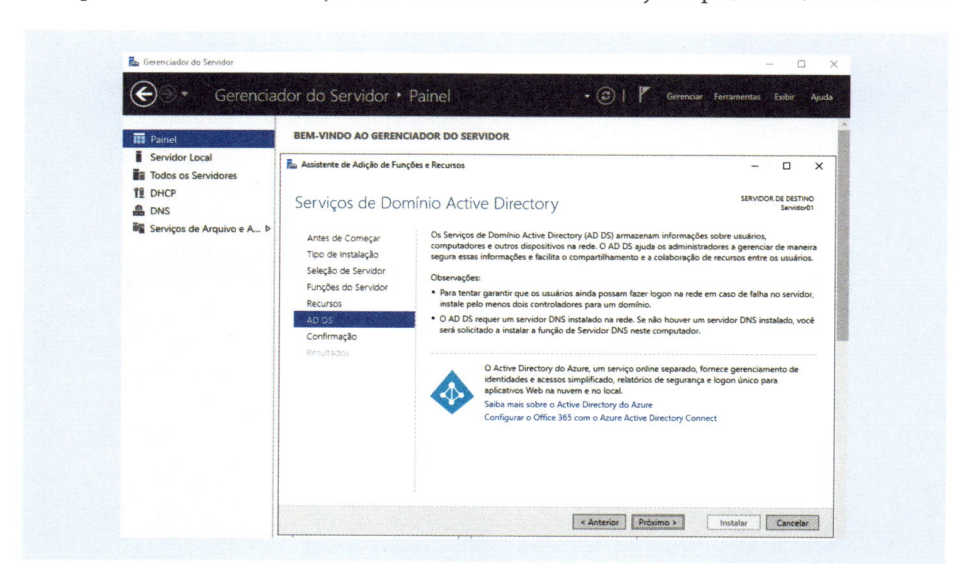

7. Aparecerá a janela de *Confirmar Seleções de Instalação*; clique em *Instalar*. Será exibida a tela *Progresso da instalação*. Aguarde a instalação e, quando aparecer *Instalação bem-sucedida no Servidor01*, clique no botão *Fechar*.

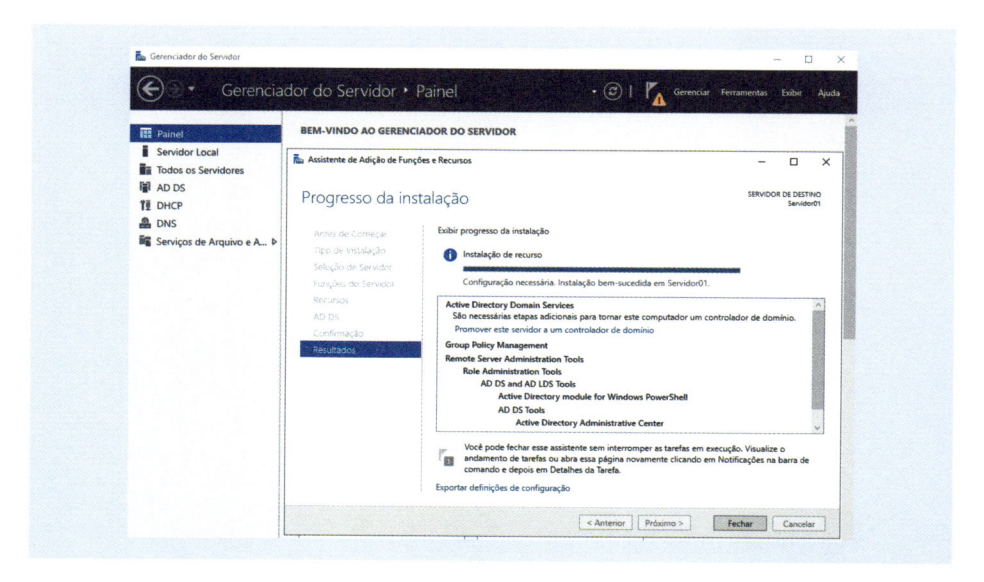

8. Vá agora ao *Gerenciador do Servidor* e clique sobre a notificação (uma exclamação em amarelo no topo direito da tela). Selecione *Promover este servidor a um controlador de domínio*.

> **Importante**
>
> Nas versões anteriores do Windows Server, costumava-se aplicar em *Executar* o comando *dcpromo.exe*. Esse comando não é mais necessário.

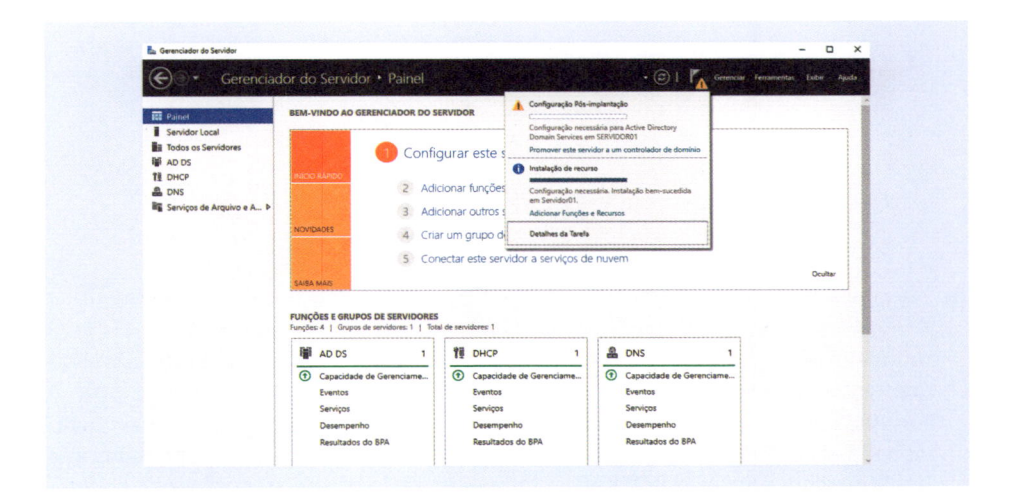

9. Aparecerá a janela *Configuração de implantação*. Como se trata da primeira implantação, clique em *Adicionar uma nova floresta* e, em *Nome do domínio raiz*, digite *senac.local*, clicando em *Próximo*.

> **Importante**
>
> É recomendável que seja colocado um nome diferente do de um site para evitar que o DNS os confunda. Por esse motivo, a opção aqui é *senac.local*, em vez de *senac.com.br*.

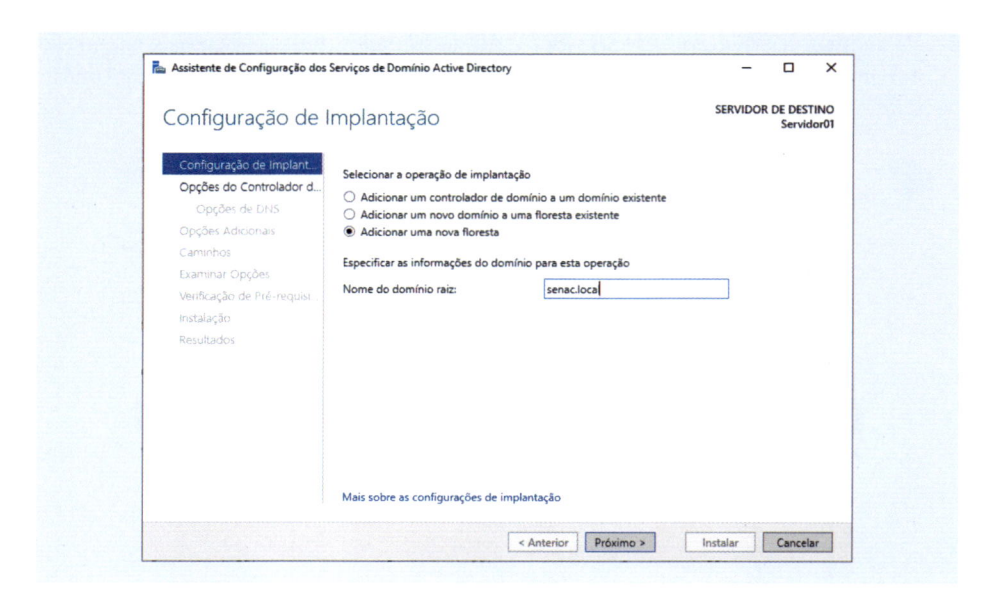

10. Na janela *Opções do Controlador de Domínio*, deixe tanto em *Nível funcional da floresta* como em *Nível funcional do domínio* registrado *Windows Server 2019*. O motivo disso é que se deve fazer um nivelamento para uma eventual infraestrutura que tenha um sistema operacional servidor mais antigo, ou seja, neste exemplo, a recomendação é que você considere que o Windows Server 2019 é o sistema operacional mais antigo utilizado nessa rede. Em *Digite a senha do Modo de Restauração dos Serviços de Diretórios (DSRM)*, coloque a mesma senha do servidor, que é *Administrador4321*, e clique em *Próximo*.

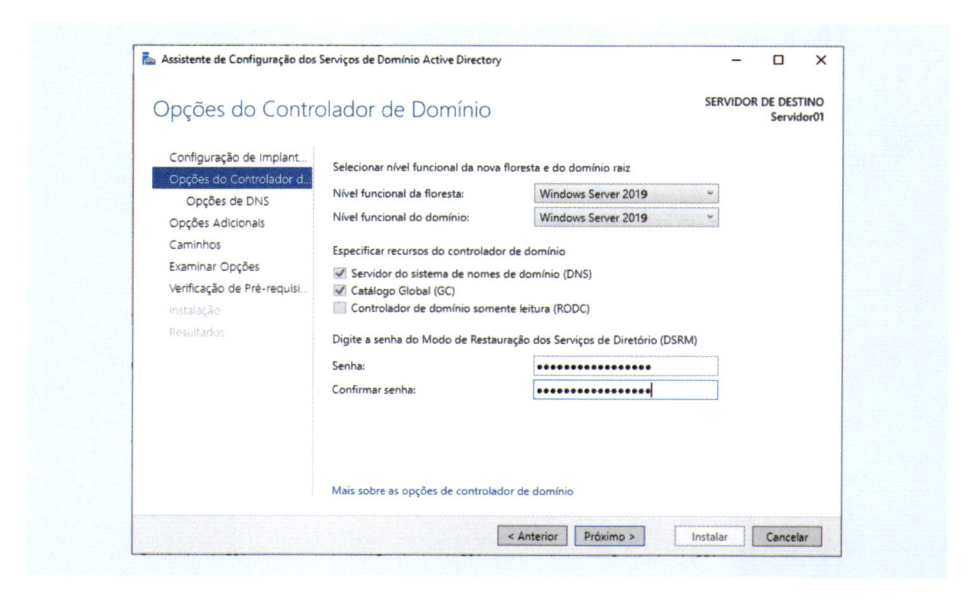

11. Na janela *Operações de DNS*, aparecerá uma mensagem indicando que *Não foi possível criar uma delegação para este servidor DNS porque não é possível encontrar uma zona pai autoritativa*. Não se preocupe nesse momento com essa mensagem e clique em *Próximo*.

> **Importante**
>
> O procedimento de criação e instalação do AD, caso este não exista, cria também o serviço DNS, pois o DNS é importantíssimo para o funcionamento do AD. Se o DNS já tiver sido criado, é possível, sem problemas, alterar as configurações, se necessário.

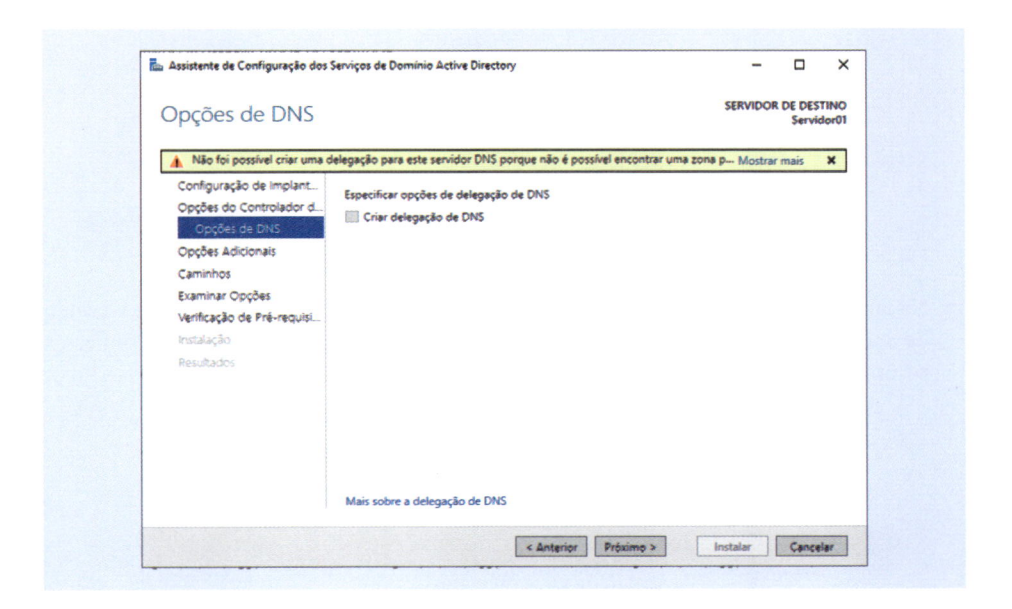

Instalação e configuração do Active Directory – 223

12. Na janela *Opções Adicionais*, em *O nome de domínio NetBIOS*, o sistema escolherá automaticamente *SENAC* (deixe com esse nome); clique, então, em *Próximo*.

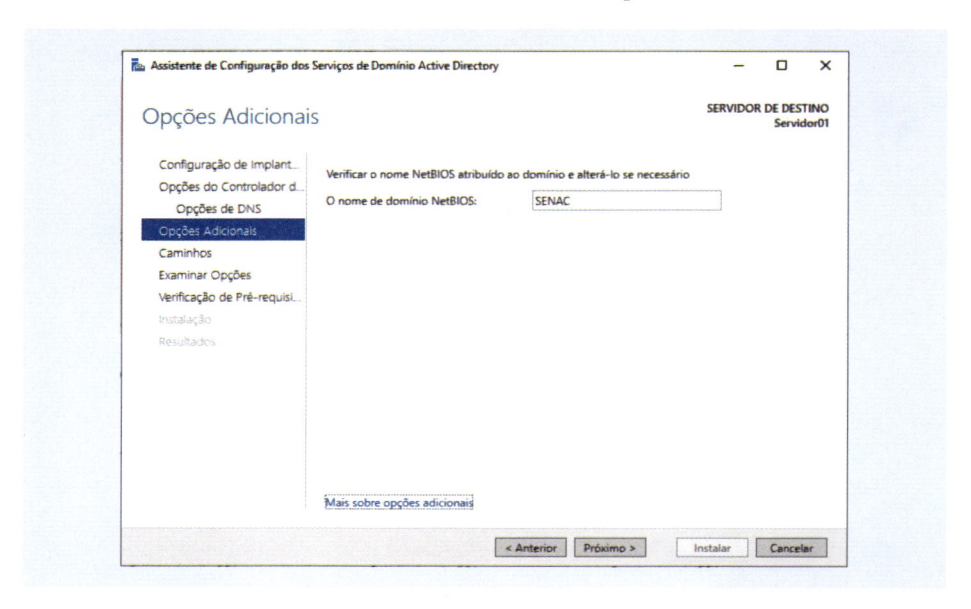

13. Na janela *Caminhos*, o assistente de configuração já adiciona um local onde o banco de dados do AD, os arquivos de log e SYSVOL serão armazenados (deixe com essas recomendações). Clique em *Próximo*.

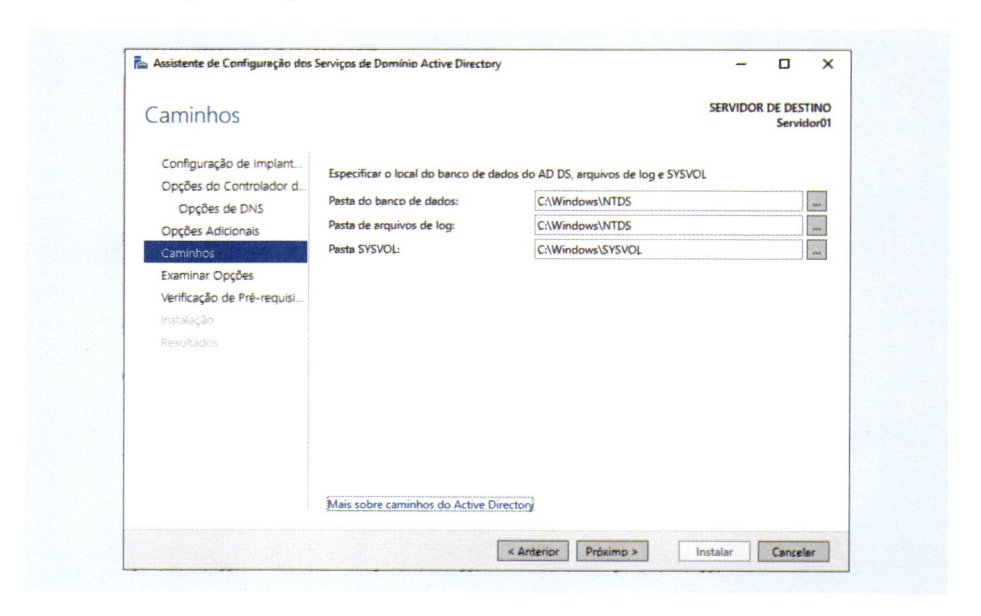

14. Na janela *Examinar Opções*, serão apresentadas todas as configurações realizadas. Clique em *Próximo*.

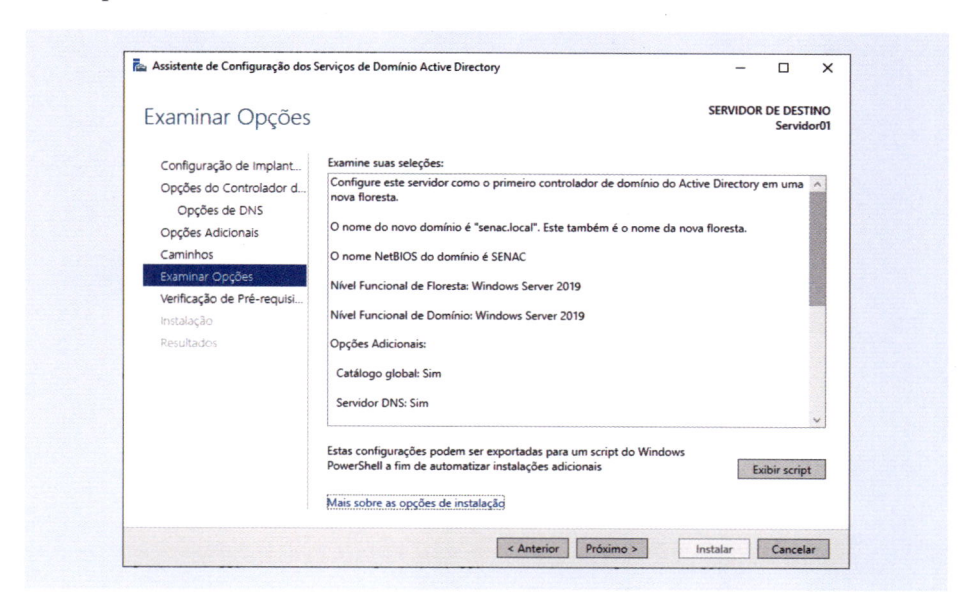

15. Aguarde a realização dos procedimentos. Aparecerá a tela *Verificação de Pré-requisitos*, com uma série de alarmes em *Exibir resultados*. Não se preocupe com essas mensagens; vá em frente, clicando no botão *Instalar*.

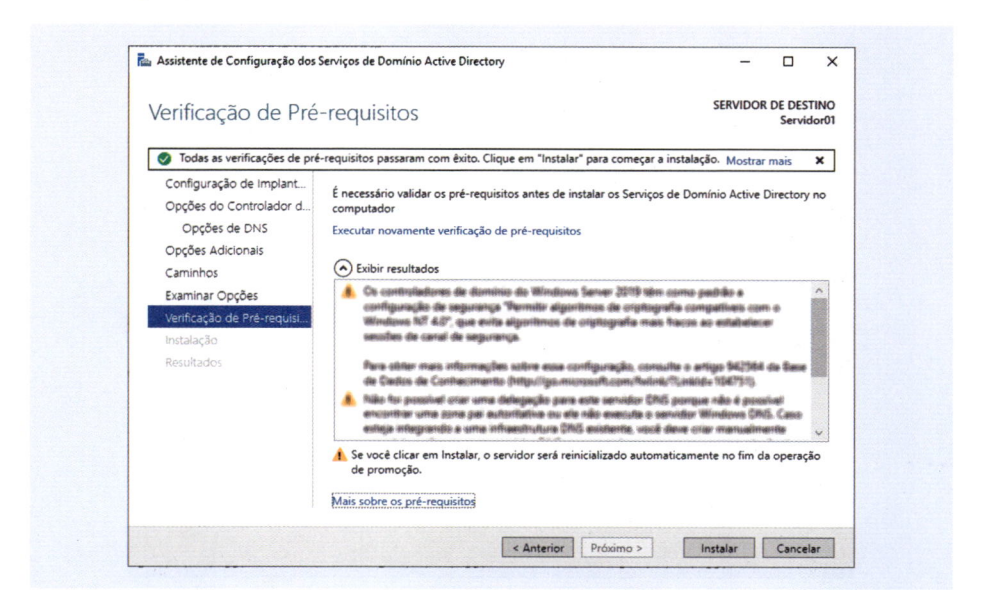

16. O processo de instalação será finalizado, e provavelmente o servidor será reinicializado.

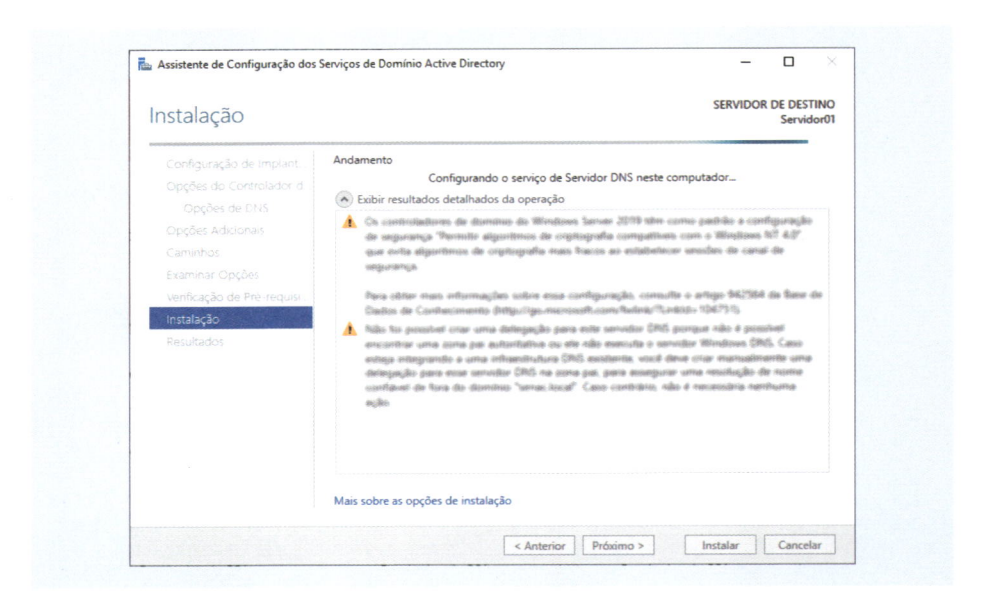

17. Note que, após a reinicialização do servidor, a tela de logon trará agora o nome do domínio criado. Digite o username *Administrator* e a senha *Administrador4321* e clique na seta à direita para logar no sistema.

18. Verifique que a janela *Gerenciador do Servidor* provavelmente será aberta automaticamente, e nela aparecerão, na área de *Funções e Grupos de Servidores*, os serviços instalados funcionando corretamente. Em alguns casos, pode ser que algum serviço dê um alarme indicador e coloque o entorno do serviço em vermelho; nesse caso, você pode corrigir o alarme, resetá-lo e/ou desconsiderá-lo.

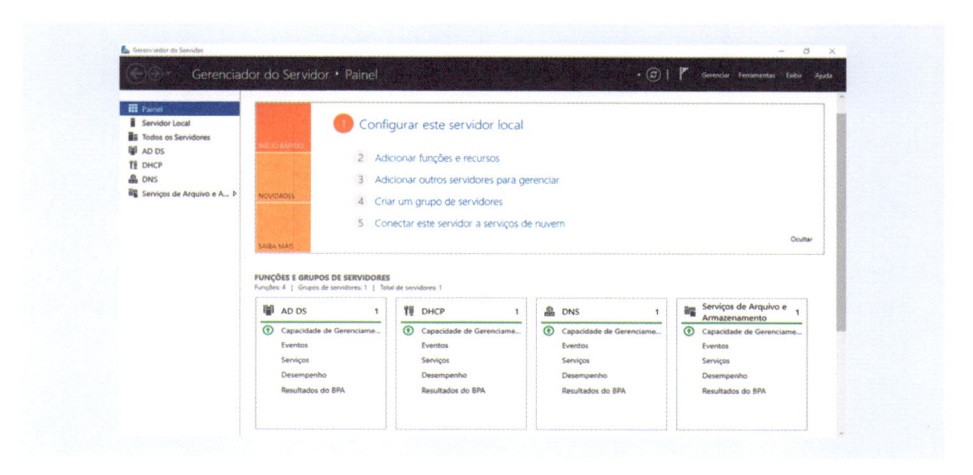

19. Verifique no *Gerenciador do Servidor* e em *Servidor Local* (à esquerda da janela) as informações de *Nome do computador: Servidor01, Domínio: senac.local* e *Ethernet: 10.50.1.1*.

Importante

Se desejar desabilitar o endereço IPv6, você pode clicar sobre o endereço IP à frente do item *Ethernet* e, em *Ethernet*, clicar com o botão direito do mouse e, em seguida, em *Propriedades*, desabilitar a caixa *Internet Protocol Version 6 (TPC/IPv6)*. Assim, o servidor não precisa gastar memória com processos que não estão sendo utilizados.

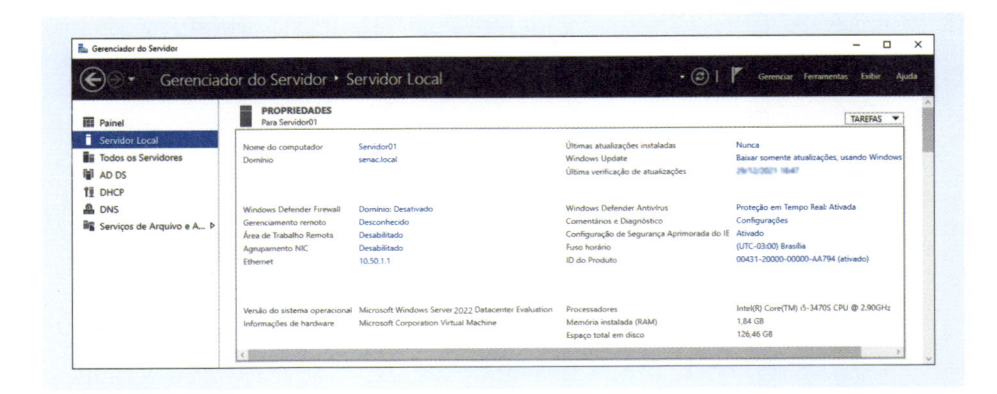

20. Verifique também como ficou agora o nome do servidor devidamente criado. Vá em *Painel de Controle* do servidor e selecione *Sistema*; será apresentada uma janela com as seguintes informações:

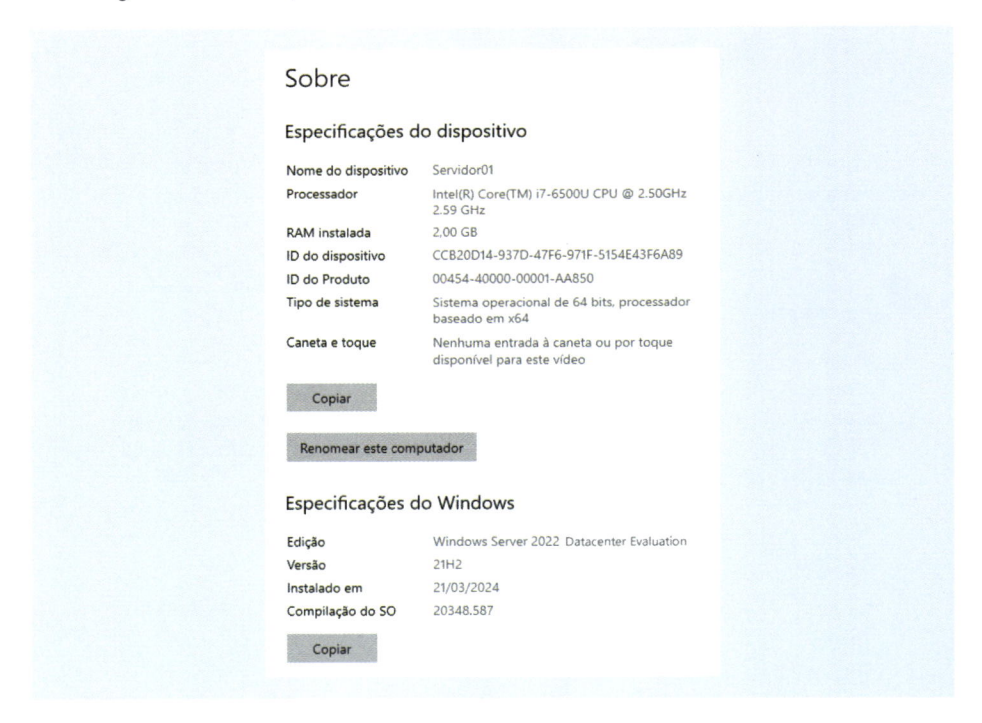

Verificação de conectividade entre servidor e cliente

Para prosseguir com as configurações e incluir o cliente no domínio recentemente criado, é preciso, antes, verificar se existe conectividade entre o servidor e o cliente na rede. Nesse sentido, as máquinas precisam estar conectadas à mesma rede, e o cliente precisa receber as informações do serviço DHCP (Dynamic Host Configuration Protocol – protocolo de configuração dinâmica de endereços de rede), como o endereço IP, que deverá ser atribuído à máquina cliente em questão. Para checar se tudo está em funcionamento, cumpra as etapas a seguir.

1. No *Gerenciador do Servidor*, selecione *Ferramentas* e escolha a opção *DHCP*. Note que, no serviço DHCP, o nome do servidor e domínio é agora *servidor01.senac.local*.

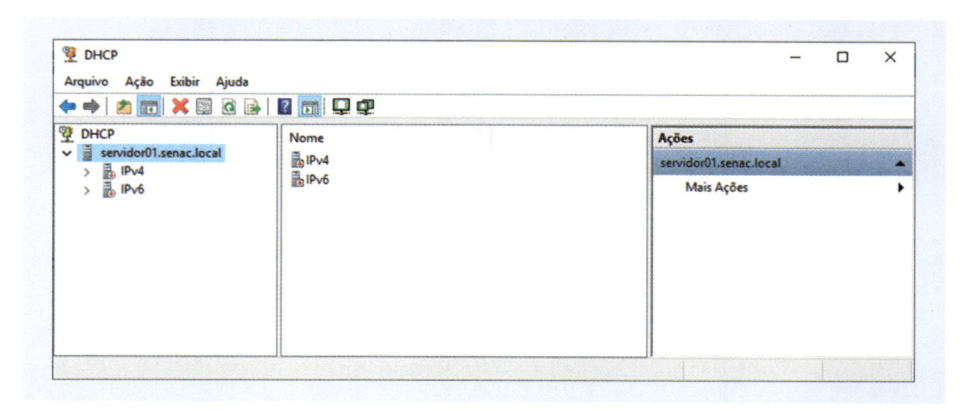

2. Se o serviço DHCP não está em funcionamento, provavelmente é porque não está autorizado. Para autorizá-lo, clique com o botão direito do mouse sobre o domínio *servidor01.senac.local* e selecione *Autorizar*. Em seguida, clique com o botão direito do mouse sobre o ícone *IPv4* e escolha a opção *Atualizar*. Faça o mesmo no IPv6, se desejar.

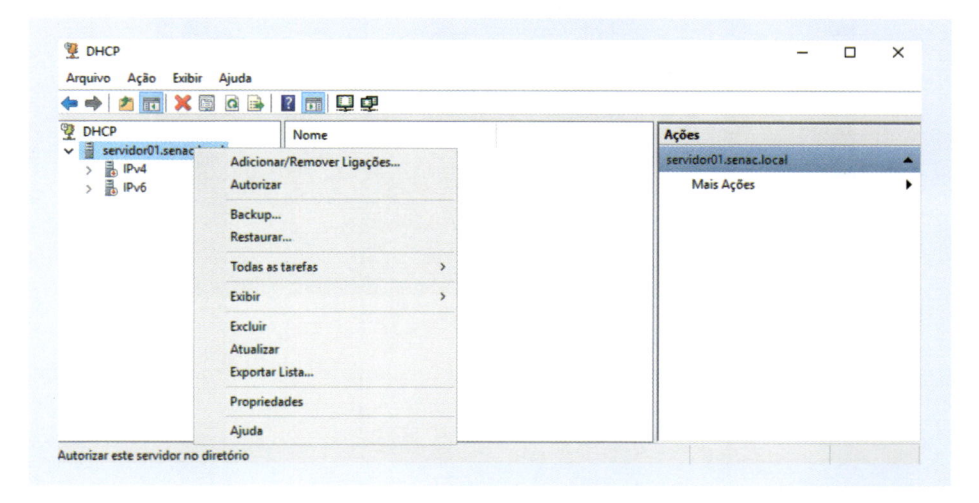

3. Vá até o cliente Windows 2010 e, no prompt de comando, dê o comando *ipconfig*. Verifique que o cliente já recebeu do serviço DHCP instalado no servidor o endereço IP *10.50.1.21* com máscara de sub-rede *255.0.0.0*, informações essas definidas na configuração do escopo desse serviço.

```
C:\Users\Cliente>ipconfig

Configuração de IP do Windows

Adaptador Ethernet Ethernet:

   Sufixo DNS específico de conexão. . . . . . :
   Endereço IPv4. . . . . . . . . . . . . . . : 10.50.1.21
   Máscara de Sub-rede . . . . . . . . . . . . : 255.0.0.0
   Gateway Padrão. . . . . . . . . . . . . . . :

C:\Users\Cliente>
```

4. Teste agora a conectividade do cliente com o servidor através do comando *ping 10.50.1.1*. Note que o servidor responderá ao comando, o que indica que a conexão entre ambos os equipamentos existe e está em funcionamento.

```
C:\Users\Cliente>ping 10.50.1.1

Disparando 10.50.1.1 com 32 bytes de dados:
Resposta de 10.50.1.1: bytes=32 tempo<1ms TTL=128
Resposta de 10.50.1.1: bytes=32 tempo<1ms TTL=128
Resposta de 10.50.1.1: bytes=32 tempo<1ms TTL=128
Resposta de 10.50.1.1: bytes=32 tempo<1ms TTL=128

Estatísticas do Ping para 10.50.1.1:
    Pacotes: Enviados = 4, Recebidos = 4, Perdidos = 0 (0% de
                                                       perda),
Aproximar um número redondo de vezes em milissegundos:
    Mínimo = 0ms, Máximo = 0ms, Média = 0ms

C:\Users\Cliente>
```

5. Para verificar se o serviço DNS também está funcionando corretamente, no prompt de comando do cliente, dê o comando *ping senac.local*. Veja que o servidor responde ao nome desse domínio com o endereço IP *10.50.1.1*.

```
Prompt de Comando                                    —   □   ×
C:\Users\Cliente>ping senac.local

Disparando senac.local [10.50.1.1] com 32 bytes de dados:
Resposta de 10.50.1.1: bytes=32 tempo<1ms TTL=128
Resposta de 10.50.1.1: bytes=32 tempo<1ms TTL=128
Resposta de 10.50.1.1: bytes=32 tempo<1ms TTL=128
Resposta de 10.50.1.1: bytes=32 tempo<1ms TTL=128

Estatísticas do Ping para 10.50.1.1:
    Pacotes: Enviados = 4, Recebidos = 4, Perdidos = 0 (0% de
             perda),
Aproximar um número redondo de vezes em milissegundos:
    Mínimo = 0ms, Máximo = 0ms, Média = 0ms

C:\Users\Cliente>
```

6. E, por fim, dê o comando *ping Servidor01.senac.local* e verifique que, da mesma forma, o comando é retornado, indicando que o IP destino é *10.50.1.1*. Ou seja, o endereço IP do Windows Server possui os serviços DHCP e DNS devidamente instalados e em funcionamento.

```
Prompt de Comando                                    —   □   ×
C:\Users\Cliente>ping Servidor01.senac.local

Disparando Servidor01.senac.local [10.50.1.1] com 32 bytes de d
ados:
Resposta de 10.50.1.1: bytes=32 tempo<1ms TTL=128
Resposta de 10.50.1.1: bytes=32 tempo<1ms TTL=128
Resposta de 10.50.1.1: bytes=32 tempo<1ms TTL=128
Resposta de 10.50.1.1: bytes=32 tempo<1ms TTL=128

Estatísticas do Ping para 10.50.1.1:
    Pacotes: Enviados = 4, Recebidos = 4, Perdidos = 0 (0% de
             perda),
Aproximar um número redondo de vezes em milissegundos:
    Mínimo = 0ms, Máximo = 0ms, Média = 0ms

C:\Users\Cliente>
```

Adição do cliente ao domínio

Após a criação do domínio e a checagem de que tudo está funcionando, é possível agora adicionar clientes a esse domínio. Para adicionar seu cliente ao domínio *senac.local*, cumpra os procedimentos a seguir.

1. Vá até a máquina virtual (VM – Virtual Machine) *Windows Client 2010* e, em *Painel de Controle*, selecione com o botão direito do mouse *Sistema* e, então, a opção *Abrir*.

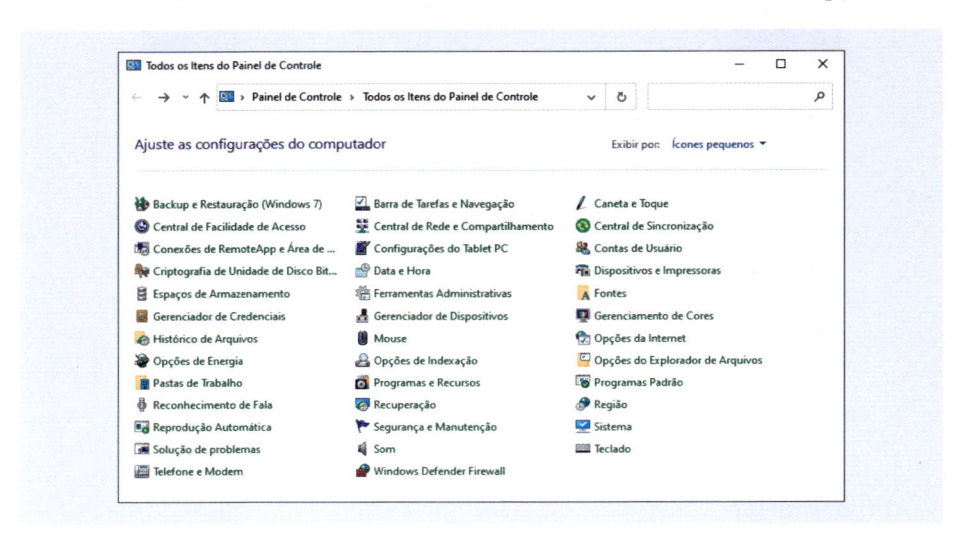

2. Será aberta a janela *Exibir informações básicas sobre o computador*. Para uma melhor configuração, escolha um novo nome para o computador cliente e coloque-o no domínio criado, escolhendo a opção *Alterar configurações*.

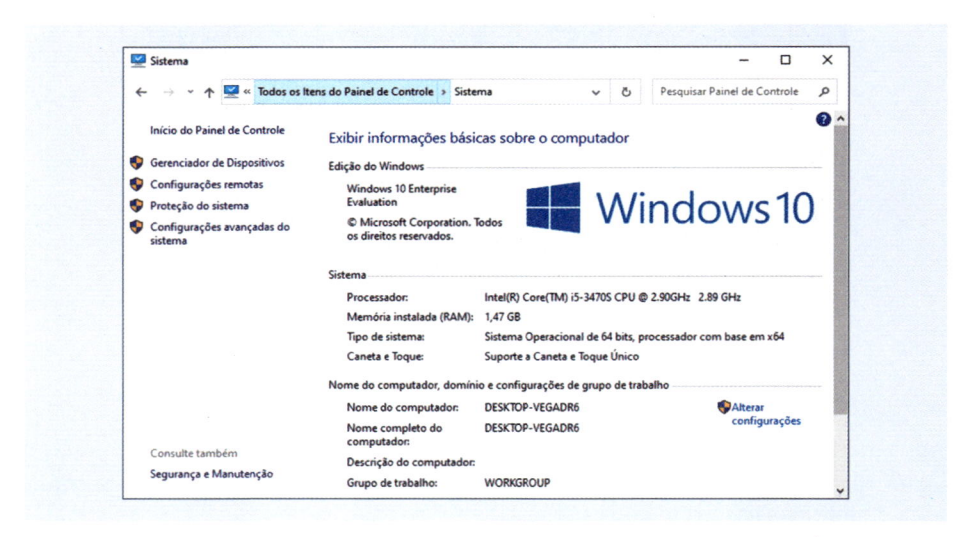

3. Em *Propriedades do Sistema*, na *Descrição do computador*, digite *Cliente01* e clique em *Aplicar*.

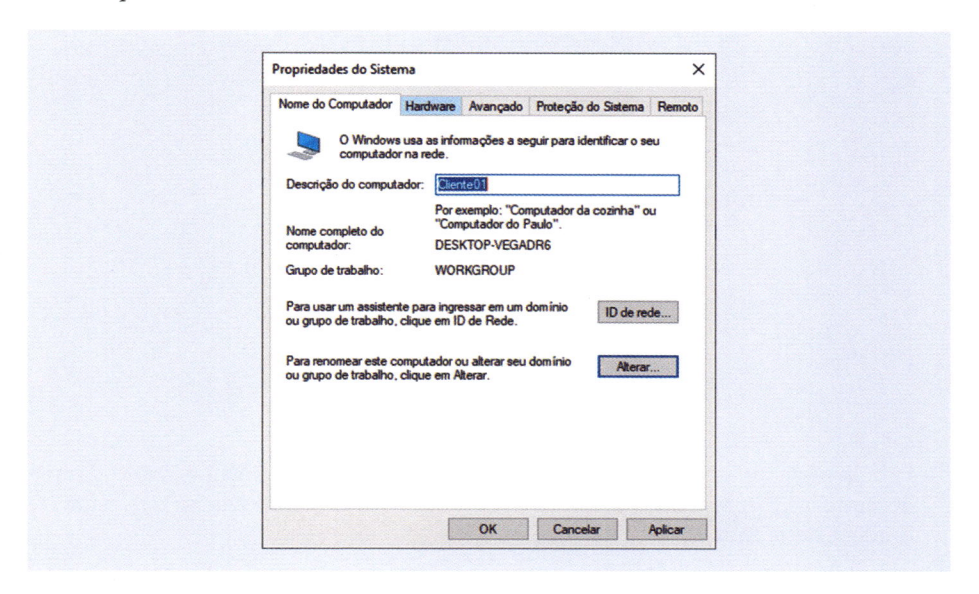

4. Na mesma janela de *Propriedades do Sistema*, clique no botão *Alterar*. Você será direcionado para a tela *Alterações de Nome/Domínio do Computador*. Em *Nome do computador*, digite *Cliente01* e, escolhendo a opção *Domínio*, digite *senac.local*. Clique no botão *OK*.

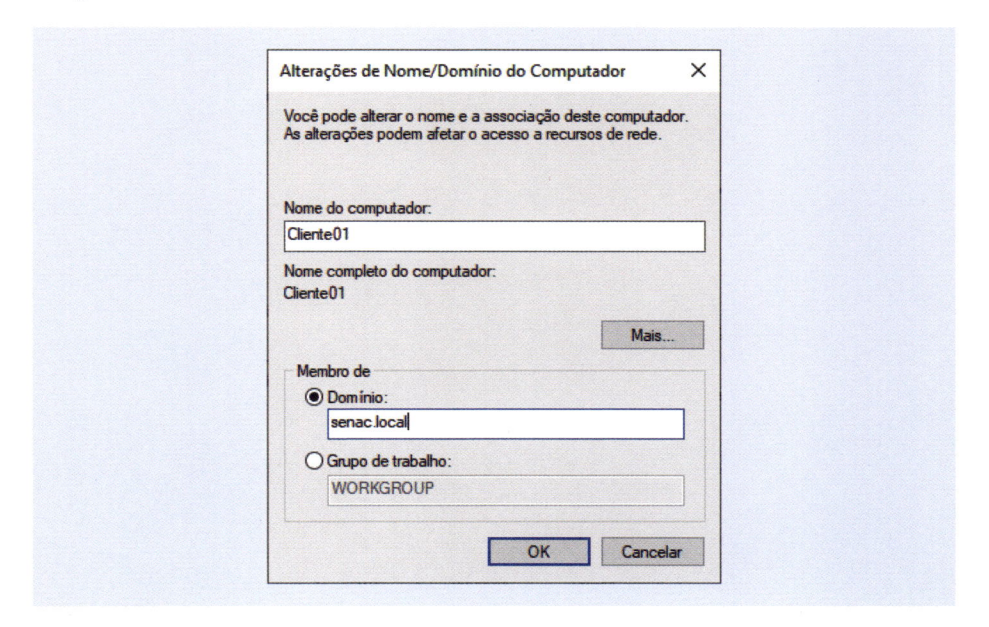

5. Será aberta a janela *Segurança do Windows*, solicitando o login e a senha do servidor que se deseja acessar. Digite em usuário *Administrator* e, em senha, *Administrador4321*, clicando em *OK*.

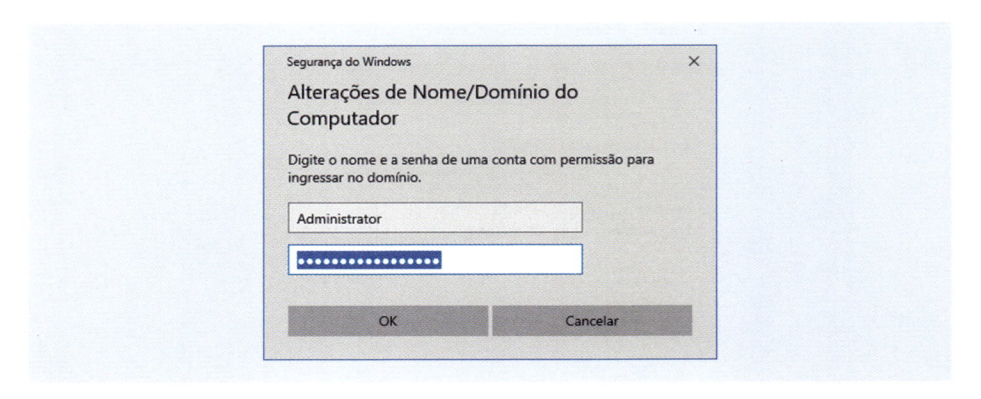

6. Para que seja possível efetivar as devidas alterações e para o cliente acessar o novo domínio, será apresentada uma mensagem informando que o cliente será reinicializado. Clique em *OK*.

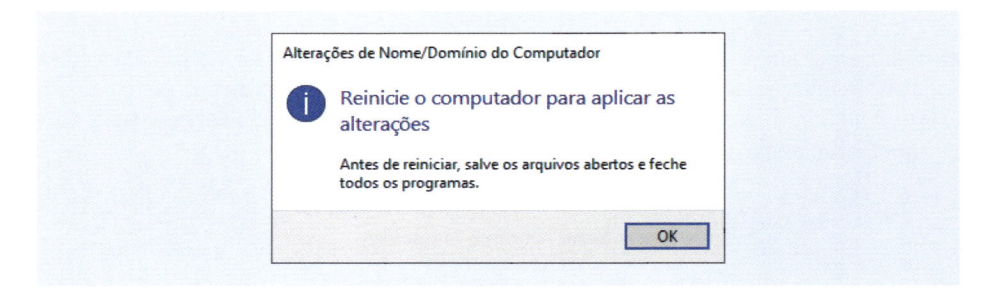

7. Como neste exemplo ainda não foi criado um usuário do AD, esse cliente efetuará login sem maiores problemas. Acesse o prompt de comando e dê o comando *ipconfig /all*; note que aparecerão as informações de vinculação ao domínio solicitado.

CENTRAL ADMINISTRATIVA DO ACTIVE DIRECTORY

O Windows Server possui alguns recursos que facilitam ainda mais a gerência por parte dos administradores de rede.

1. Para acessar o serviço AD, vá em *Gerenciador do Servidor*, escolha a opção *Ferramentas* e selecione *Central Administrativa do Active Directory*.

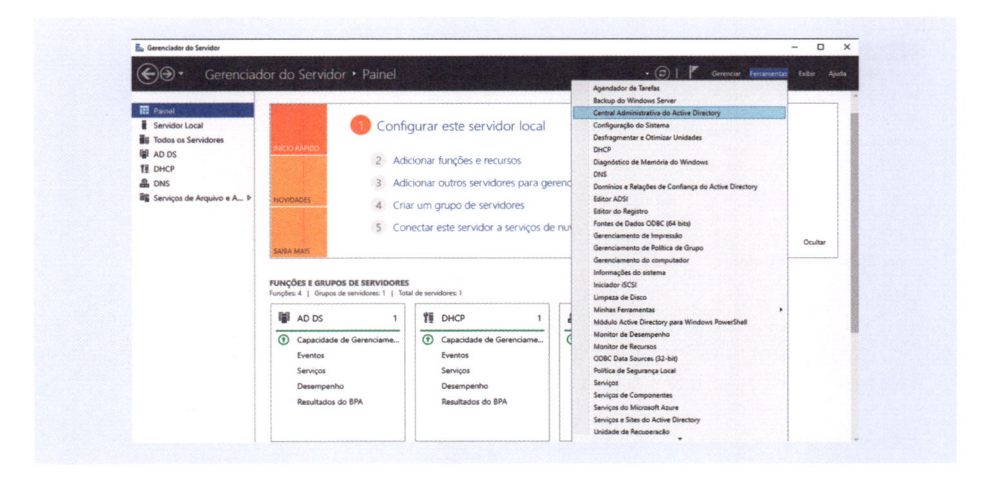

2. Será aberta a *Central Administrativa do Active Directory*. Ao lado esquerdo, aparecerá o domínio *senac (local)*.

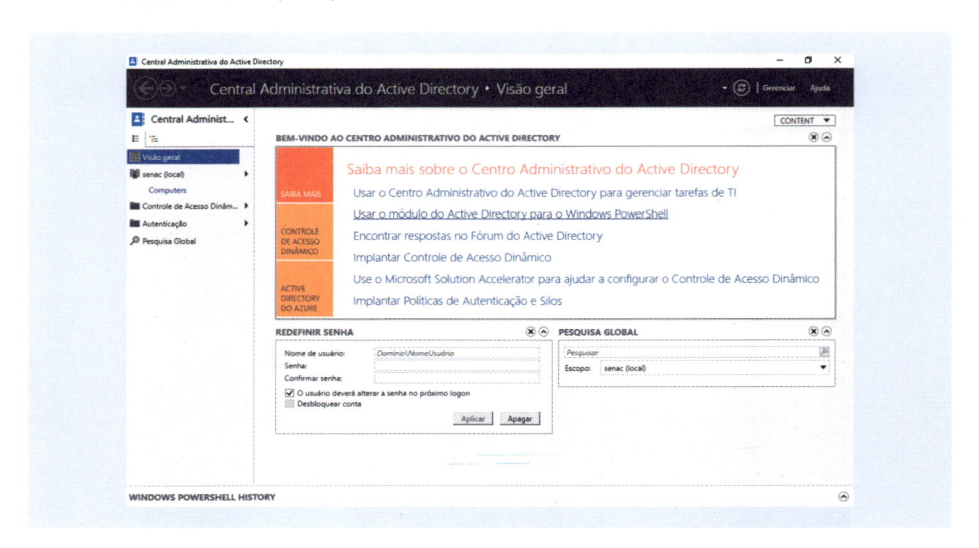

3. Clique na setinha ao lado de *senac.local* e escolha *Computers*. Abrirá uma nova opção abaixo do nome de domínio. Selecione *Computador* e aparecerá o computador recentemente incluído no domínio *CLIENTE01*.

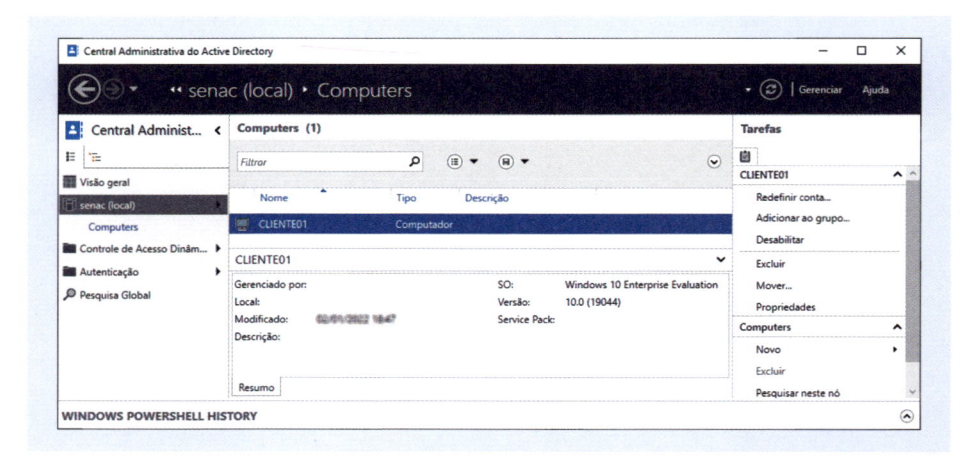

4. Se desejar fazer uma pesquisa global, acesse a opção *Pesquisa Global*, que está do lado esquerdo da janela a seguir.

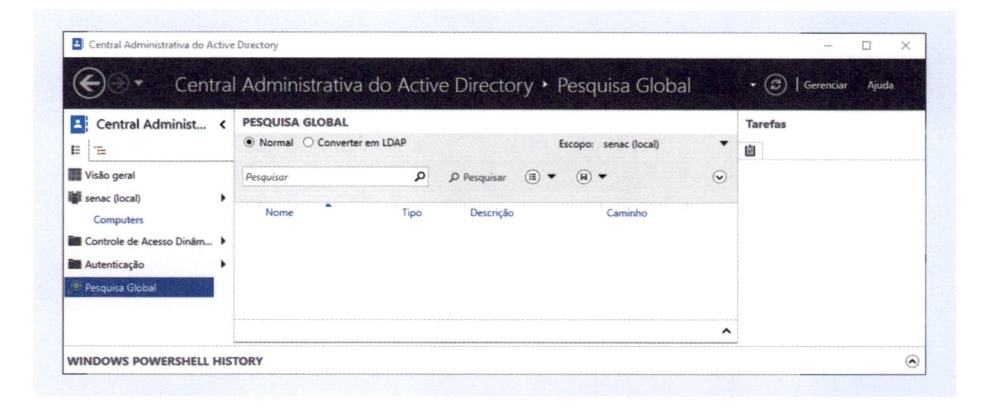

5. Nessa janela, no campo de preenchimento, digite *Administra* e faça a pesquisa. Aparecerão no centro da tela todos os itens que iniciam com *Administra*, por exemplo, *Administrator*.

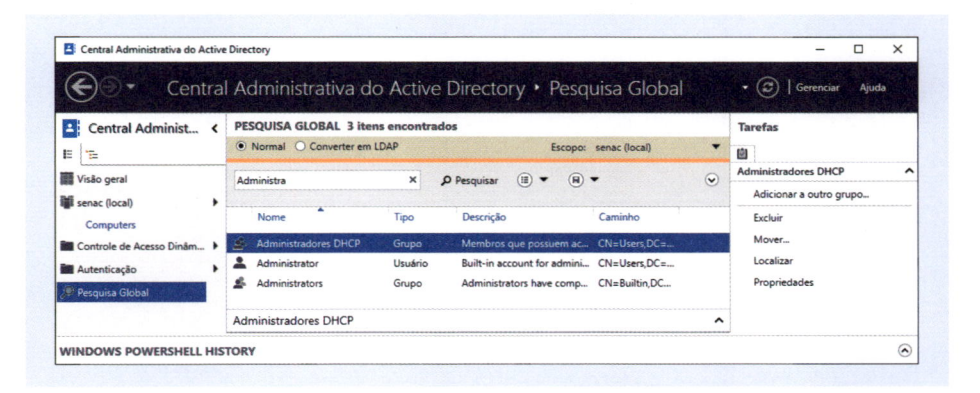

6. É possível adicionar nós de navegação clicando sobre a opção *Gerenciar* e, então, *Adicionar Nós de Navegação*.

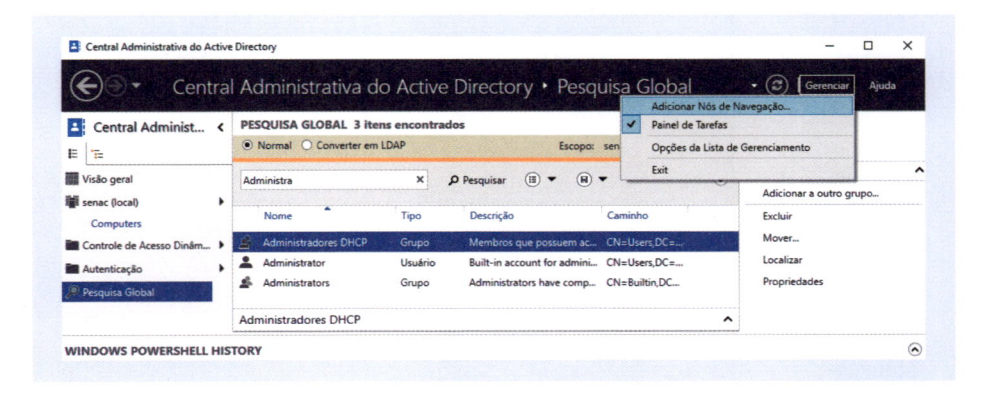

7. Adicione os nós *Builtin* e *Computers* no painel de navegação clicando duas vezes sobre os itens. Depois, clique no botão *OK*.

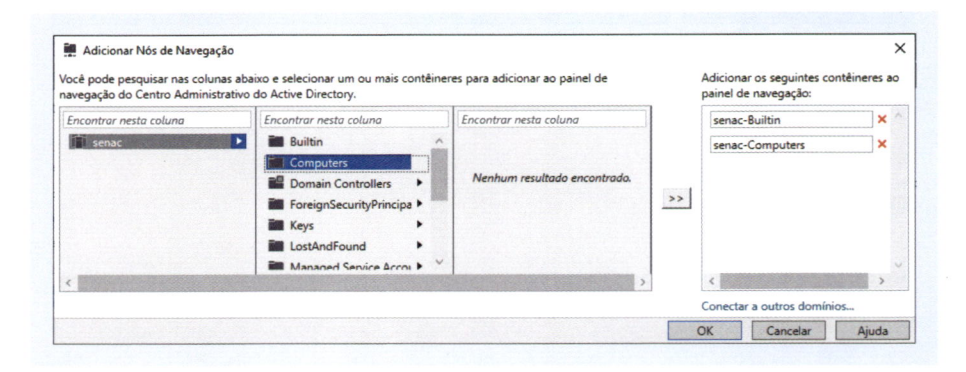

8. Observe que as inclusões aparecem agora no lado esquerdo da tela. É possível criar uma série de nós, e até mesmo acrescentar domínios existentes.

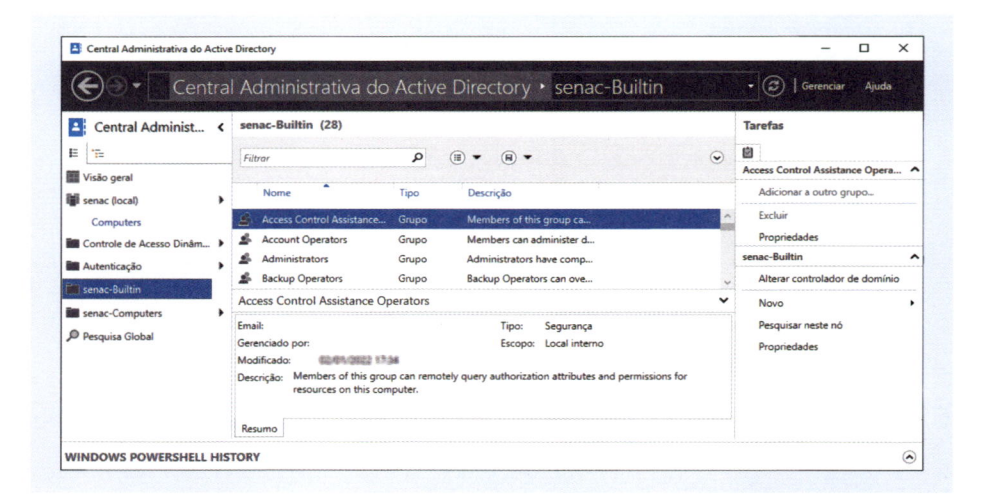

9. É possível também habilitar a lixeira; essa é uma função interessante para o caso de algum administrador remover alguma conta por distração. Para habilitar essa opção, clique com o botão direito no nome do domínio *senac (local)* e selecione *Habilitar Lixeira*. Serão abertas telas perguntando se você tem certeza de que quer executar a ação e a replicação dela em todos os controladores de domínio na floresta.

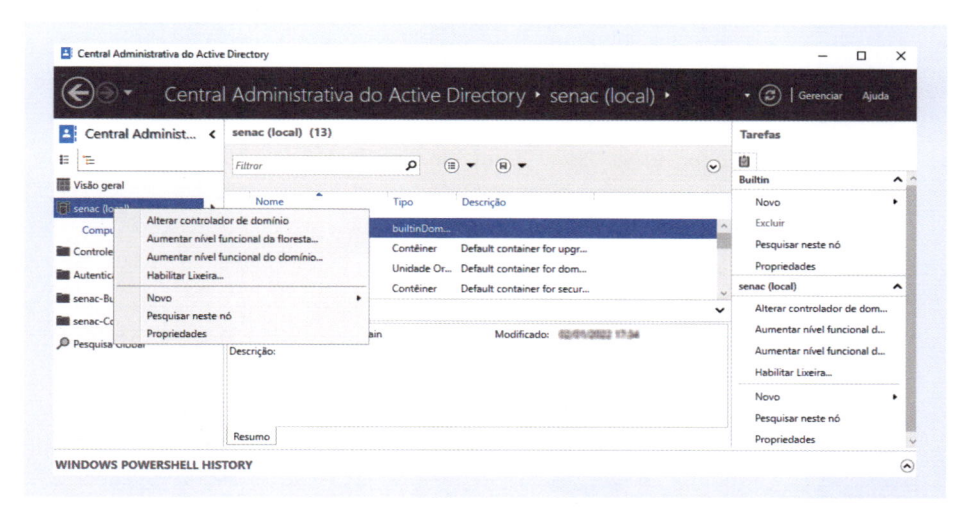

10. Após essas alterações, clique sobre o ícone *Atualizar*. Você notará que, agora, a opção *Habilitar Lixeira* está em cinza-claro, o que informa que não será mais possível alterá-la.

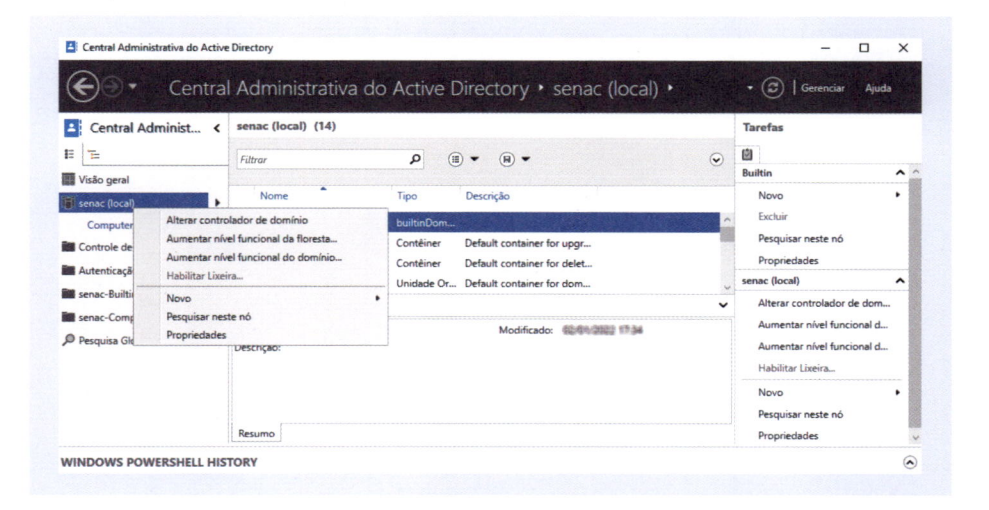

Desabilitação da complexidade de senhas

Os requisitos de complexidade de senhas são uma configuração de segurança que determina se as senhas devem atender aos requisitos de complexidade padrão do Windows Server, aumentando, assim, a segurança de acesso à rede e aos servidores. Essas regras obrigam a criação de senhas de alta complexidade, o que às vezes pode ser improdutivo em função de os usuários terem que memorizar senhas mais difíceis. É importante frisar que essa ação deixa a rede mais vulnerável e, por esse motivo, deve-se evitar executá-la em sistemas de produção. Siga os passos a seguir para desabilitar essa função.

1. Acesse o *Gerenciador do Servidor*, clique em *Ferramentas* e, depois, em *Gerenciamento de Política de Grupo*, que abrirá a tela a seguir.

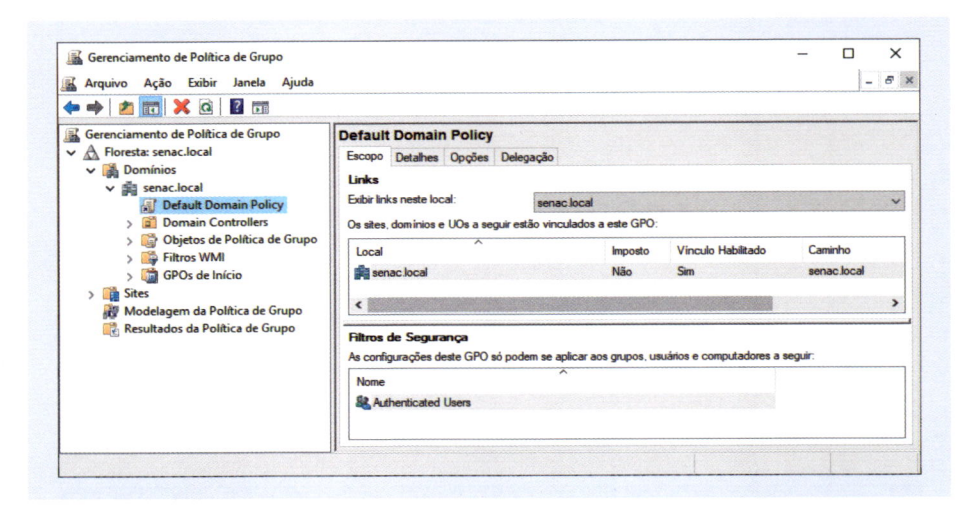

2. Clique sobre *Floresta: senac.local, Domínios, senac.local* e *Default Domain Policy*. Aparecerá uma mensagem de aviso a respeito de seleção de vínculo para um GPO. Clique em *OK*.

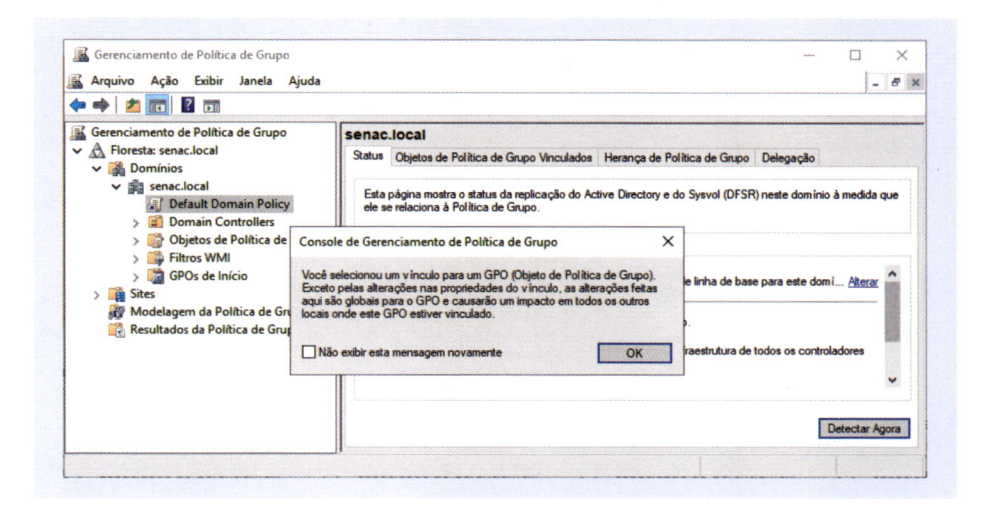

3. Na opção *Default Domain Policy*, clique com o botão direito do mouse e selecione a opção *Editar*.

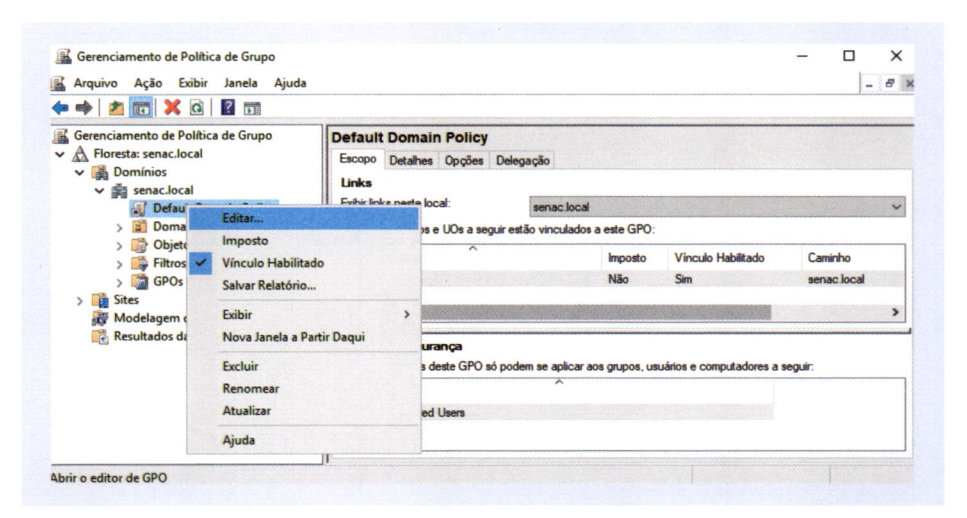

4. Na janela *Editor de Gerenciamento de Política de Grupo*, selecione as opções *Configuração do Computador, Políticas, Configurações do Windows* e *Configurações de segurança*.

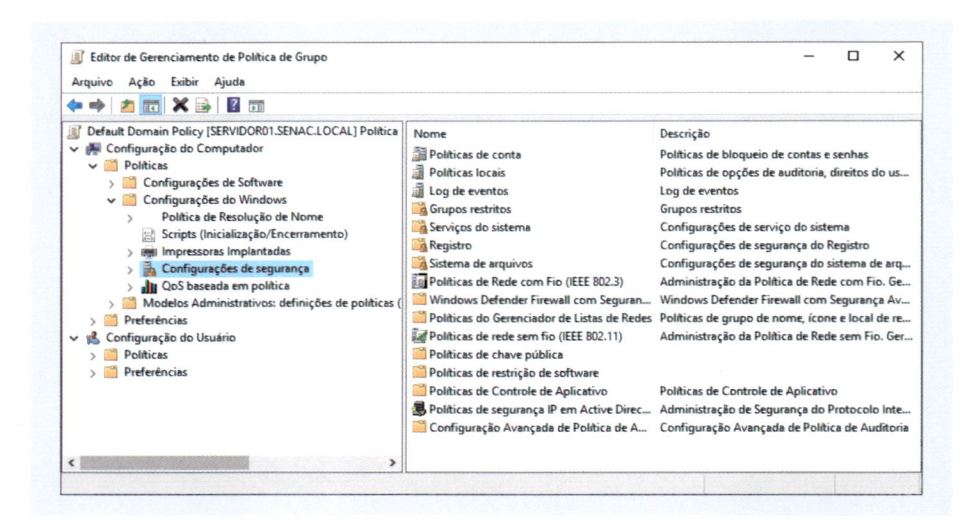

5. No lado direito da janela, selecione com dois cliques do mouse a opção *Política de conta, Política de senha* e *A senha deve satisfazer a requisitos de complexidade*. Note que essa opção aparecerá como *Habilitada*.

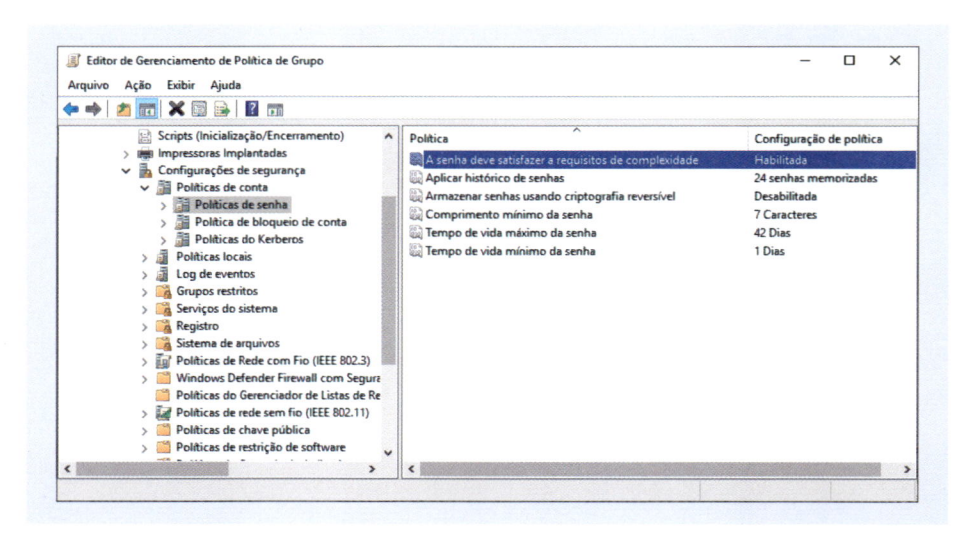

6. Clique duas vezes sobre essa opção. Na próxima janela, clique sobre a opção *Desabilitada* e, em seguida, *OK*.

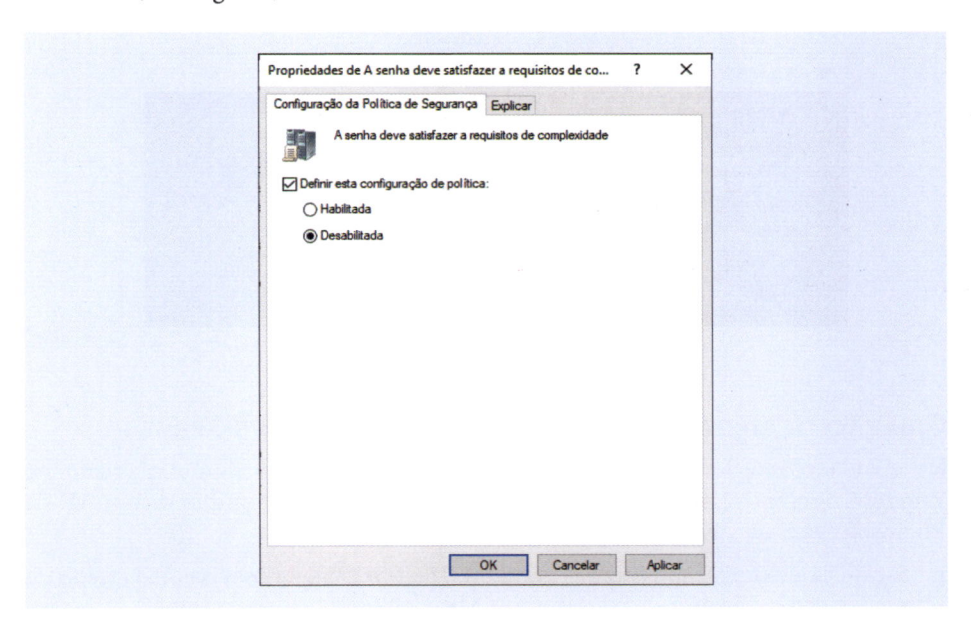

7. Observe que agora a opção está como *Desabilitada*. Note também que nessa janela é possível alterar comprimento da senha, tempo de vida máximo e outras opções interessantes.

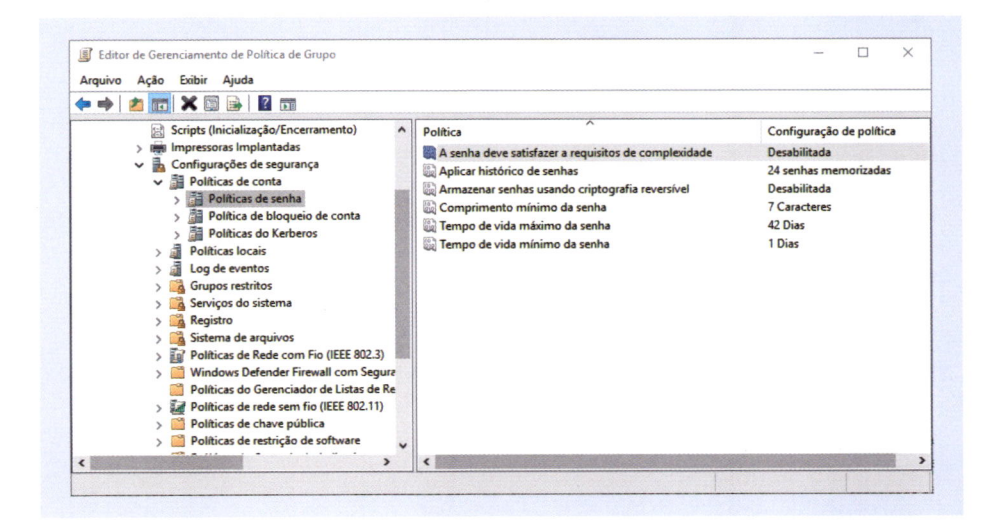

8. Acesse o prompt de comando do Windows Server e digite o comando *gpupdate /force*. Ele atualizará as políticas locais do servidor.

Criação de usuários no domínio do Windows Server

Na atividade anterior, um cliente existente foi associado ao domínio criado no Windows Server. Nessa atividade, serão criados usuários no domínio com o AD da Microsoft. Para isso, basta cumprir os passos a seguir.

1. Na janela *Central Administrativa do Active Directory*, clique com o botão direito do mouse sobre a opção *senac (local)* e, em *Novo*, selecione a opção *Usuário*.

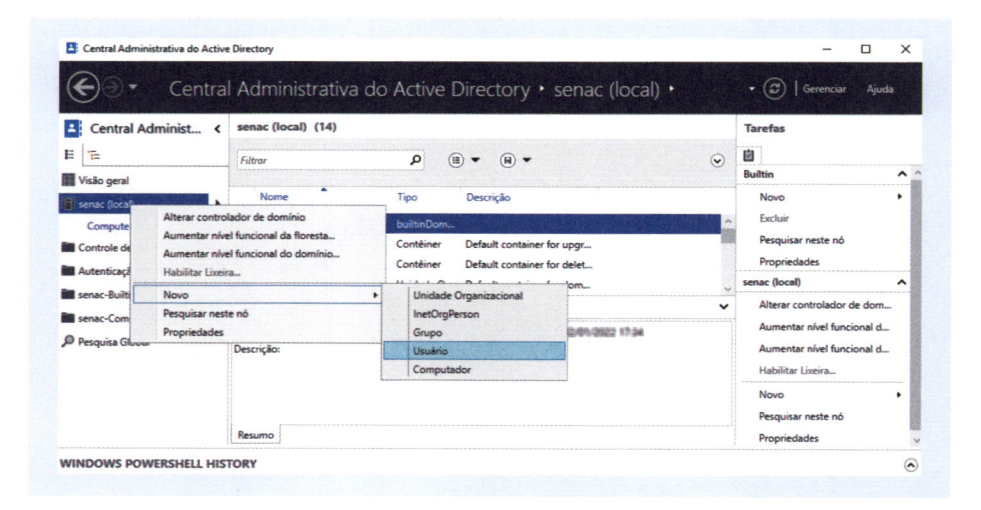

2. Será aberta a janela *Criar Usuário*. É recomendada como boa prática a inclusão de todos os usuários que utilizarão a rede. Neste exemplo, você vai criar o usuário Antonio E. Marques. Preencha as informações solicitadas pelo sistema: em *Logon UPN do usuário*, digite *marques* e, na senha, digite *Cliente@marques*. Deixe selecionado *Nunca* em *Data de expiração* e, em *Opções de senha*, *Outras opções de senha*, selecione a caixa *A senha nunca expira*, clicando em *OK*. Observe que a senha recomendada deve ser considerada segura.

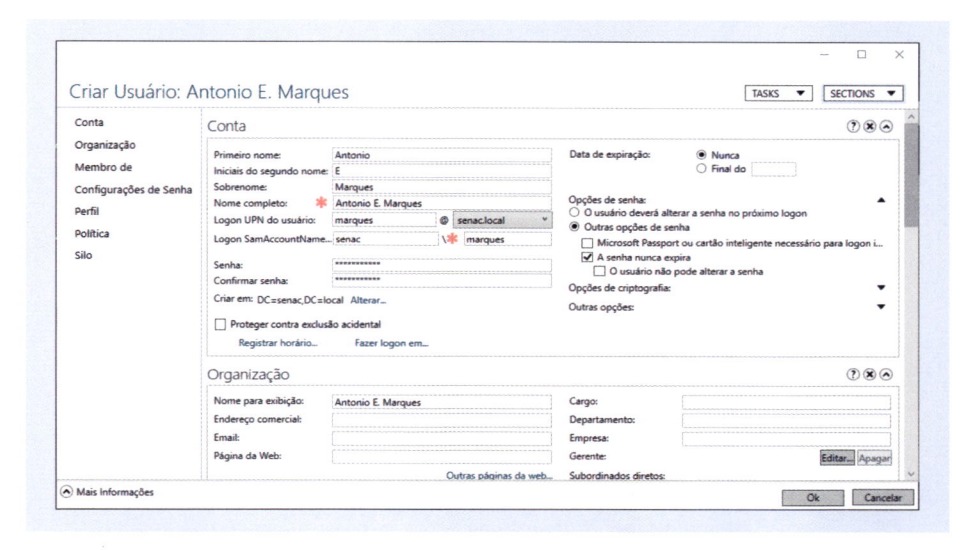

3. Também é possível nessa janela definir um horário no qual o usuário pode acessar a rede. Clique na opção *Registrar horário*. Neste exemplo, está permitido o acesso das 07:00 às 18:00. Clique em *OK*.

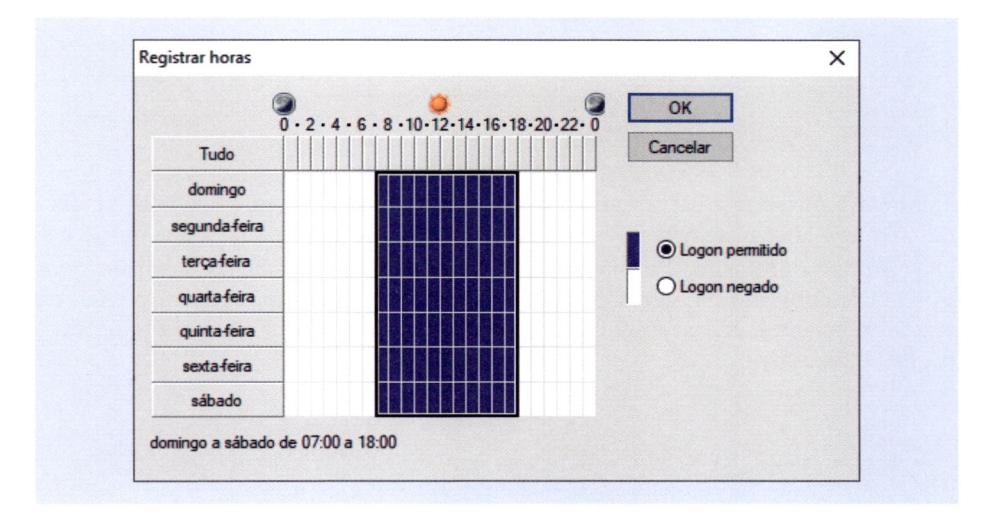

4. Também é interessante definir onde esse cliente poderá fazer o logon. Selecione a opção *Fazer logon em* e deixe marcada a opção *Todos os computadores*, clicando em *OK*.

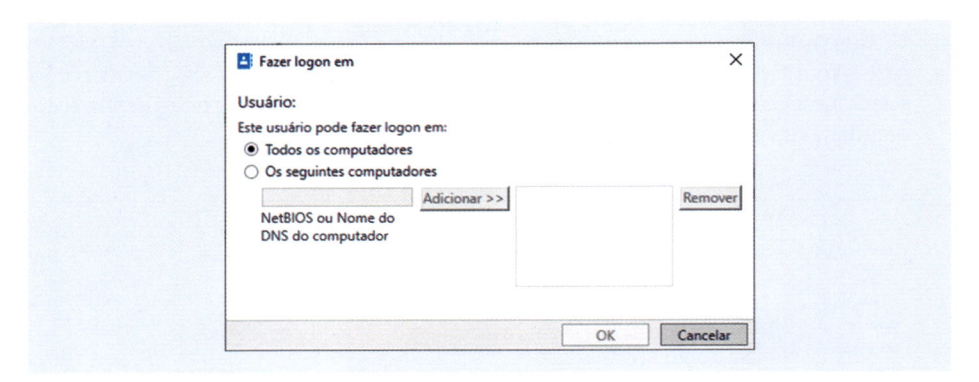

5. Retornando à janela *Criar Usuário*, clique em *OK*.

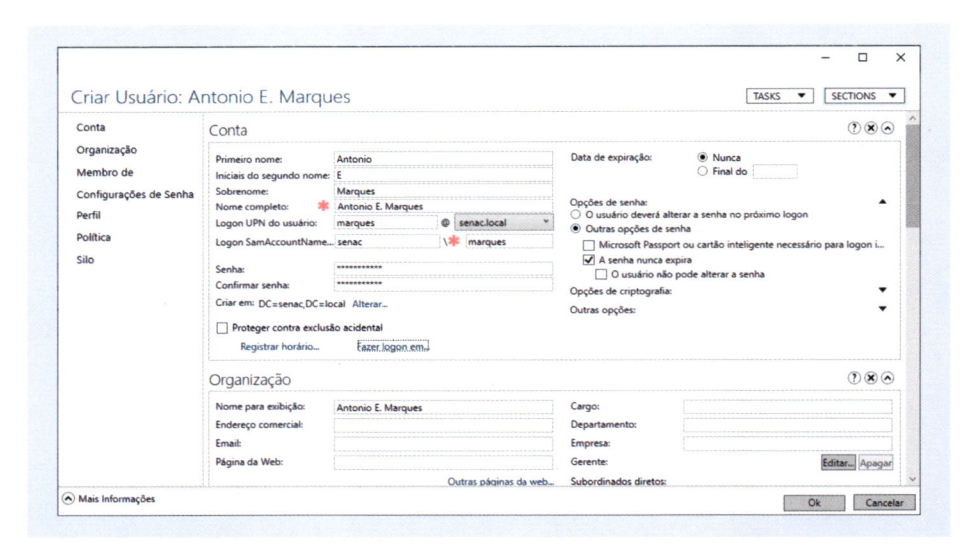

Também é possível proteger uma conta de usuário contra uma exclusão acidental, além de alterar a chave de segurança, caso a criptografia da senha ainda não exija a pré-autenticação Kerberos. O Kerberos é um protocolo de segurança que utiliza um conjunto de regras que proporciona uma conexão forte entre cliente e servidor, criando, assim, uma conexão mútua, permitindo a ambos que façam o processo de autenticação.

6. É possível também criar usuários de maneira mais rápida e com menos informações, como ocorria em versões anteriores do Windows Server. Na tela *Gerenciador do Servidor*, selecione a opção *Ferramentas* e, depois, clique em *Usuários e Computadores do Active Directory*.

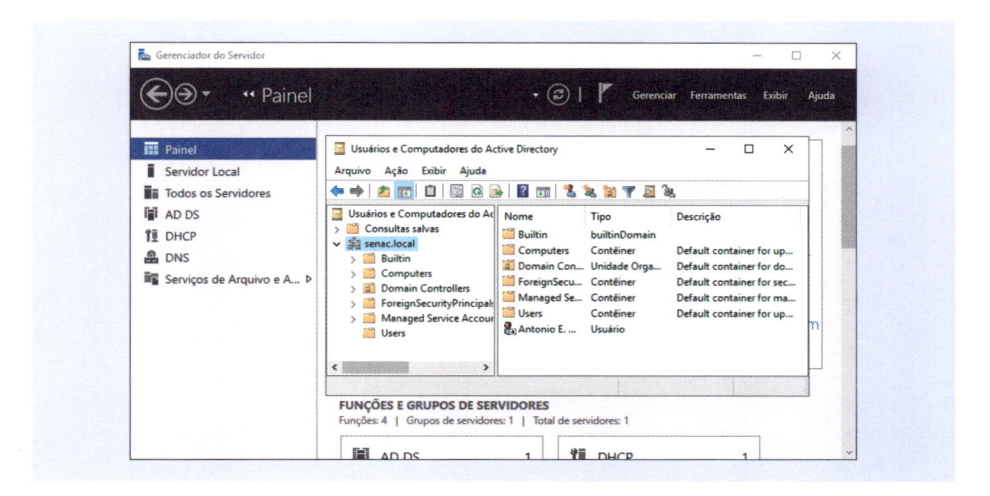

7. Na janela *Usuários e Computadores do Active Directory*, clique com o botão direito do mouse sobre o domínio *senac.local*, selecione a opção *Novo* e, depois, *Usuário*.

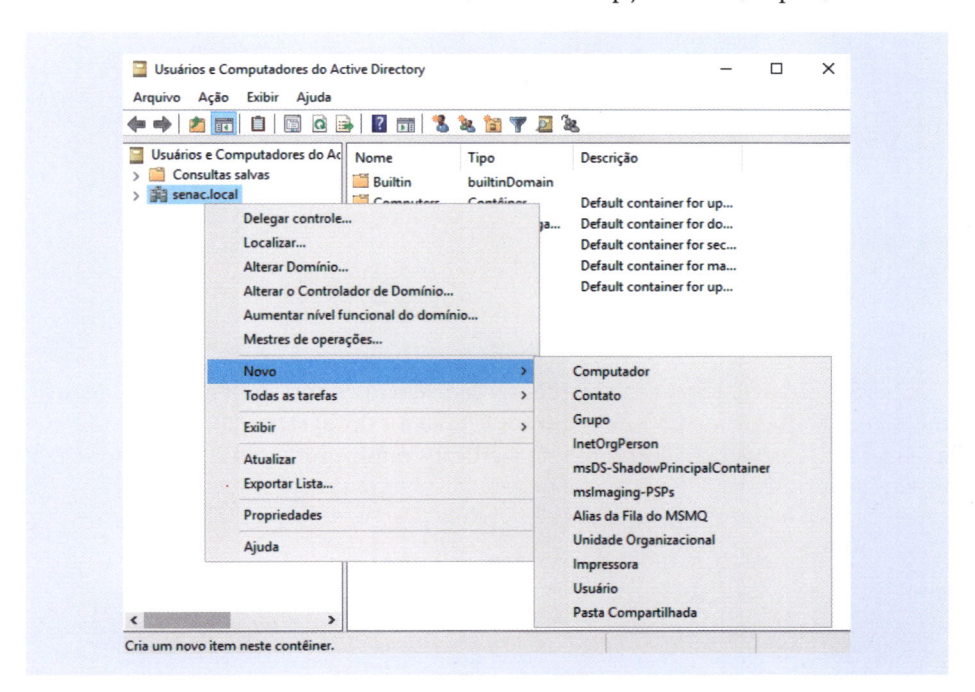

Instalação e configuração do Active Directory – 247

8. Crie um usuário com o nome *Aline S. Gomes* e com logon *gomes*.

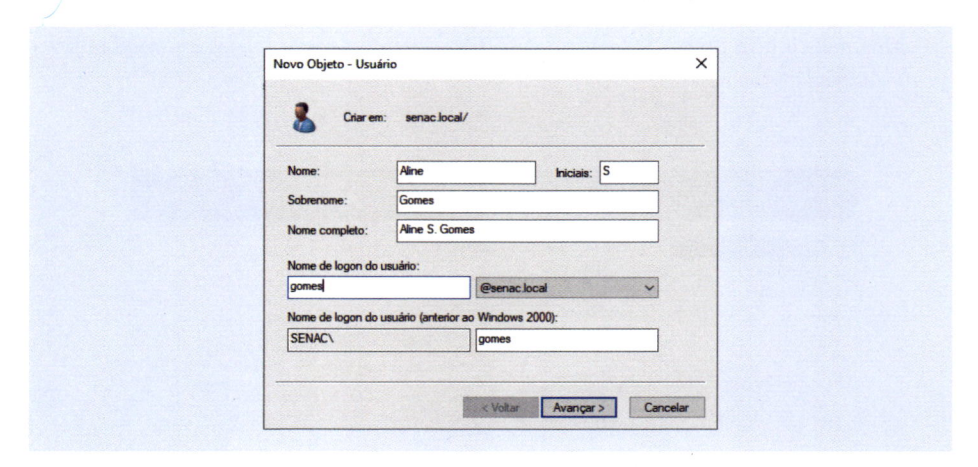

9. Na próxima janela, defina uma senha e selecione as características dessa conta, conforme suas necessidades. A senha a ser usada aqui é *Cliente@gomes*. Clique no botão *Avançar*.

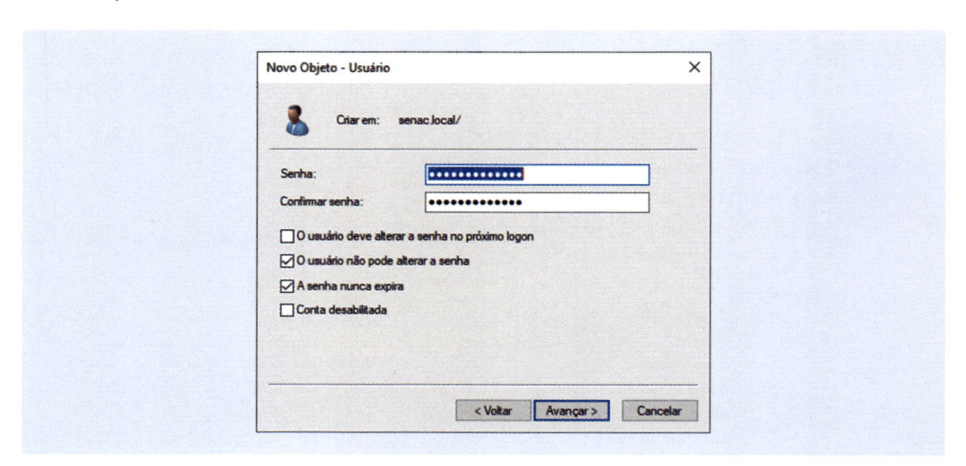

10. Aparecerá uma mensagem de resumo da configuração desse usuário. Então, clique no botão *Concluir*.

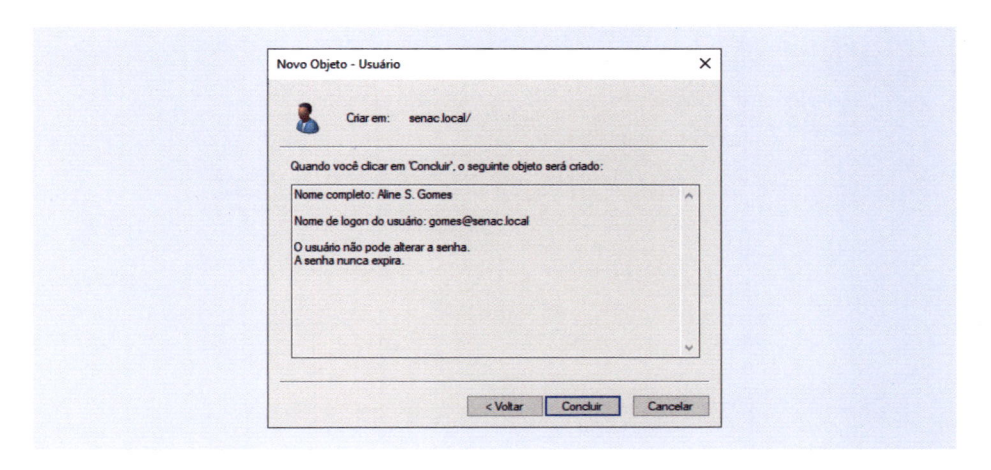

11. Observe que o nome do novo usuário e o do usuário antigo aparecem na raiz do servidor. Selecione ambos os usuários clicando sobre eles e arraste-os para dentro da pasta *Users*.

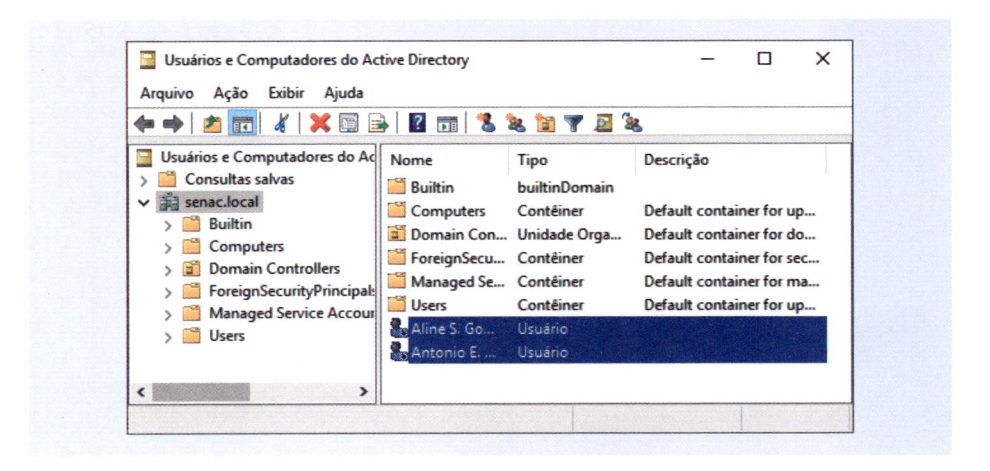

12. Aparecerá uma mensagem de alerta em relação ao movimento desses objetos nos serviços do AD. Clique em *Sim*.

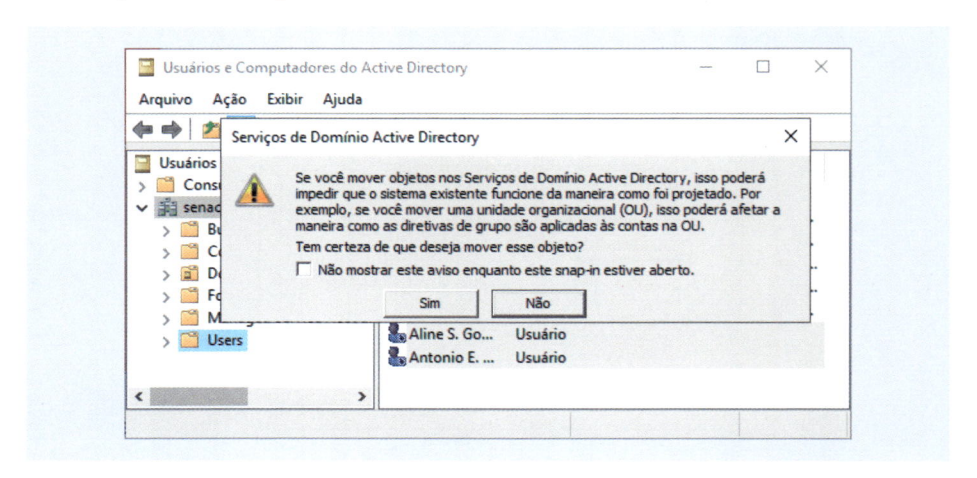

13. Note que os dois usuários agora estão na pasta *Users* com outros usuários e objetos. Se você clicar sobre a aba *Nome*, verá esses nomes em ordem alfabética.

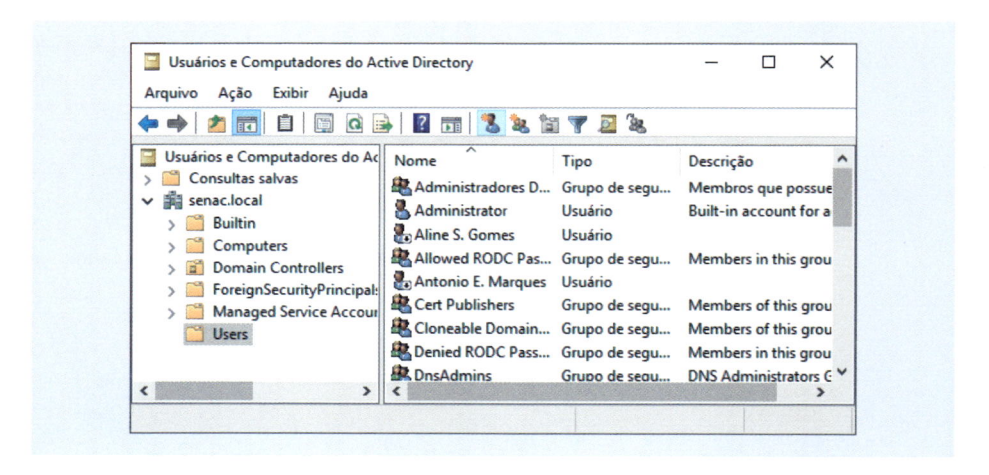

14. Você também pode ver esses nomes através da *Central Administrativa do Active Directory*. Vá até ela e, em *Pesquisa Global*, digite a letra *A*, fazendo uma pesquisa. Se clicar sobre a aba *Tipo*, encontrará nela os usuários. Observe que os usuários com os quais você está trabalhando nos exemplos estão contidos nessa área.

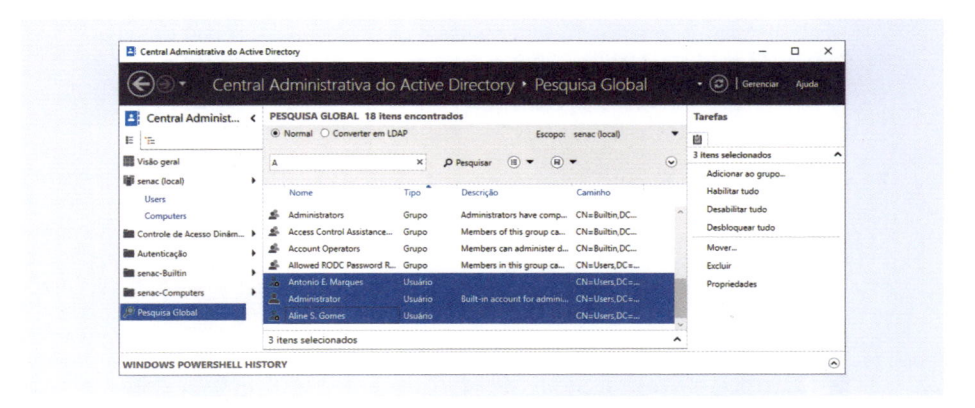

15. Selecione um desses novos usuários e verifique no lado direito da tela se aparece a opção *Habilitar*. Se sim, isso significa que o usuário foi criado, porém ainda não está habilitado para ser acessado. Caso deseje habilitá-lo, selecione a opção *Habilitar*.

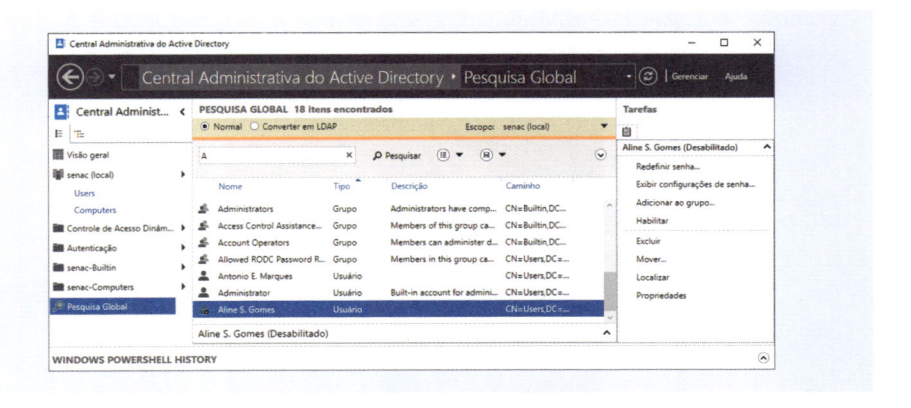

Acesso de usuários no domínio do Windows Server

Nas etapas anteriores, você fez as configurações necessárias para a criação do domínio e dos usuários que farão parte dele, bem como ajustes necessários para o acesso deles. Nesta atividade, você vai demonstrar como esses clientes vão acessar o domínio. Siga as etapas a seguir.

1. Se a VM do cliente Windows 2010 estiver desligada, ative-a. Quando aparecer a tela solicitando dados de logon, clique na opção *Outro usuário*, que está no canto inferior esquerdo.

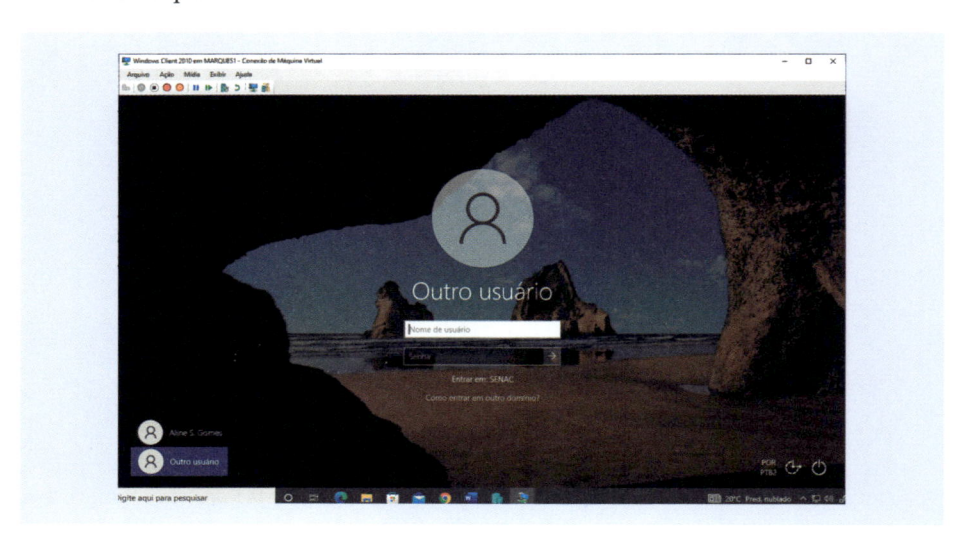

2. Na caixa *Nome de usuário*, digite o domínio e o usuário que deseja utilizar; neste exemplo, será usado *senac.local/gomes*. Se já estiver no domínio *SENAC*, basta entrar com o login *gomes* e digitar a senha *Cliente@gomes*. Clique na seta à direita.

3. No primeiro acesso ao domínio, o sistema demora um pouco para carregar a imagem do usuário no Windows 2010. Após logar no domínio, vá até o ícone *Lupa* e digite *cmd*.

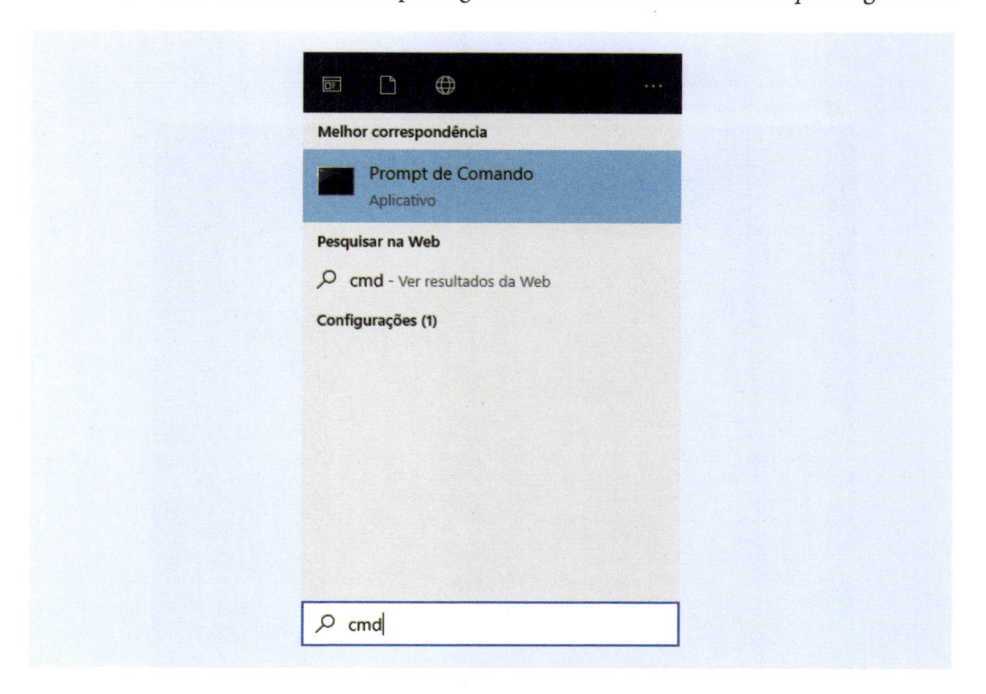

4. Esse comando *cmd* abrirá o prompt do Windows. Digite agora o comando *ipconfig / all*; você verá que a máquina cliente está associada ao domínio *senac.local* e o endereço IP (*10.50.1.21*) foi carregado dinamicamente do servidor DHCP que está sendo executado no Windows Server.

5. Verifique também se o servidor DNS que está sendo executado no Windows Server está respondendo. Dê o comando *nslookup senac.local* e, depois, o comando *ping senac.local* para verificar se o servidor está respondendo.

Mapeamento automático de rede

Ao realizar o planejamento e a criação dos usuários, o administrador de rede deve analisar quais recursos esses clientes terão ao acessar os próprios perfis no domínio e no servidor de rede. O administrador pode automatizar, por exemplo, as pastas a que o usuário terá acesso. Para esta atividade, execute as etapas a seguir.

1. No Windows Server (*Servidor01*), acesse o *Explorador de Arquivos* (Windows Explorer) e crie uma pasta chamada *Clientes* na pasta raiz *C:*. Em seguida, crie mais duas subpastas com o nome dos usuários criados (*Marques* e *Gomes*).

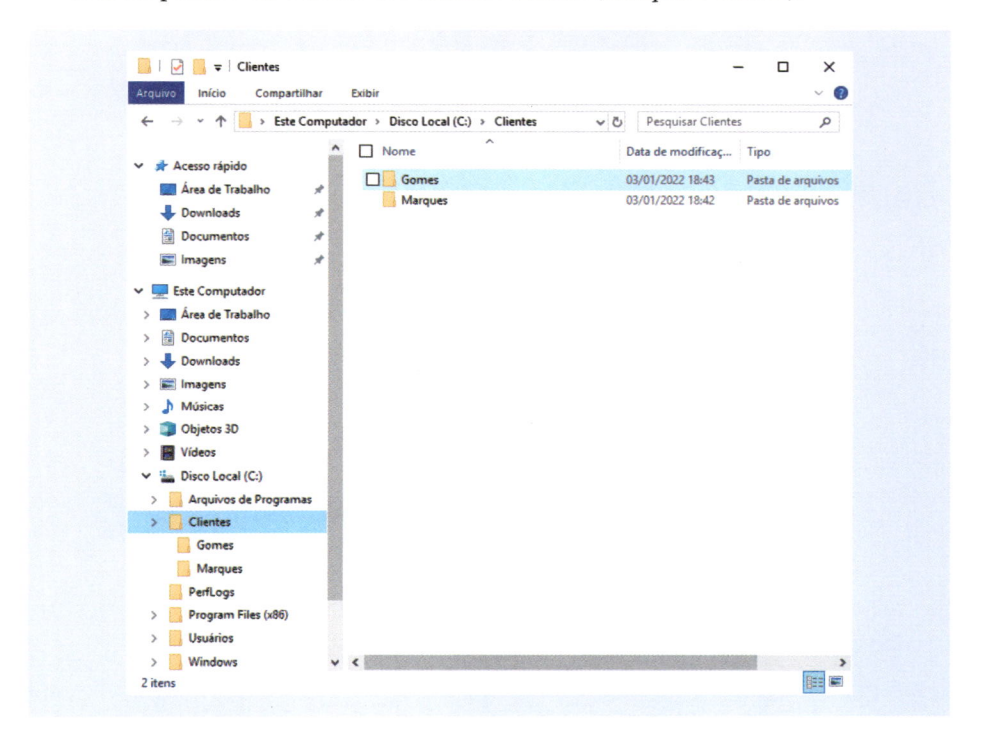

2. Clique com o botão direto do mouse sobre a pasta *Gomes*, escolha a opção *Conceder acesso a* e *Pessoas específicas*.

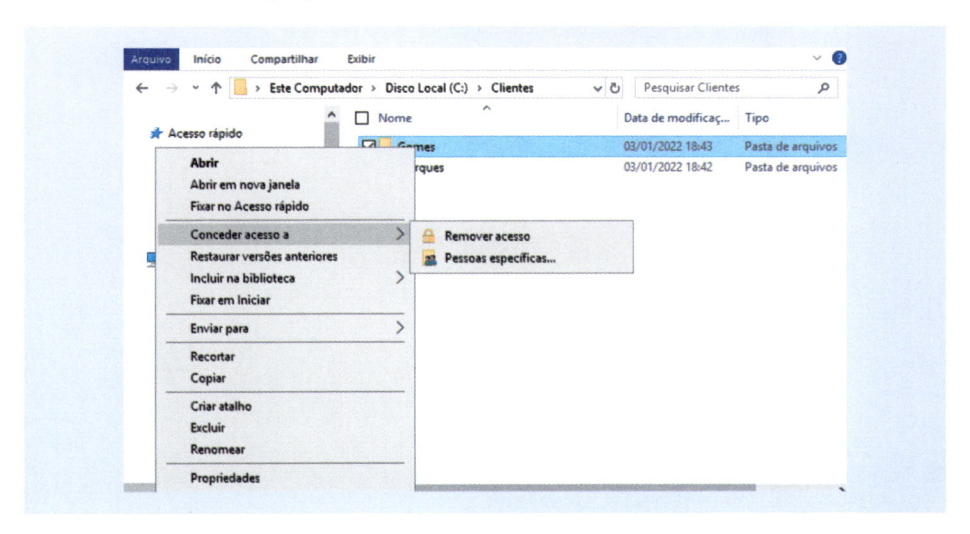

3. Digite o nome *Gomes* e clique em *Adicionar*. Verifique que o usuário será aplicado e, ao lado direito, em *Nível de Permissão*, deverá aparecer o status *Leitura*. Clique sobre a seta e selecione a opção *Leitura/Gravação*, clicando em *Compartilhar*.

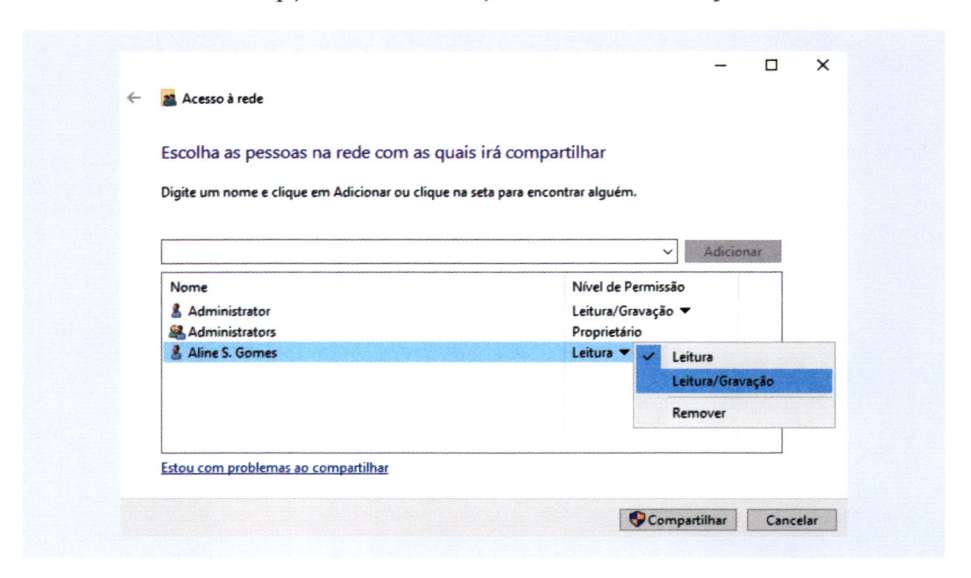

4. Aparecerá uma janela informando a pasta compartilhada como *\\SERVIDOR01\Gomes*; então, clique em *Pronto*.

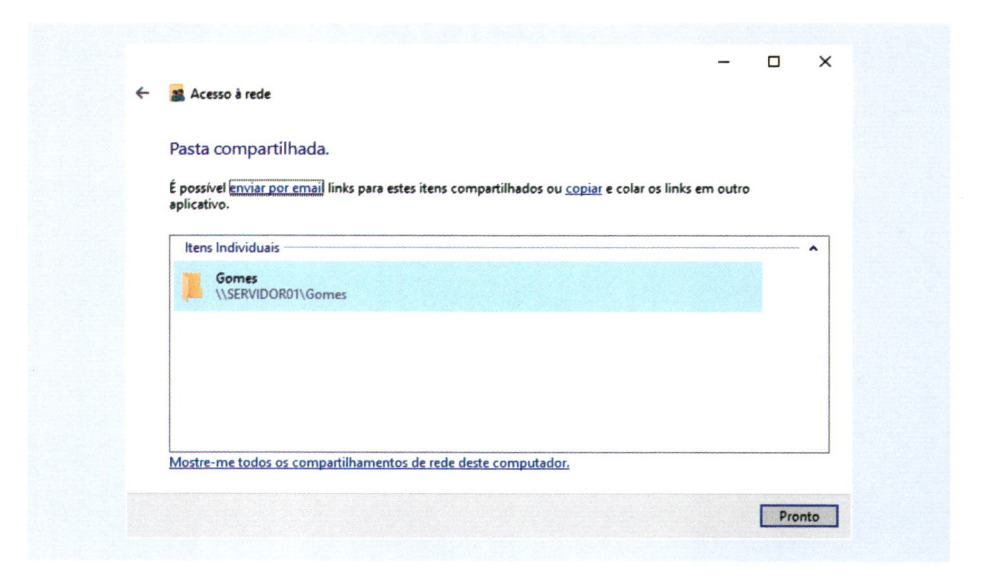

5. Vá agora em *Gerenciador do Servidor*, *Ferramentas* e *Central Administrativa do Active Directory*. Encontre o usuário *gomes* e selecione-o, abrindo a janela com os dados dele. Vá até a aba *Perfil* e selecione a opção *Conexão*. Escolha um drive – neste exemplo, será escolhido *X:* – e digite o caminho da pasta que deseja acessar automaticamente, que seria *\\SERVIDOR01\gomes*. Clique em *OK*.

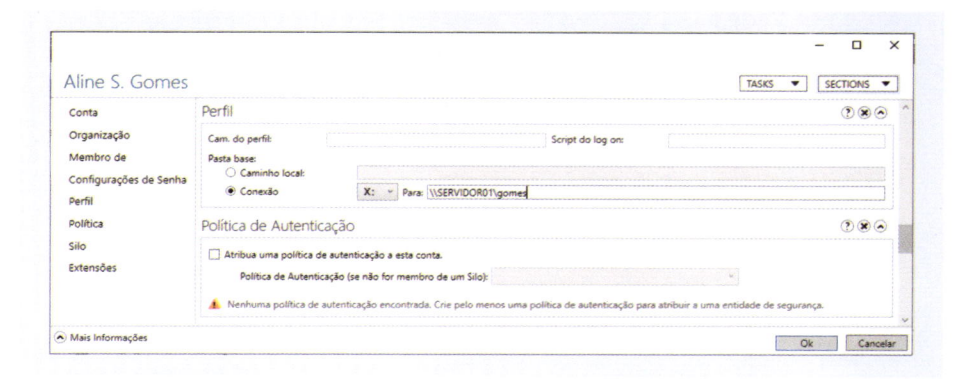

6. Faça novamente logon na VM cliente Windows 2010 e, no *Explorador de Arquivos*, clique em *Este Computador*. Aparecerá na janela o drive *gomes (\\SERVIDOR01)* em *X:*.

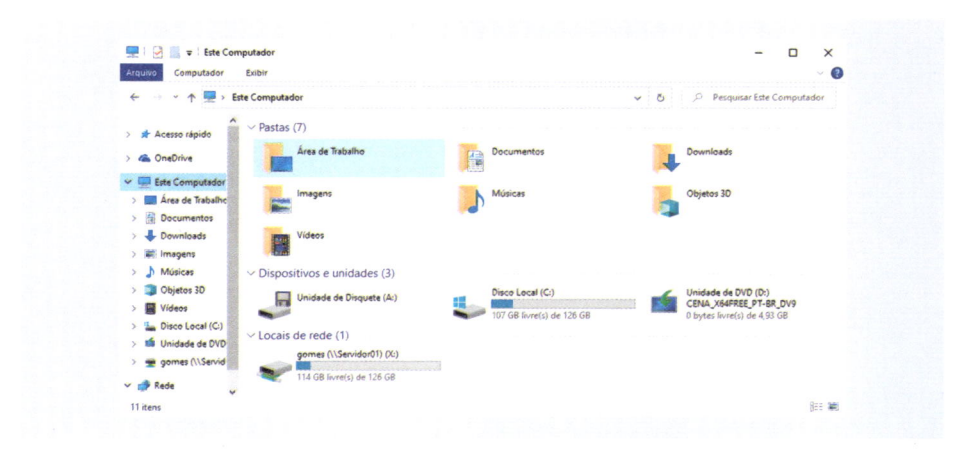

7. Clique sobre o novo compartilhamento e tente criar um arquivo para verificar se a pasta está com as permissões de leitura e escrita, como definido anteriormente.

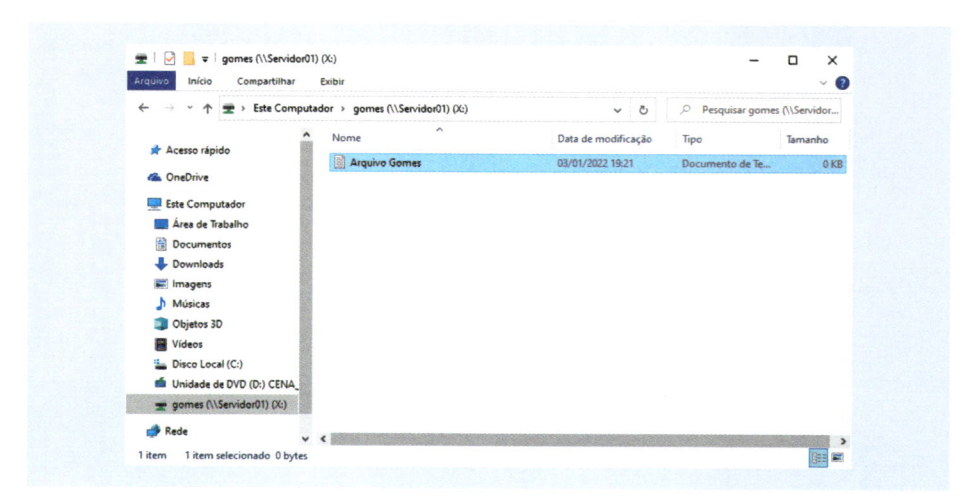

Exercícios propostos

1. Qual é o principal objetivo da criação de uma conta de usuário no AD?
2. Qual é a diferença entre domínio, árvore e floresta no AD?
3. Qual é a principal função de um controlador de domínio?
4. Como exercício, crie os departamentos de Marketing, Recursos Humanos e Tecnologia da Informação como grupos de usuário e, dentro desses grupos, estabeleça ao menos cinco usuários para cada um.
5. Apague uma conta de usuário criada e tente recuperá-la. Dica: na criação do usuário, você pode incluir uma função para essa recuperação.
6. Altere a senha de um usuário que você criou e defina que a senha não pode ser alterada por ele e nem expirar.
7. Crie um usuário e defina que ele deve alterar a senha no próximo logon. Acesse a máquina cliente e, com esse usuário, veja o comportamento do sistema – ou seja, como será solicitada a alteração de senha.
8. Após criar vários usuários no AD, faça uma pesquisa pelas iniciais dos nomes desses usuários, por exemplo, *A*.
9. Crie outra VM cliente com o Windows 10, dê a ela o nome *Cliente02* e adicione-a no domínio. Utilize uma das contas de usuários criadas no AD para fazer o login.
10. Altere no servidor o tamanho da senha que os usuários devem cadastrar para 5 caracteres (o padrão é de 7 caracteres).

Anotações

9
Configuração de recursos de acesso remoto

OBJETIVOS:
» Conhecer a área de trabalho remota
» Instalar o serviço de acesso remoto
» Configurar o serviço de acesso remoto
» Configurar o Internet Information Service

Área de trabalho remota

Uma das principais funções que o Windows Server oferece é a área de trabalho remota. Ao usar esse recurso, é possível estabelecer uma conexão com um computador conectado à mesma rede ou à internet utilizando o sistema operacional Windows. Também conhecido como RDP (Remote Desktop Protocol), o protocolo de área de trabalho remota disponibiliza várias opções de visualização e entrada remotas com conexões de rede para aplicativos baseados no Windows.

Para entender um pouco mais sobre todos os recursos que a área de trabalho remota fornece é importante saber que o RDP se baseia em uma série de protocolos ITU T.120 (International Telecommunication Union – União Internacional de Telecomunicações), o que lhe permite suportar vários canais virtuais separados, gerando uma comunicação de dispositivo e dados criptografados a partir da utilização do mouse e do teclado do cliente. Neste capítulo, você vai entender como é a instalação desse outro recurso de rede com as orientações a seguir.

1. No *Gerenciador do Servidor*, na opção *Gerenciar*, selecione *Adicionar Funções e Recursos* e clique em *Próximo*. Aparecerá a tela *Antes de Começar*; então, clique em *Próximo*. Na janela *Selecionar tipo de instalação*, apresentada na figura a seguir, selecione a primeira opção, *Instalação baseada em função ou recurso*, e clique em *Próximo*.

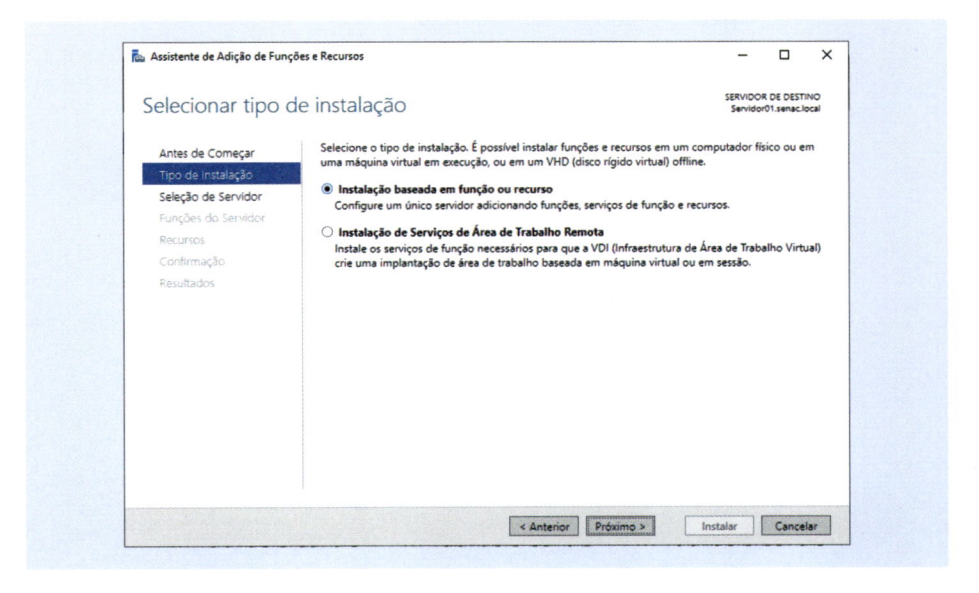

2. Na janela *Selecionar servidor de destino*, selecione o servidor que está sendo configurado e clique em *Próximo*.

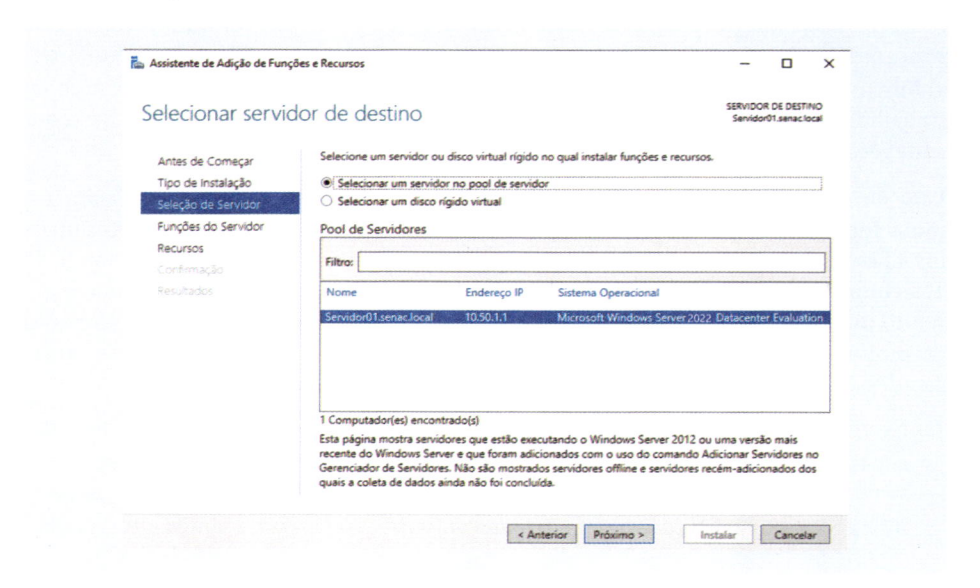

3. Na janela *Selecionar funções de servidor*, selecione a opção *Remote Access*, ou *Acesso Remoto*, e clique em *Próximo*. Depois, *Próximo* e *Próximo*.

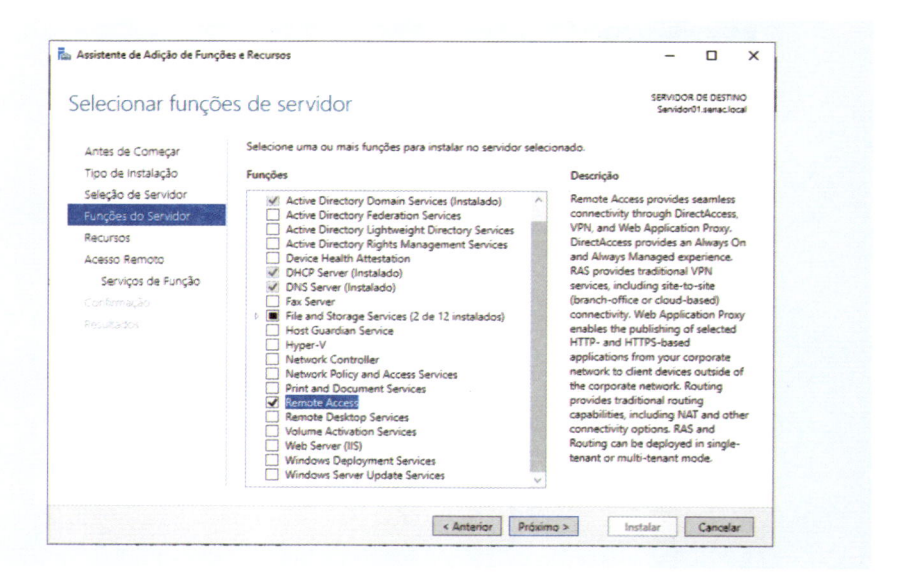

4. Na janela *Selecionar serviços de função*, selecione a primeira opção, *DirectAccess and VPN (RAS)* e clique em *Próximo*.

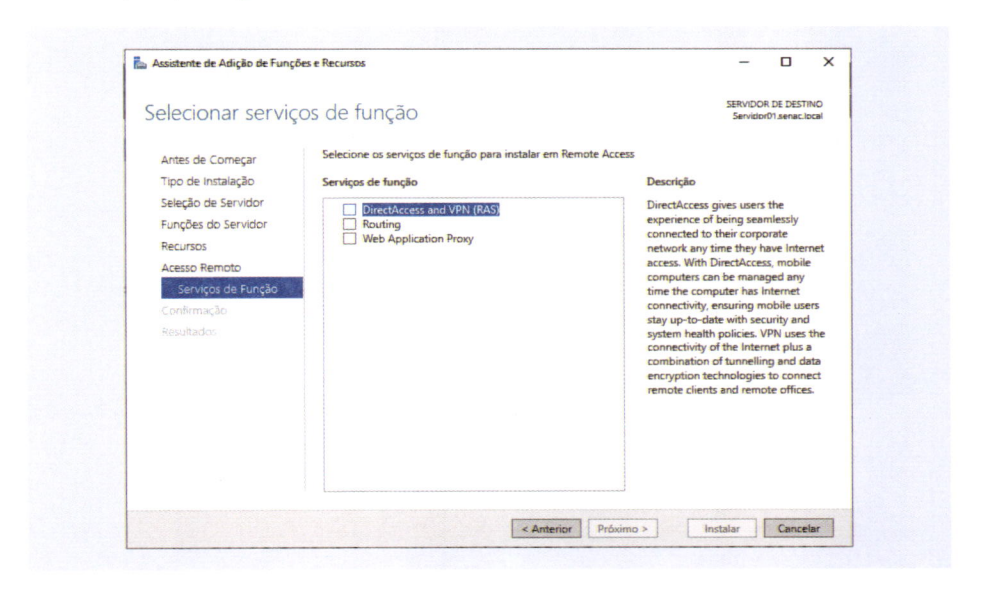

5. Aparecerá uma janela de informações. Clique em *Adicionar Recursos* e, depois, em *Próximo*.

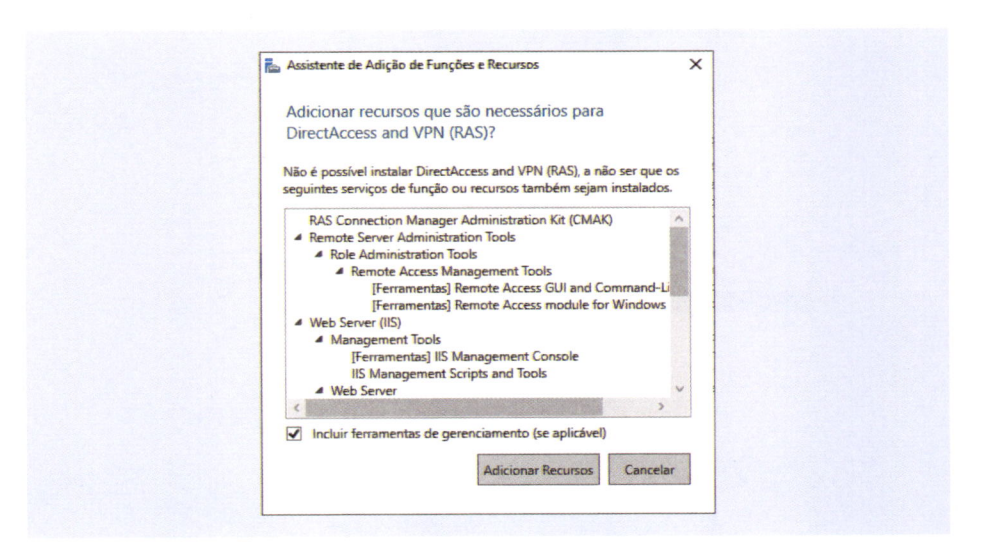

6. Na janela *Função Servidor Web (IIS)*, clique em *Próximo*.

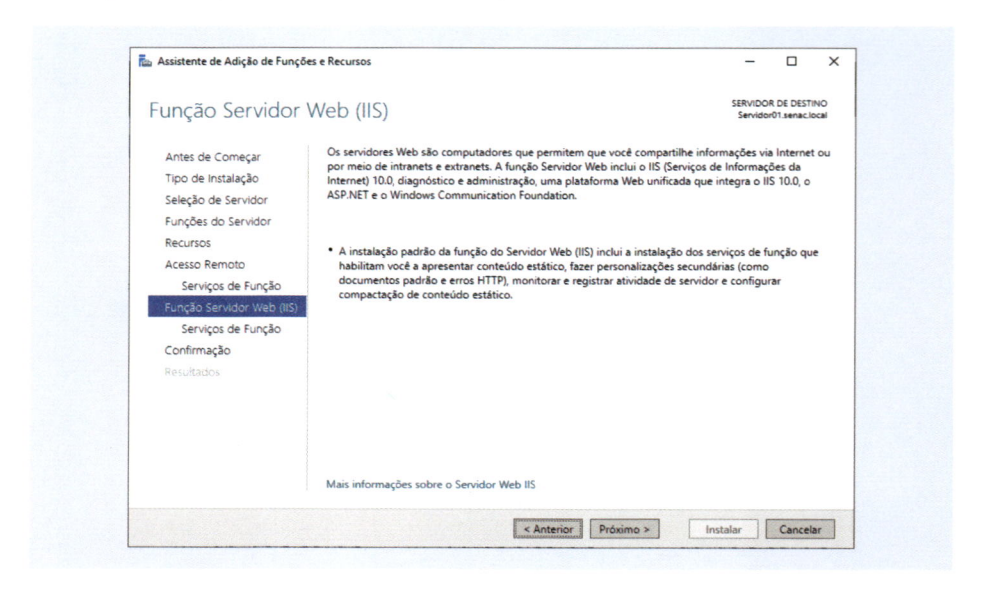

7. Na janela seguinte, referente à instalação do servidor IIS, deixe as opções marcadas por padrão e conclua a instalação.

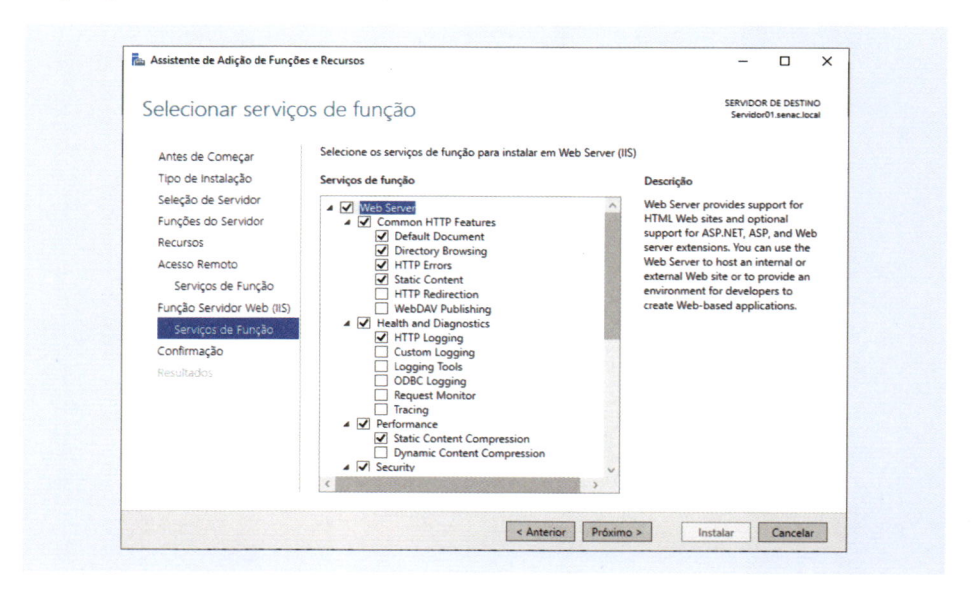

8. Na janela *Confirmar seleções de instalação*, clique em *Instalar*.

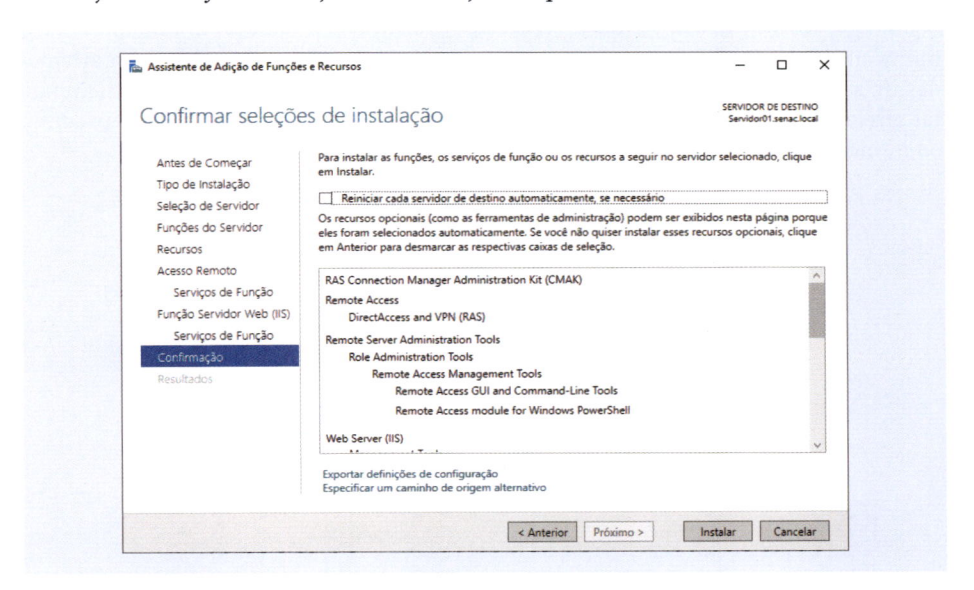

9. Será apresentada a janela de *Progresso da instalação*, aguarde seu término. Quando aparecer a mensagem *Instalação bem-sucedida em Servidor01.senac.local*, clique em *Fechar*. É recomendada a reinicialização do servidor para a aplicação das configurações.

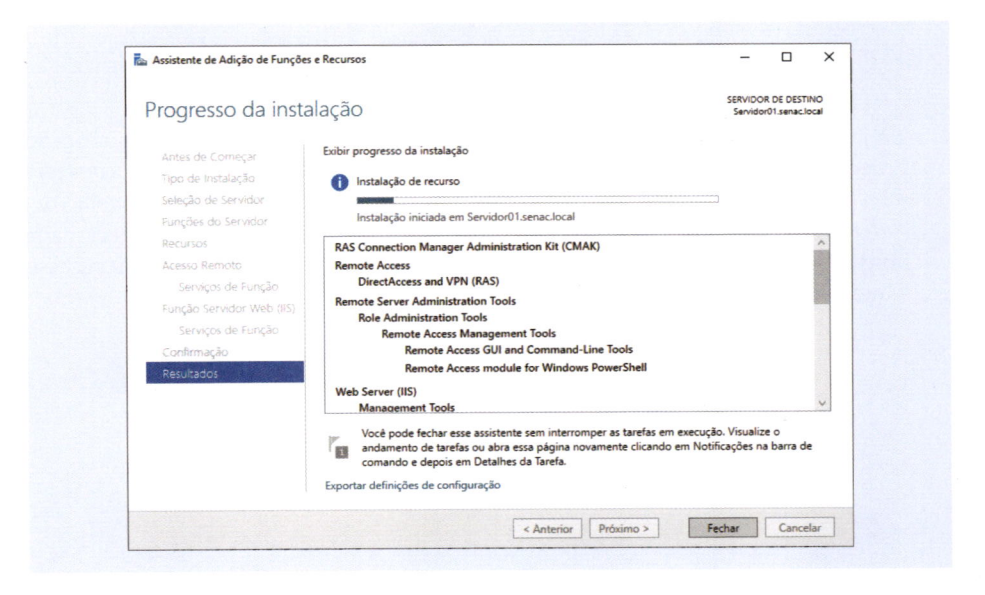

Configuração do acesso remoto de maneira tradicional

A configuração de acesso remoto ou área de trabalho remota é uma funcionalidade muito utilizada pelos administradores de rede, principalmente em relação a atividades de suporte. Nas etapas anteriores, foram instalados os serviços necessários para tal atividade; nos próximos passos, você vai configurar os requisitos para prover a comunicação remota no servidor, conforme as orientações a seguir.

1. No *Painel de Controle*, acesse *Sistema* e *Configurações avançadas do sistema*.

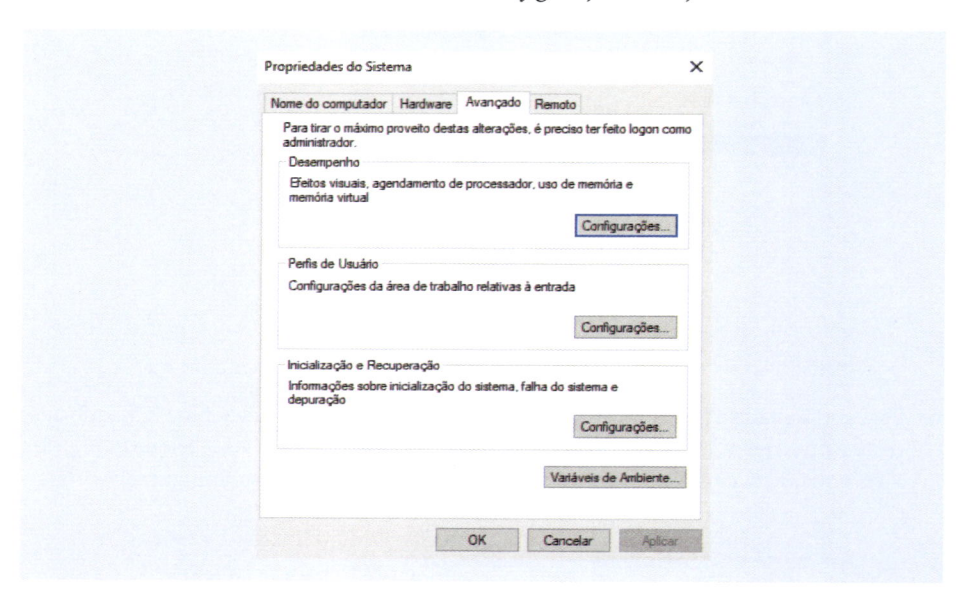

2. Na janela *Propriedades do Sistema*, selecione a pasta *Remoto* e selecione a opção *Permitir conexões remotas com este computador* e marque a caixa *Permitir conexões somente de computadores que estejam executando a Área de Trabalho Remota com Autenticação no Nível da Rede (recomendável)*. Essa caixa está sendo selecionada porque o ambiente de teste é local, ou seja, não há acesso à internet. Se desejar acesso à internet, essa caixa deve estar desabilitada.

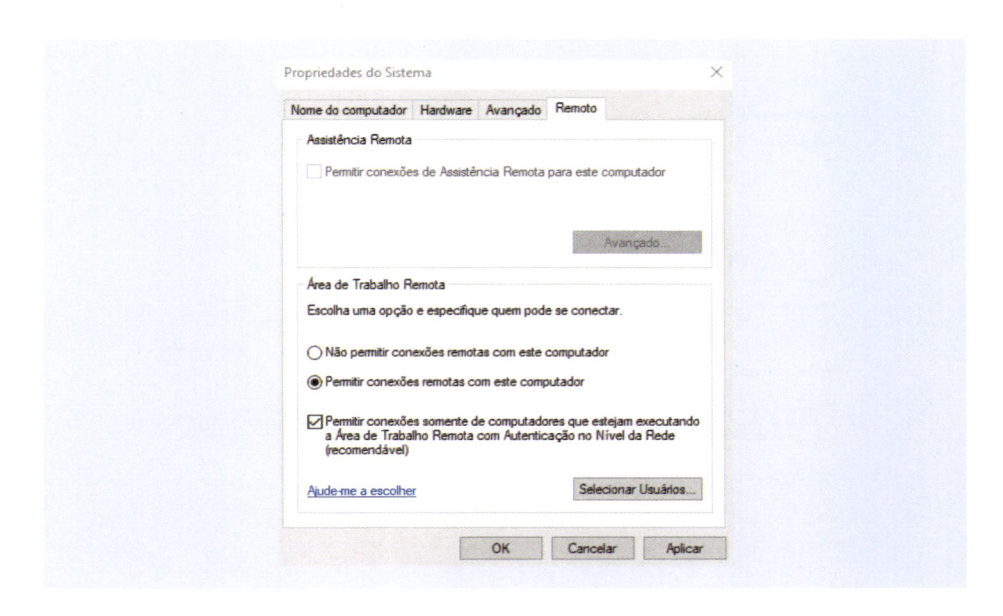

3. Se desejar selecionar os usuários que poderão acessar remotamente o servidor, clique no botão *Selecionar Usuários*.

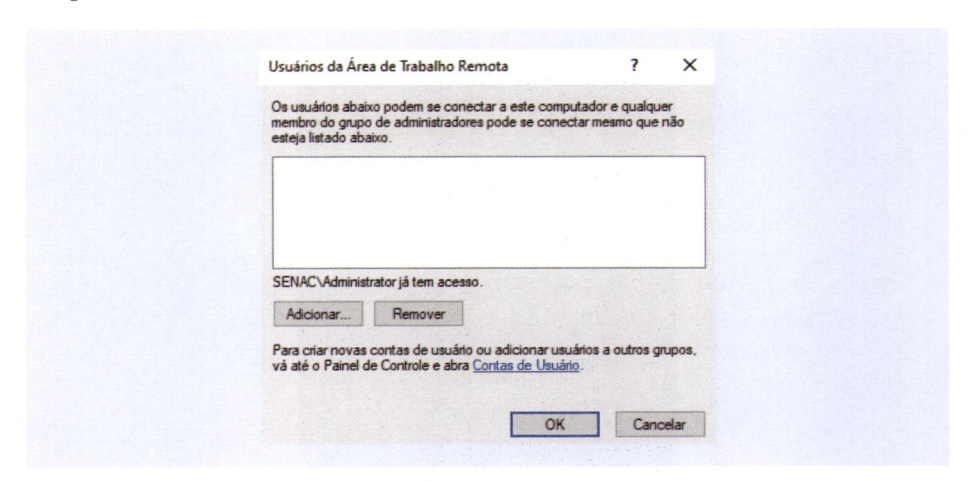

4. Em *Adicionar*, selecione os usuários criados nas etapas anteriores (por exemplo: *gomes* e *marques*). Clique em *OK*, *OK*, *Aplicar* e *OK*. O usuário *Administrator* já é habilitado por padrão pelo sistema.

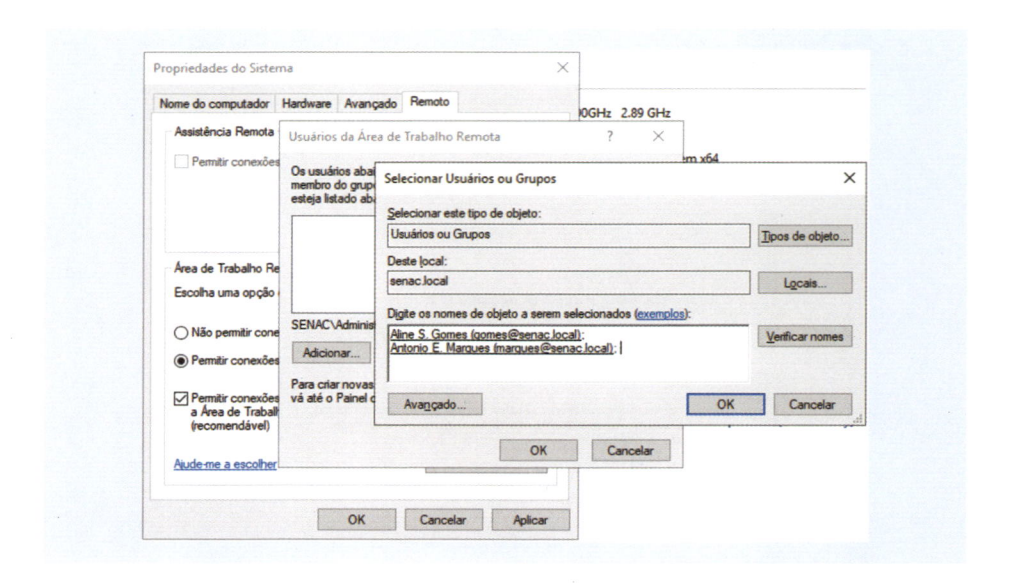

5. Vá até a máquina virtual (VM – Virtual Machine) cliente com o Windows 2010 e digite o comando *mstsc* no campo de pesquisa; ou clique no ícone do Windows, selecione *Acessórios do Windows* e *Conexão de Área de Trabalho Remota*.

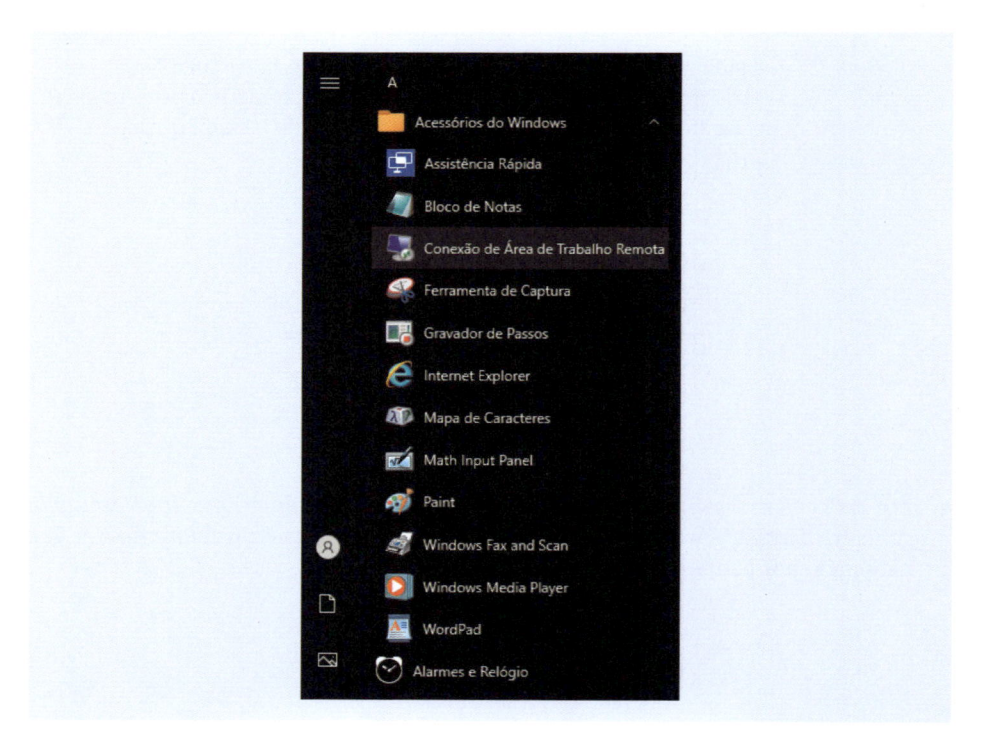

6. Abrirá a janela *Conexão de Área de Trabalho Remota*. Em *Computador*, digite o endereço IP do Windows Server (*10.50.1.1*). Clique na seta *Mostrar mais opções* e, em *Nome de usuário,* digite *SENAC\gomes* e clique no botão *Conectar*.

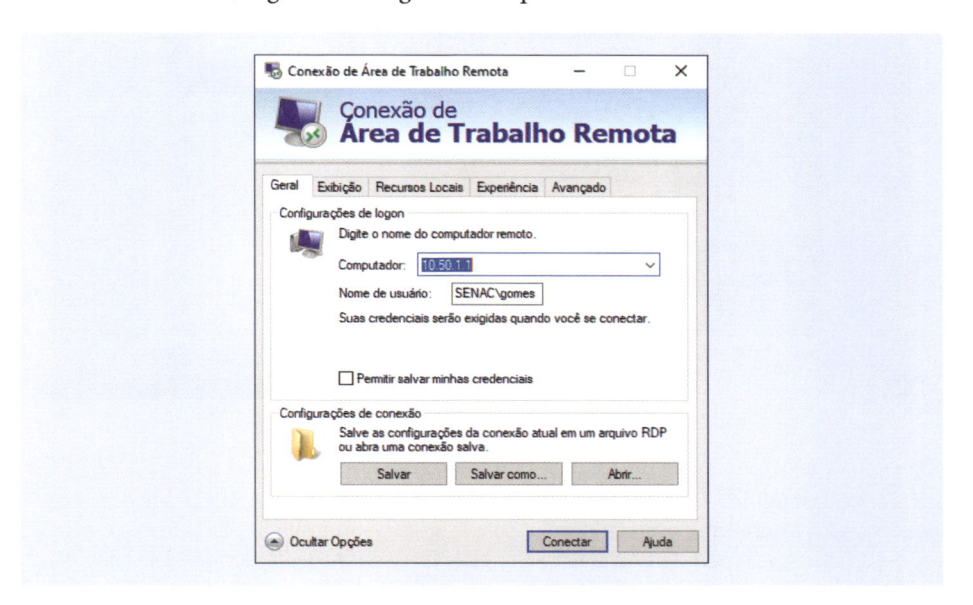

7. Aparecerá uma janela de segurança do Windows solicitando que você digite as credenciais do usuário que conectará no servidor. Neste exemplo, seria o usuário *gomes*; digite então sua senha, que é *Cliente@gomes*, e clique em *OK*. Assim que aparecer a mensagem na próxima janela, clique em *Sim*.

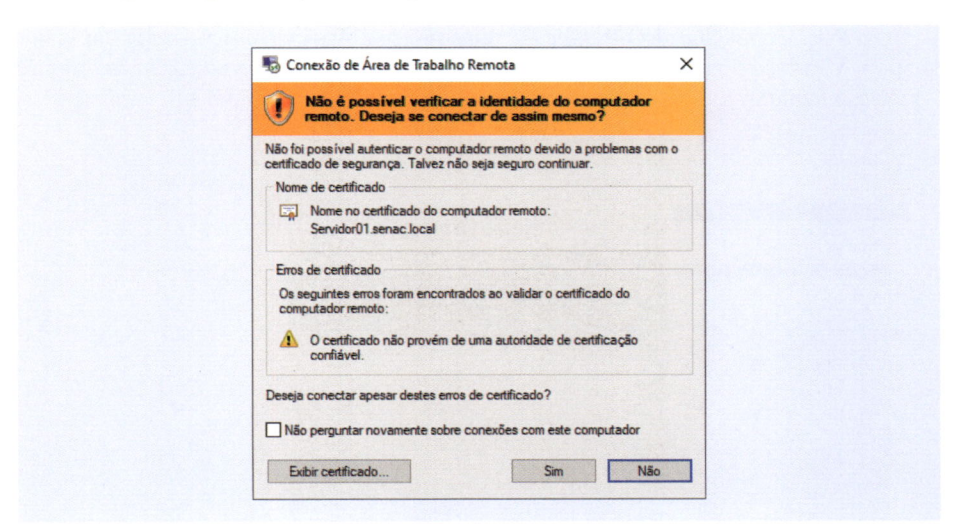

8. Observe que o usuário *gomes* acaba de acessar remotamente o Windows Server.

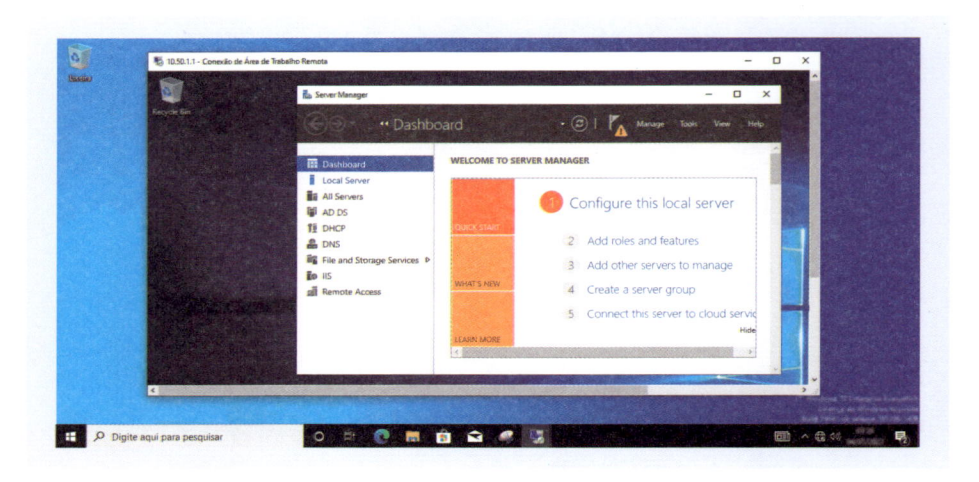

Configuração do acesso remoto pelo Gerenciador do Servidor

O Windows Server dispõe de várias maneiras para configurar determinado serviço de rede. Além disso, muitas das formas de configuração de versões anteriores estão garantidas nas mais recentes. Nesta etapa, será apresentado como é possível configurar o acesso remoto e outras funcionalidades, como acesso à VPN (Virtual Private Network – rede privada virtual), através do *Gerenciador do Servidor*. Veja as orientações a seguir.

1. Acesse o *Gerenciador do Servidor* no Windows Server, selecione *Ferramentas* e, depois, *Gerenciamento de Acesso Remoto*. Em seguida, surgirá a janela *Instalação do Acesso Remoto*.

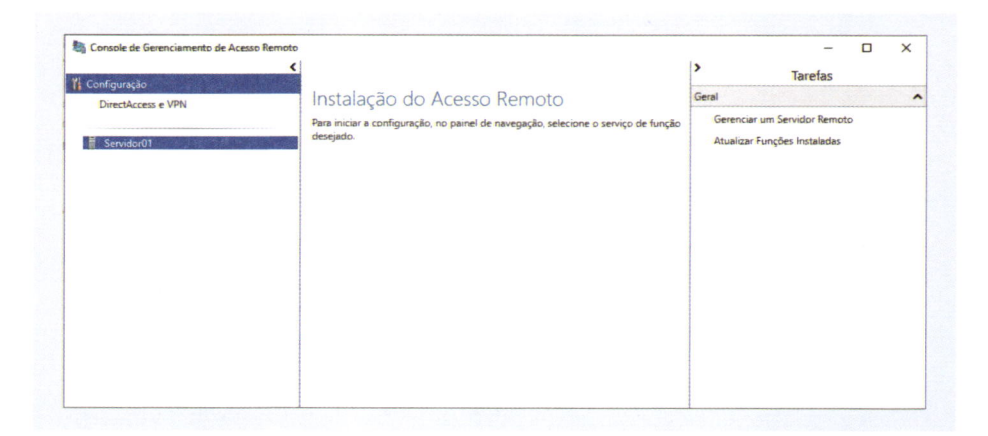

2. Ao lado esquerdo da janela, selecione a opção *DirectAccess e VPN*; uma nova janela será aberta, trazendo orientações a respeito. Selecione a opção *Abrir o Gerenciamento RRAS*, ao lado direito dessa janela de orientação.

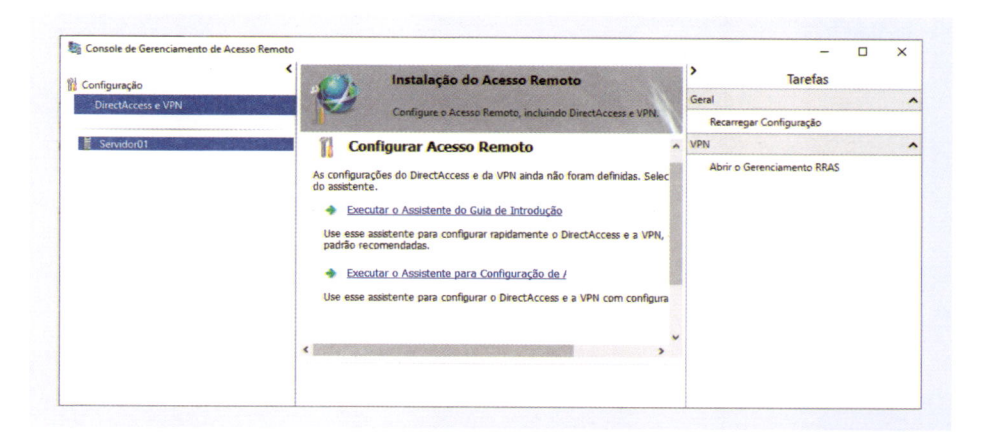

3. A janela *Roteamento e Acesso Remoto* aparecerá.

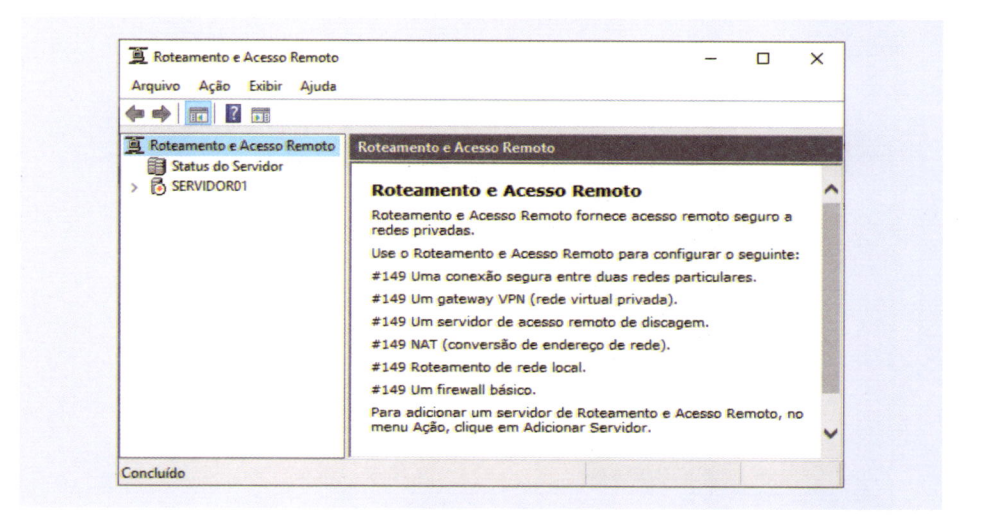

4. Clique com o botão direito do mouse sobre *SERVIDOR01* e escolha a opção *Configurar e Habilitar Roteamento e Acesso Remoto*.

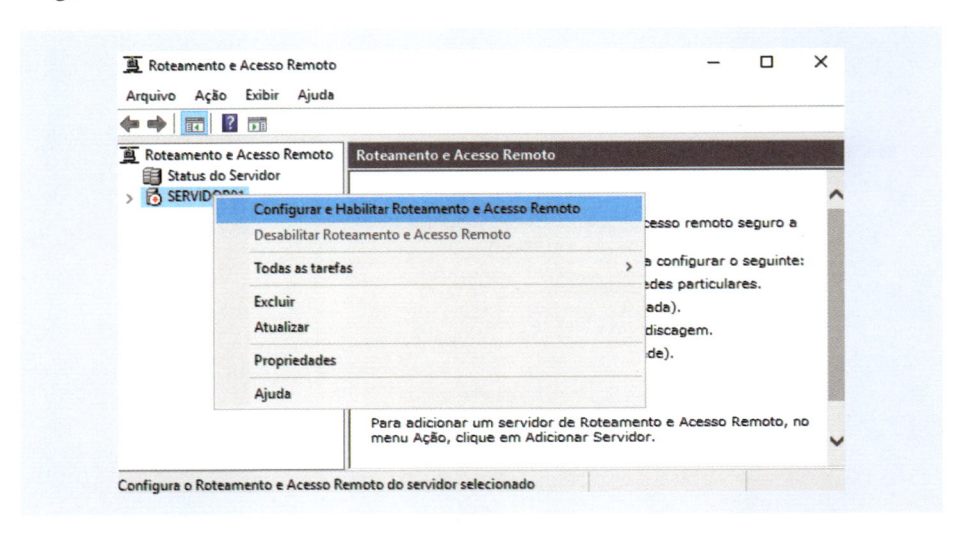

5. A janela *Assistente para Configuração do Servidor de Roteamento e Acesso Remoto* se abrirá. Clique em *Avançar*.

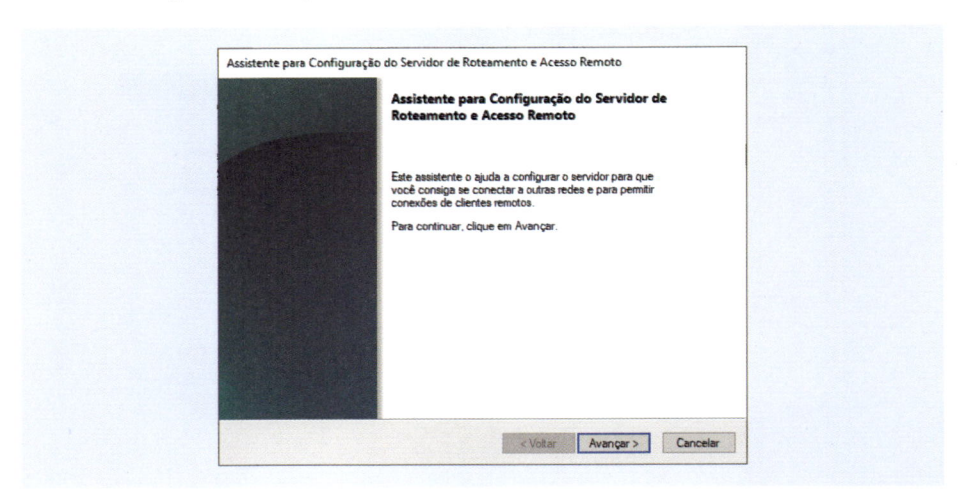

6. A janela *Configuração* aparecerá. Selecione agora a última opção, que é *Configuração personalizada* e clique em *Avançar*.

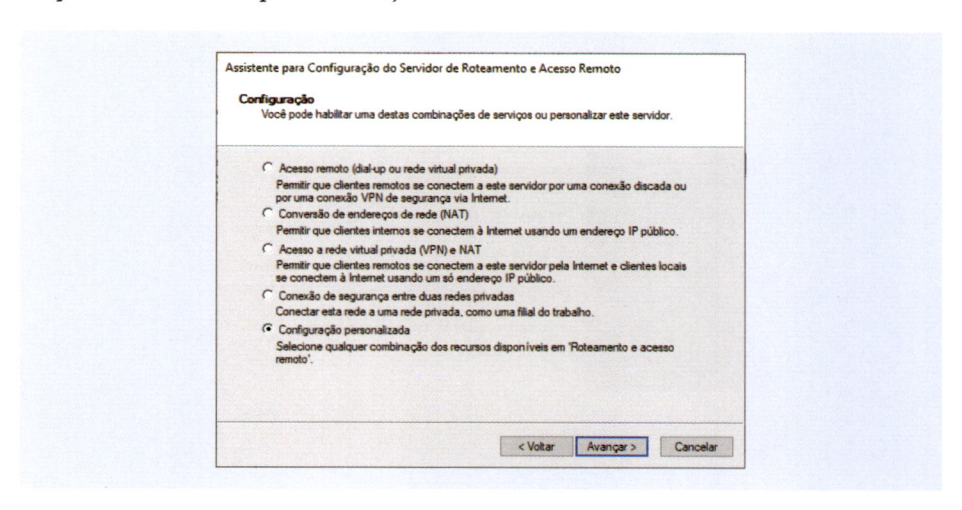

7. Na janela *Configuração personalizada*, selecione as caixas *Acesso VPN*, *NAT* e *Roteamento da LAN*. Clique em *Avançar*.

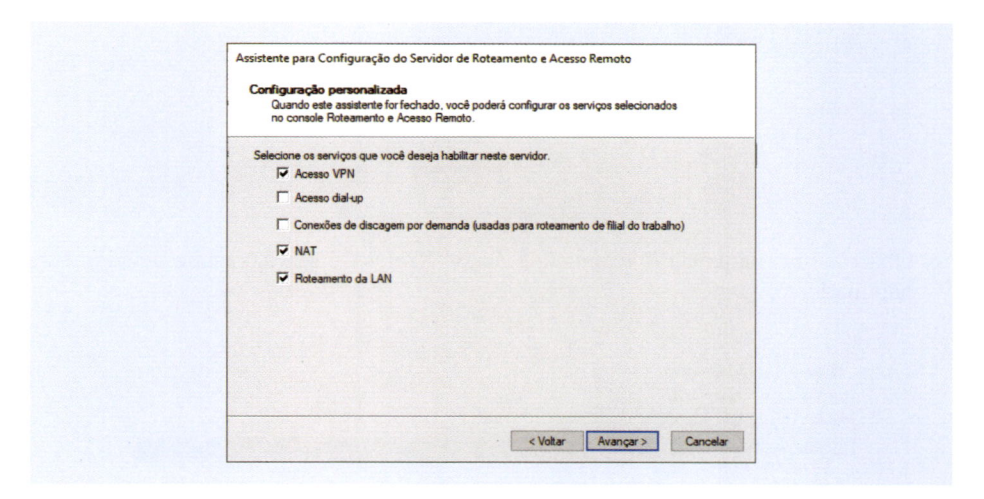

8. Na janela de aviso de conclusão do assistente, clique no botão *Concluir*.

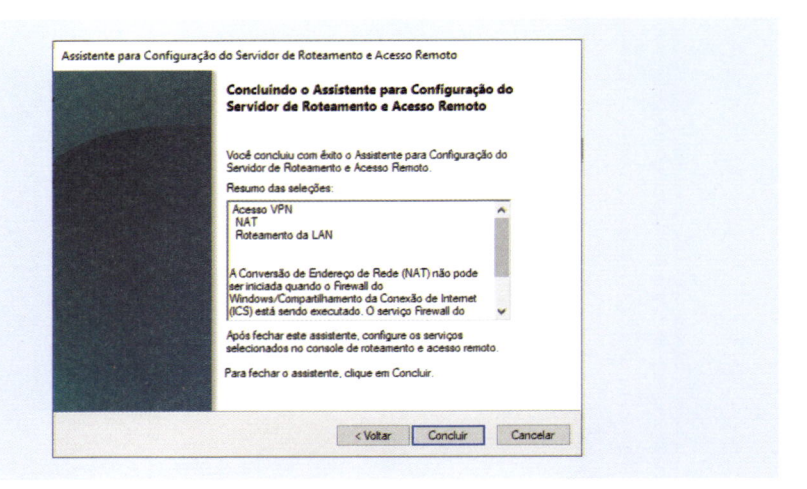

9. A próxima ação iniciará o recurso de acesso remoto. Clique em *Iniciar serviço*. Aguarde o processo.

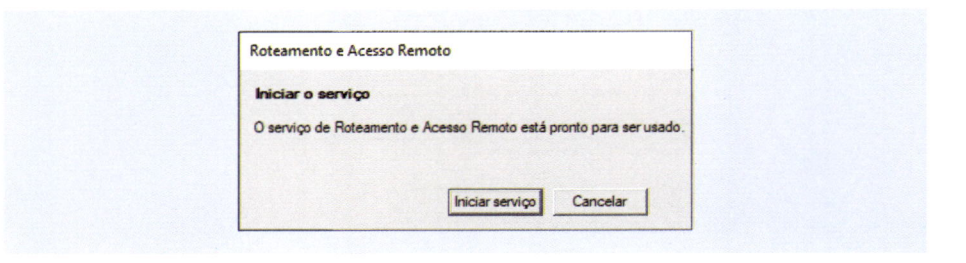

10. Observe que, na janela *Roteamento e Acesso Remoto*, o serviço estará devidamente habilitado.

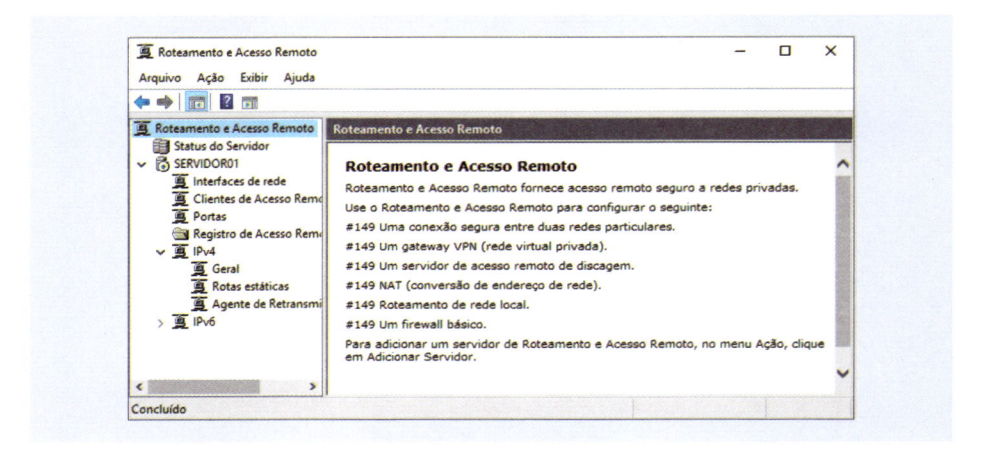

11. Agora você vai habilitar o serviço de área de trabalho remota. Para essa atividade, vá até *Gerenciador do Servidor*, selecione a opção *Gerenciar*, em seguida, *Adicionar Funções e Recursos*, e clique em *Próximo*. Selecione *Instalação baseada em função ou recurso* e clique em *Próximo*. Selecione o servidor que está sendo utilizado nas configurações e clique em *Próximo*. Na janela *Selecionar funções de servidor*, escolha a opção *Remote Desktop Services* e clique em *Próximo*; depois, mais uma vez em *Próximo* e *Próximo*.

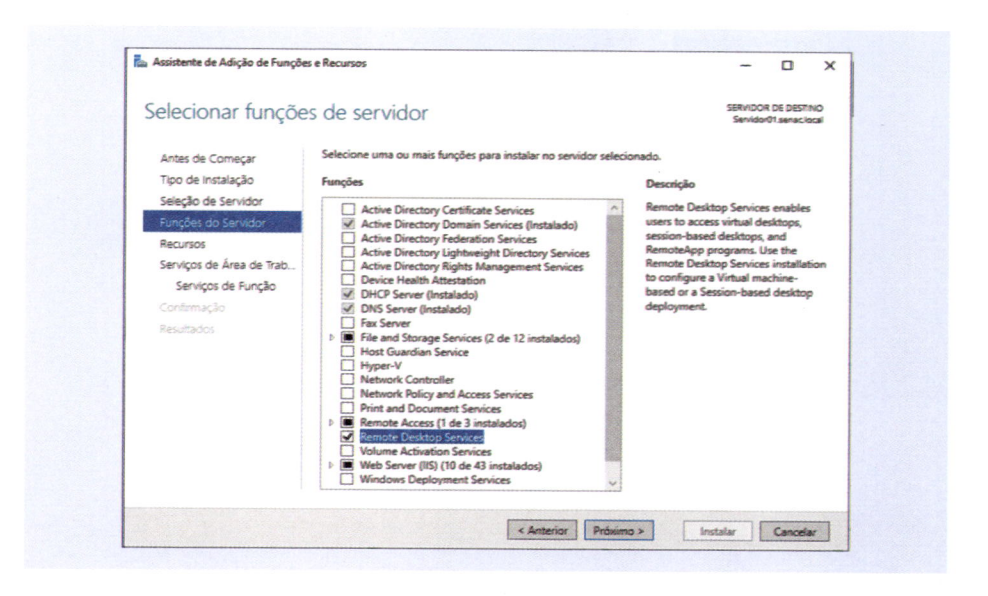

12. Na janela *Selecionar serviços de função*, selecione todas as caixas de opção, exceto *Remote Desktop Virtualization Host*, clique em *Próximo* e mais uma vez em *Próximo*.

> **Importante**
>
> A cada seleção feita, aparecerá uma janela de informações; nessas telas, clique em *Adicionar Recurso*.

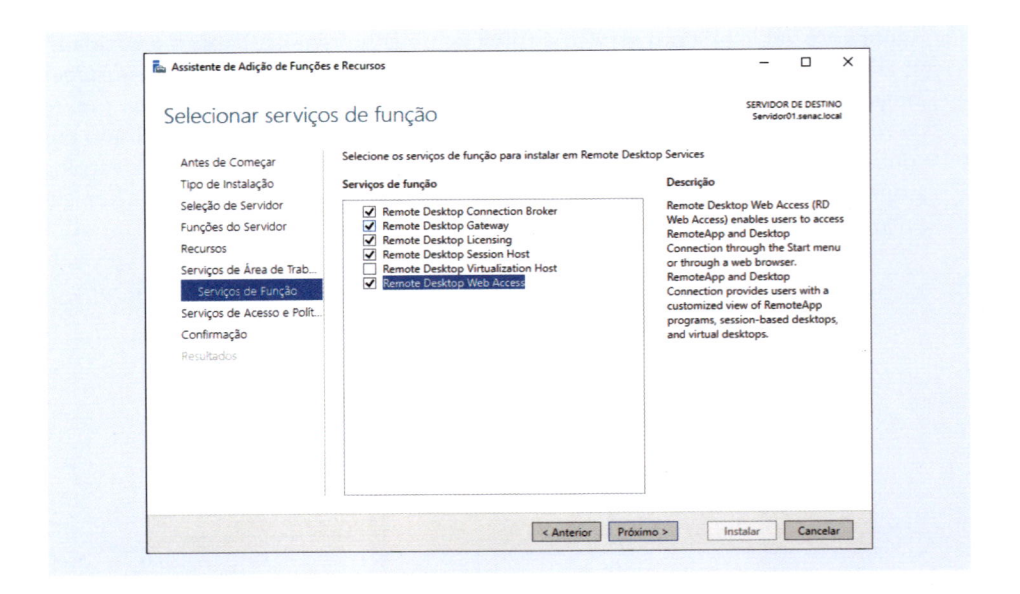

13. Surgirá a janela *Confirmar seleções de instalação*. Clique no botão *Instalar*.

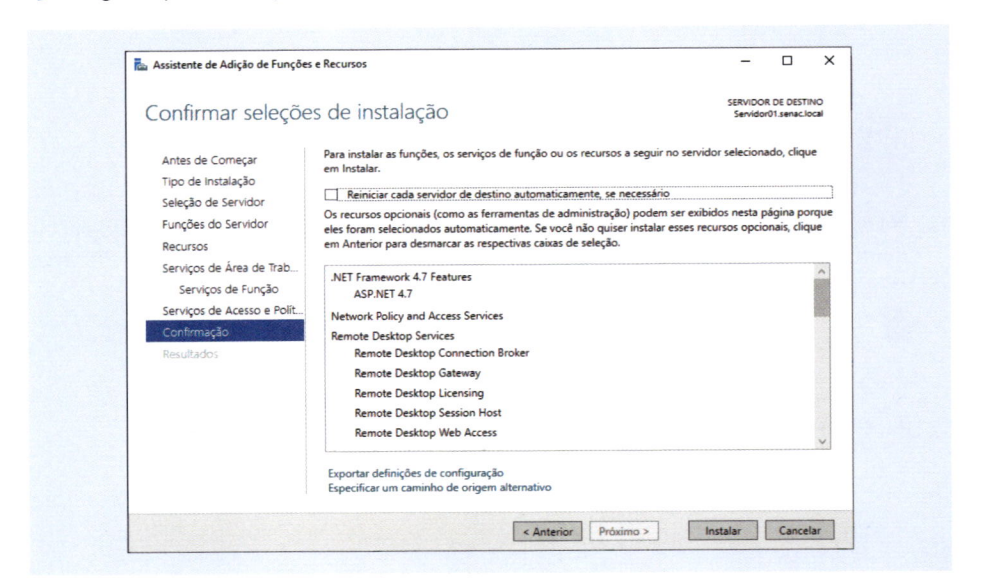

14. Aguarde o processo de instalação do serviço de acesso remoto. No término do processo, será necessária a reinicialização do servidor para a conclusão da instalação. Clique em *Fechar* e depois em *Reinicie o Servidor*.

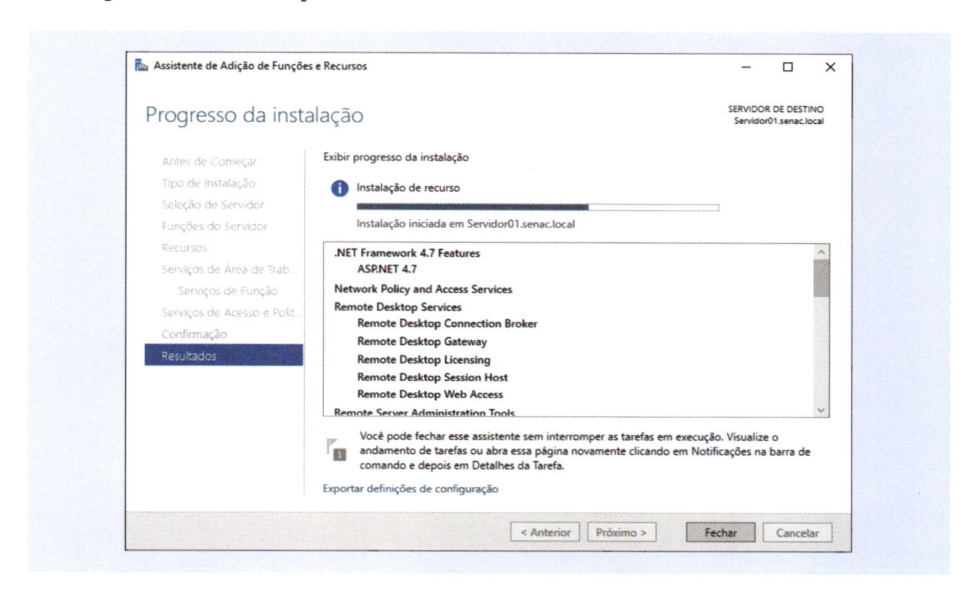

15. Observe que agora em seu *Gerenciador do Servidor* muitos outros serviços foram inseridos na tela central, incluindo a função de acesso remoto.

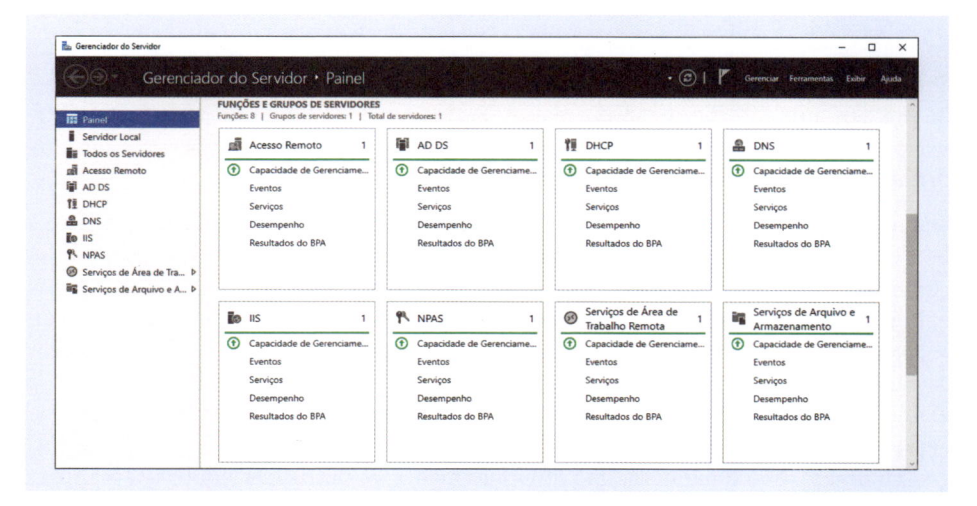

16. Acesse agora sua VM cliente com o Windows 10; vá até os acessórios do Windows e clique em *Conexão de Área de Trabalho Remota*. No campo *Computador*, digite o endereço IP *10.50.1.1* (Servidor01) e, no campo *Nome de usuário*, escolha um dos usuários criados no domínio. Clique no botão *Conectar*, e o cliente acessará o servidor remotamente, como previsto.

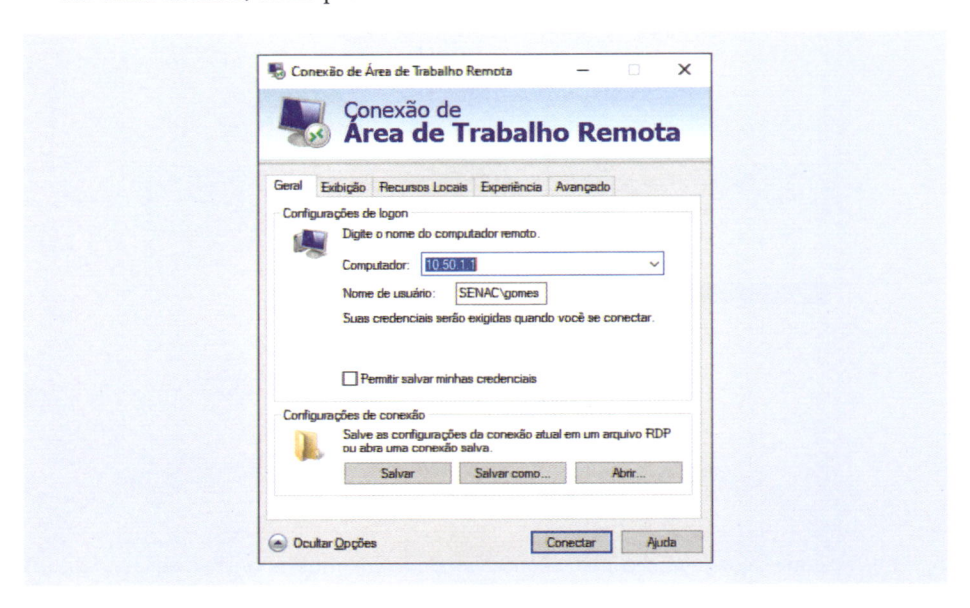

Configuração do Internet Information Service

O Internet Information Service (IIS – serviços de informações da internet), anteriormente denominado Internet Information Server (servidor de informações da internet), é um servidor web criado pela Microsoft para seus sistemas operacionais. Sua primeira versão surgiu no Windows NT Server versão 4.

Sua principal função nos servidores Windows é disponibilizar uma plataforma para a hospedagem de sites, serviços e aplicativos específicos, integrando outras tecnologias como Active Server Pages Network Enabled Technologies (ASP.NET – tecnologias habilitadoras para rede de páginas de servidor ativo), File Transfer Protocol (FTP – protocolo de transferência de arquivos), Hypertext Preprocessor (PHP – pré-processador de hipertexto), Windows Communication Foundation (WCF – Fundação de Comunicação Windows) e o próprio IIS. Uma de suas principais características é a geração de páginas em Hypertext Markup Language (HTML – linguagem de marcação de hipertexto) dinâmicas, que, diferentemente de outros servidores web, utiliza tecnologia proprietária, o Active Server Pages (ASP – páginas de servidor ativas), bem como outras tecnologias de mercado.

Apesar de não ser um serviço de acesso remoto, ele é mencionado neste capítulo porque, ao instalar o serviço de acesso remoto, algumas funções do IIS são também instaladas por padrão no servidor. Conheça então um pouco mais sobre esse serviço e como configurá-lo, conforme as etapas a seguir.

1. Como foi dito, com a instalação dos serviços de acesso remoto, algumas funcionalidades do IIS também são instaladas. Acesse um navegador de internet no servidor (por exemplo, o Internet Explorer ou Microsoft Edge) e, no campo de busca, digite o endereço IP do servidor *10.50.1.1*, clicando *Enter*.

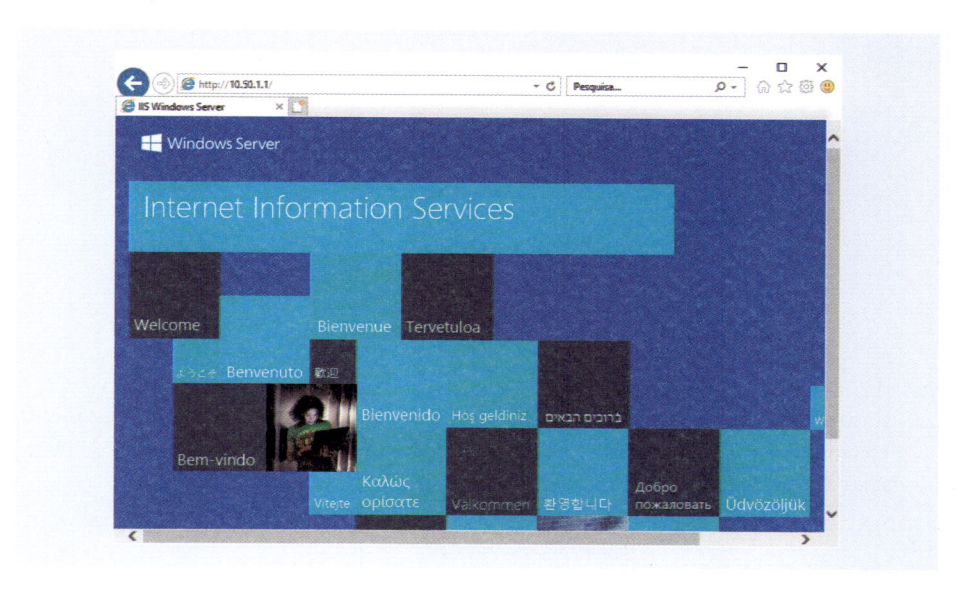

2. Observe na janela aberta que uma página é configurada por padrão. Acesse o *Gerenciador do Servidor*, selecione *Ferramentas* e, depois, *Gerenciador dos Serviços de Informações da Internet (IIS)*. Será apresentada a próxima janela.

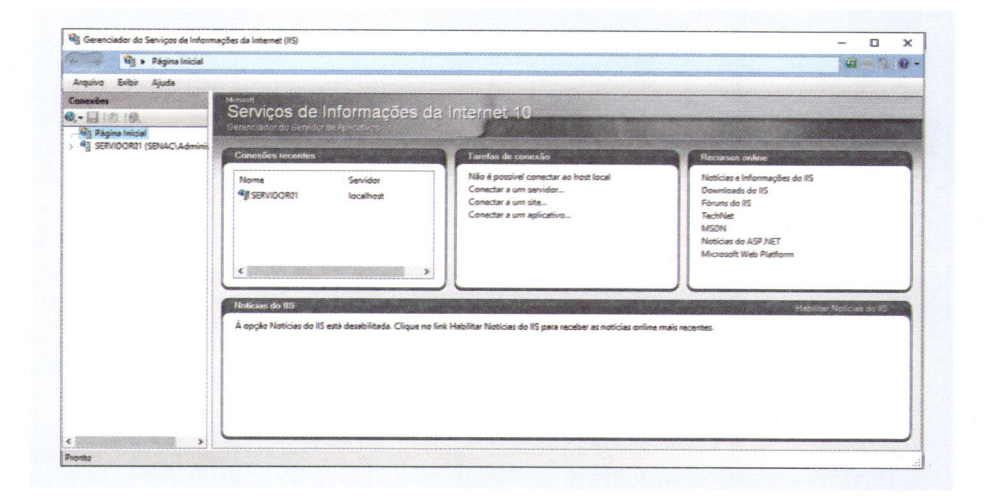

3. Clique sobre o nome do servidor (*SERVIDOR01*), e aparecerão no centro da janela inúmeras opções de recursos do IIS.

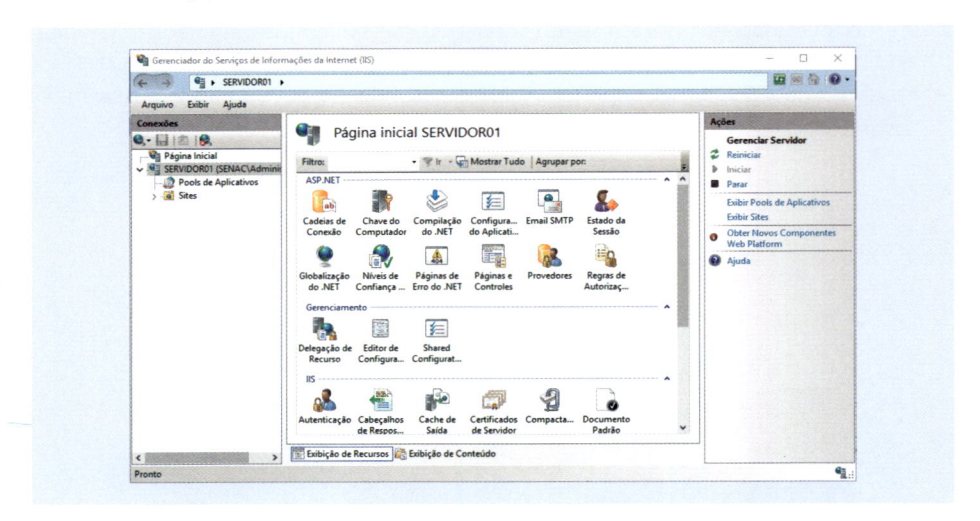

4. Abra o *Explorador de Arquivos*, selecione *Este Computador* e, no *Disco Local (C:)*, selecione *inetpub*. As pastas apresentadas foram todas criadas no processo de instalação do serviço de acesso remoto.

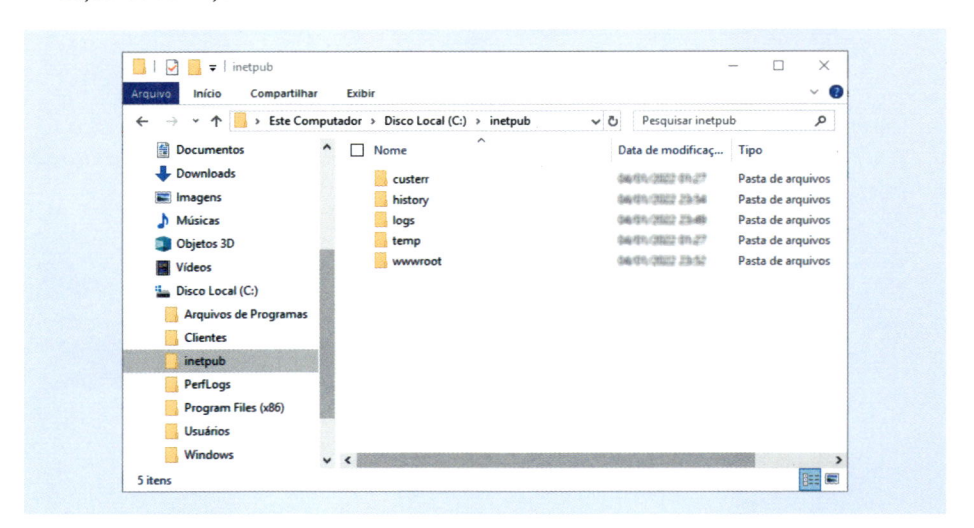

5. Selecione a pasta *wwwroot* e crie dentro dela uma pasta chamada *Intranet*.

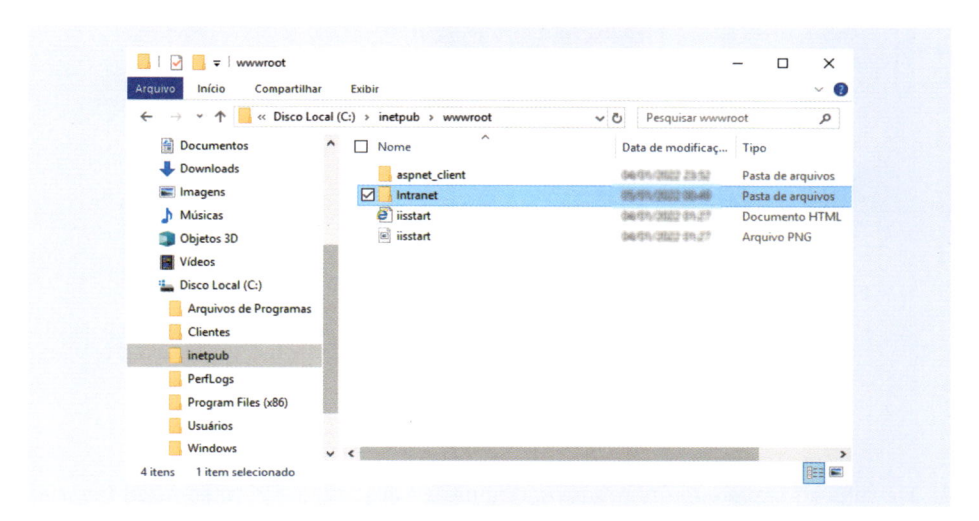

6. Em seguida, na pasta *Intranet* criada, na tela principal, clique com o botão direito do mouse e, em *Novo*, crie um documento de texto no *Bloco de notas* com o nome *Index.txt*.

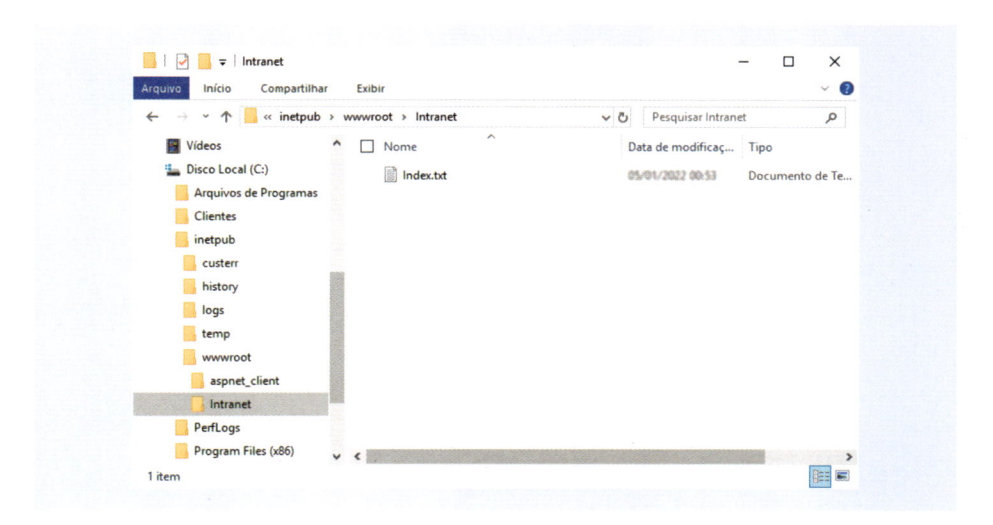

7. Clique sobre o arquivo *Index.txt* e digite os códigos HTML, como apresentado na figura a seguir. Esse arquivo representará a primeira página da intranet. Salve o arquivo depois.

Importante

Lembre-se de que o objetivo é apresentar as funcionalidades do Windows Server e não do HTML; é por esse motivo que o exemplo é simples.

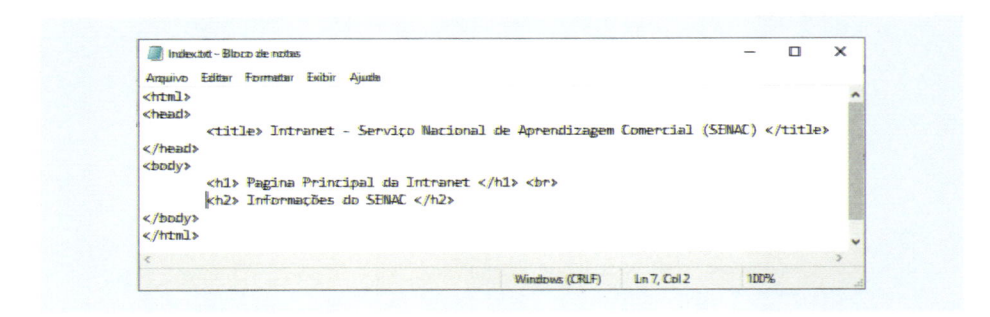

8. De volta ao *Explorador de Arquivos*, renomeie o arquivo *Index.txt* como *Index.html* ou salve-o novamente com a extensão *.html*. Dessa maneira, ao clicar sobre ele, o navegador de internet o abrirá automaticamente como uma página web. Observe que o ícone do arquivo também foi alterado.

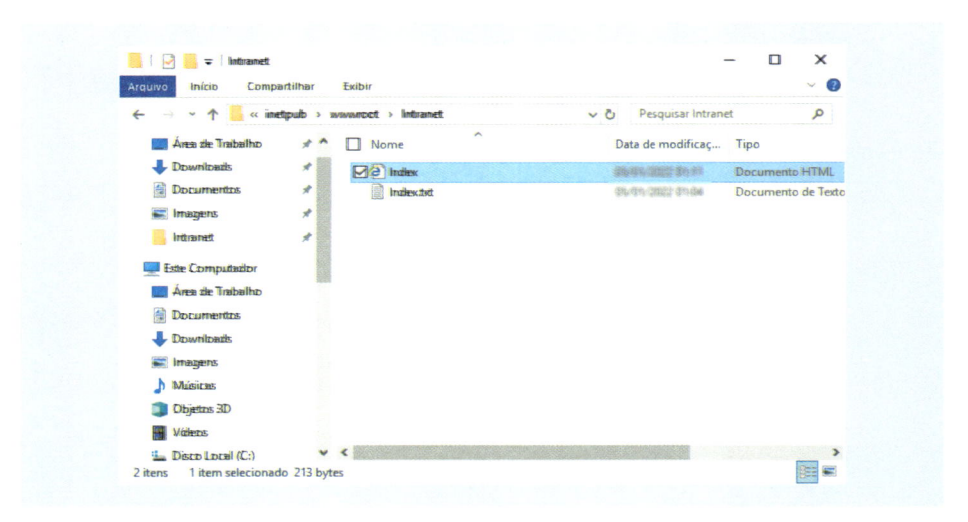

9. Para testar a funcionalidade, clique duas vezes sobre o arquivo *Index.html*. Esse arquivo poderá ser visto agora pelo navegador de internet.

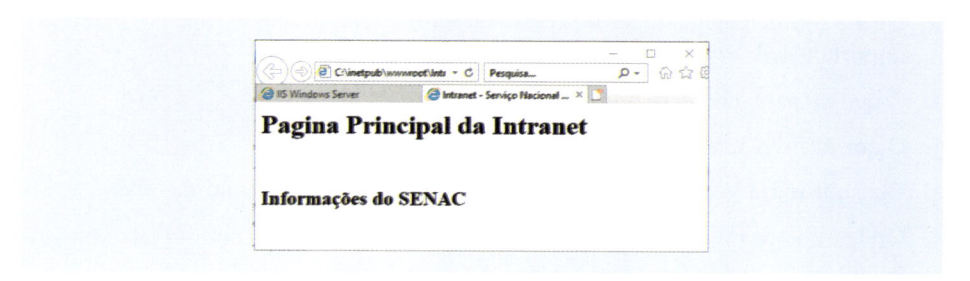

10. Acesse a VM cliente com o Windows 2010, faça logon com um dos usuários disponíveis no domínio, abra um navegador de internet e digite no campo de busca *10.50.1.1/Intranet* ou *servidor01/Intranet/*, teclando *Enter*.

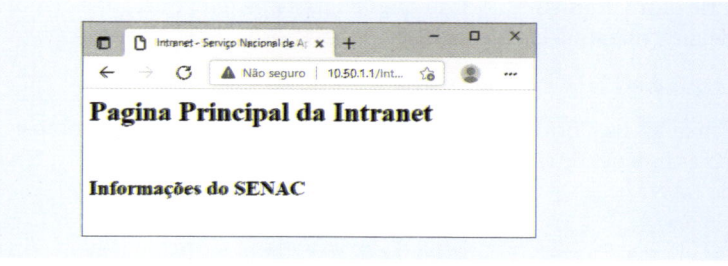

Exercícios propostos

1. Qual é a principal finalidade do acesso remoto? Explique com as próprias palavras a importância de utilizar tal recurso.
2. O que é e para que serve uma VPN?
3. O que é *DirectAccess*? Quando podemos utilizá-lo?
4. Consulte outra VM cliente e tente acessar remotamente o servidor da rede.
5. Onde é possível verificar se os serviços de roteamento e acesso remoto estão funcionando corretamente?
6. Qual é o comando dado no prompt do Windows em uma máquina cliente que tem por objetivo abrir o recurso de acesso remoto?
7. O que é IIS? E para que serve esse serviço?
8. Crie outro arquivo HTML simples na pasta *inetpub* e acesse-o remotamente através de uma máquina cliente da rede.
9. O que é HTML? Para que serve?
10. Em quais das formas de configuração do serviço de acesso remoto é possível habilitar as funções de configuração personalizada, como: acesso VPN, NAT e roteamento da LAN?

Anotações

Anotações

10

Configuração de recursos de segurança

OBJETIVOS:
» Reconhecer a importância da segurança da informação e de servidores
» Criar grupos de usuários no Active Directory
» Compartilhar pastas
» Criar diretiva ou políticas de grupo

Segurança da informação

Sem sombra de dúvidas, um dos temas de maior importância na gestão de negócios diz respeito à segurança da informação, principalmente com o aumento maciço da oferta de recursos através das redes locais ou externas, com um destaque especial à internet. As ações que protegem os sistemas devem ser estratégicas e de grande preocupação, não somente por parte do departamento de tecnologia da informação e comunicação (TIC), mas também da alta gestão de uma instituição pública ou privada, pois podem garantir que os dados confidenciais estejam devidamente seguros.

O grande problema é que qualquer falha em um ambiente de rede ou sistema pode gerar brechas de segurança, permitindo ataques cibernéticos com impactos desastrosos. Ao contrário do que muitos imaginam, os problemas de segurança ocorrem não só em grandes empresas, mas também nas dos mais variados segmentos e tamanhos. Por isso, é fundamental que todos os gestores entendam a importância do assunto e conheçam as informações e técnicas envolvidas no aprimoramento da proteção de dados para o negócio. Segurança da informação é um processo que visa proteger a informação de diversos tipos de ameaças a fim de garantir a continuidade dos negócios, minimizar os danos e maximizar o retorno dos investimentos e as oportunidades de negócio; ela compreende um conjunto de práticas, recursos, sistemas, habilidades e mecanismos utilizados na proteção de todos e quaisquer tipos de dados da empresa contra o ataque de criminosos, o acesso indevido de usuários e o uso impróprio das informações.

Note que a segurança da informação não está relacionada apenas ao segmento de informática, mas também à proteção da informação como um todo, atuando em vários segmentos, como na gestão de ativos físicos, tecnológicos e humanos que compõem determinado negócio. É claro que, com o surgimento dos computadores e das redes de comunicação, o grande volume de dados das instituições é gerenciado e armazenado por sistemas computacionais, fazendo com que vários profissionais da área de tecnologia da informação (TI) se sintam confortáveis com os novos recursos tecnológicos e participem mais efetivamente das estratégias para a proteção dos dados.

Fundamentalmente, a cibersegurança, ou segurança cibernética, é a prática de proteger os dados e informações que chegam aos usuários de uma organização provenientes de fontes externas e através de protocolos de internet. Nesse caso, se algum criminoso virtual (cibercriminoso) conseguir invadir uma rede empresarial e violar os sistemas dela, essa instituição precisará de uma melhor segurança cibernética. A segurança da informação possui vários componentes de atuação, como segurança física, segurança lógica, segurança de redes, segurança de servidores e muitas outras.

Princípios fundamentais da segurança da informação

São quatro os pilares para a segurança da informação:

- **Confidencialidade (sigilo):** esse princípio precisa garantir que a informação não seja conhecida por pessoas não autorizadas. Ele define que as informações só podem ser acessadas e atualizadas por pessoas com credenciamento para tal. Perda de confidencialidade significa perda de segredo.

- **Integridade:** esse princípio assegura que as informações não sofrerão qualquer tipo de modificação sem que o proprietário ou o colaborador de confiança autorize a ação, garantindo sua proteção contra mudanças intencionais, indevidas ou acidentais durante a transmissão, o processamento ou o armazenamento da informação. Ela deve garantir que a informação que foi transmitida ou armazenada seja a mesma que foi recebida ou recuperada.
- **Disponibilidade:** esse princípio deve garantir que a informação esteja disponível sempre que seus usuários (clientes autorizados) necessitarem dela, não importando o motivo. Para que isso ocorra, softwares, hardwares, conexões e dados devem ser oferecidos a quem vai utilizá-los, de modo que as pessoas tenham acesso àquilo de que precisam. Em outras palavras, é a garantia de que a informação sempre poderá ser acessada.
- **Autenticidade:** esse princípio visa garantir a proteção e a manutenção dos dados de maneira autêntica – isto é, da mesma forma que foram produzidos e armazenados. Portanto, as informações mantêm sua origem e não podem ser alteradas, exceto por pessoas autorizadas.

Ativos, vulnerabilidades e ameaças

Os ativos são os elementos que sustentam e agregam valor ao negócio, podendo ser um equipamento, um ambiente, pessoas e informação. A quebra da confidencialidade, integridade ou disponibilidade deles trará prejuízo. Eles podem ser classificados em tangíveis, intangíveis, lógicos, físicos e humanos. Os ativos quase sempre trazem consigo vulnerabilidades que, por sua vez, os submetem a ameaças.

A vulnerabilidade de segurança pode ser considerada um ponto fraco, contribuindo para invasões, roubos de dados, paradas inapropriadas de redes e sistemas e acessos não autorizados a recursos. É possível haver vulnerabilidades de softwares, vulnerabilidades de hardware, vulnerabilidades de armazenamento, vulnerabilidades de comunicação (redes) e vulnerabilidades humanas.

Já as ameaças podem ser consideradas como algo que oferece chances de danos e coloca em risco a segurança da informação, prejudicando as ações da empresa e a manutenção do negócio mediante a exploração de determinada vulnerabilidade. Uma ameaça pode ser uma coisa, um evento, uma pessoa ou uma ideia capaz de causar dano a um recurso, em termos de confidencialidade, integridade e disponibilidade. É possível considerar as ameaças como internas ou externas.

SEGURANÇA DE SERVIDORES

Como foi possível verificar, a área de segurança é muito ampla e complexa; os especialistas de segurança, inclusive, ironizam que não existe rede segura (o que acaba sendo verdade). Isso ocorre porque infelizmente os ataques cibernéticos têm se desenvolvido em maior volume e mais rapidamente, e as técnicas de proteção acabam chegando com certo atraso – e muitas vezes como soluções paliativas. A grande verdade é que os profissionais de segurança utilizam uma série de recursos e soluções sincronizadas a fim de evitar ao máximo que os sistemas fiquem vulneráveis. Quando existe um nível de dificuldade alto para que um ataque seja efetivo e quando o custo desse ataque supera o que se obtém com ele, o cibercriminoso pode ser influenciado a desistir dessa ação. Por esse motivo, um profissional técnico de segurança da informação deve conhecer uma série de aplicações, recursos, equipamentos e sistemas. Quando se fala de segurança de servidores, sem sombra de dúvidas se está falando de lucratividade, produtividade e disponibilidade dos serviços computacionais em uma instituição, e cuidar da proteção dos próprios hardwares e softwares desencadeia o aumento desses índices.

Quando uma empresa negligencia essa proteção, fatalmente sofre com a exposição das informações, que passam a ser controladas por pessoas mal-intencionadas. Esses criminosos cibernéticos dispõem, portanto, do poder de vazar dados, inclusive de vendê-los, o que atualmente pode gerar para as empresas um aumento de despesas com multas e indenizações a seus usuários, bem como a perda de dados sensíveis, desencadeando prejuízos ao negócio dessas companhias.

Sofrer um ataque aos servidores pode provocar um dano muito grande para a produtividade interna e a externa. Afinal, os sistemas afetados contribuem para a lentidão dos processos e a inatividade de outras aplicações que dependem dessa infraestrutura centralizada, o que, por consequência, pode ferir a reputação e a credibilidade da organização, fazendo com que ela perca clientes e tenha grandes perdas financeiras.

Duas importantes ações para a proteção desses dispositivos são um bom planejamento e a criação de políticas de proteção. A política auxiliará na definição de como se buscará otimizar a segurança da melhor forma possível; nela é preciso descrever os esforços e as soluções encontradas para a proteção de um ambiente, bem como estabelecer boas práticas e responsabilidades para os times e definir planos de contingência e recuperação de desastres, caso algum problema venha a ocorrer. Podemos definir ao menos seis medidas para garantir a segurança dos servidores: aplicar firewalls e políticas de controle de acesso; estabelecer uma rotina de backups; usar conexões seguras (como a utilização de redes privadas virtuais [Virtual Private Network – VPN]); criptografar dados; realizar atualizações; e efetuar auditorias dos sistemas. Outra ação importante na segurança dos servidores é a aplicação das técnicas de hardening, que nada mais são do que processos de blindagem desses equipamentos, visando ao mapeamento das ameaças, à mitigação dos riscos e à execução das atividades corretivas com foco na infraestrutura computacional. Não serão tratadas todas as técnicas de segurança de servidores neste livro, mas é possível de antemão apresentar alguns recursos e políticas de controle de acesso que o Windows Server oferece a seus usuários.

CRIAÇÃO DE GRUPOS DE USUÁRIOS NO ACTIVE DIRECTORY

Um bom administrador de rede deve participar da implementação do Active Directory (AD) desde sua concepção, com o intuito de melhor gerenciar e implementar os recursos de segurança à sua infraestrutura. Como foi dito, uma das virtudes desse profissional é a capacidade de planejamento e organização do próprio ambiente, para que os usuários possam acessar os recursos de rede de maneira segura. Neste exemplo, serão criados alguns departamentos (grupos) e anexados usuários a eles, com o estabelecimento, assim, de uma árvore hierárquica em seu organograma. Acompanhe nos passos a seguir.

1. Acesse a *Central Administrativa do Active Directory* no servidor e crie alguns usuários (sugestão: 10 usuários) para então administrá-los.

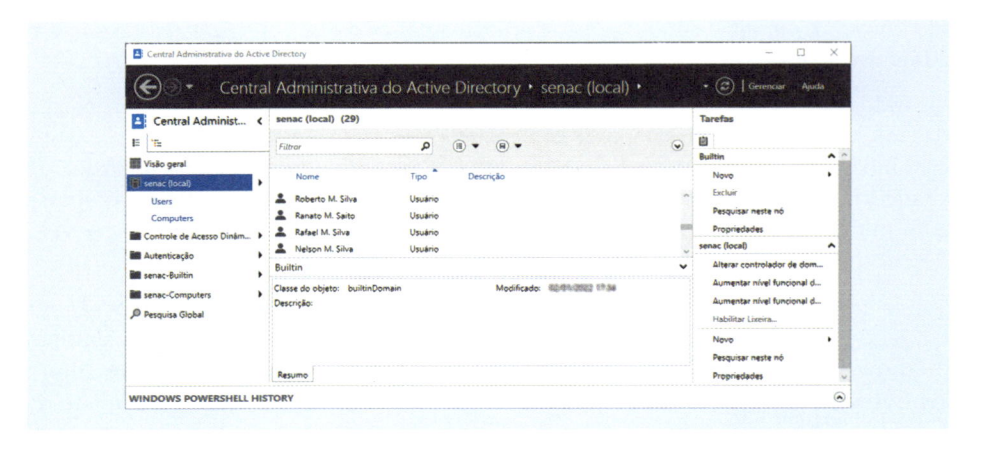

2. Após a criação dos usuários, defina o grupo *Marketing* com as seguintes características: *Grupo*: *Marketing*; *Escopo do grupo*: *Domínio local*; e *Descrição*: *Usuário do Departamento de Marketing*. Selecione *Proteger contra exclusão acidental*.

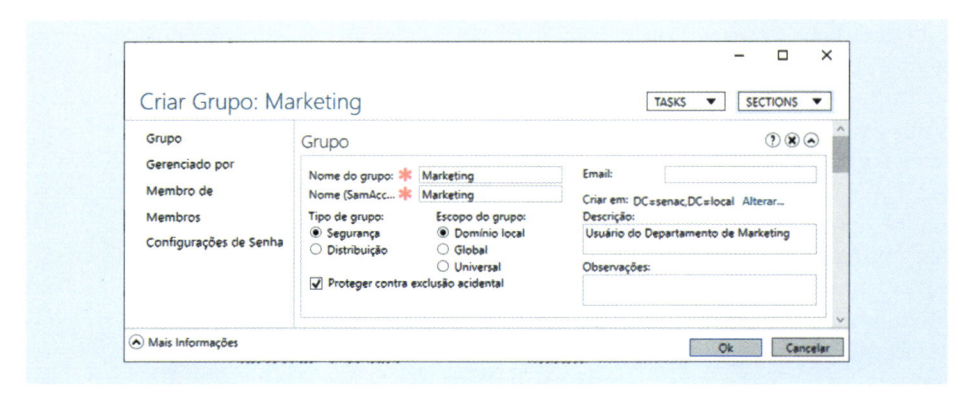

3. Clique no lado esquerdo da janela, em *Membros* (ou desça utilizando a barra de rolagem), e clique em *Adicionar*, selecionando alguns usuários para esse departamento. Clique em *OK*.

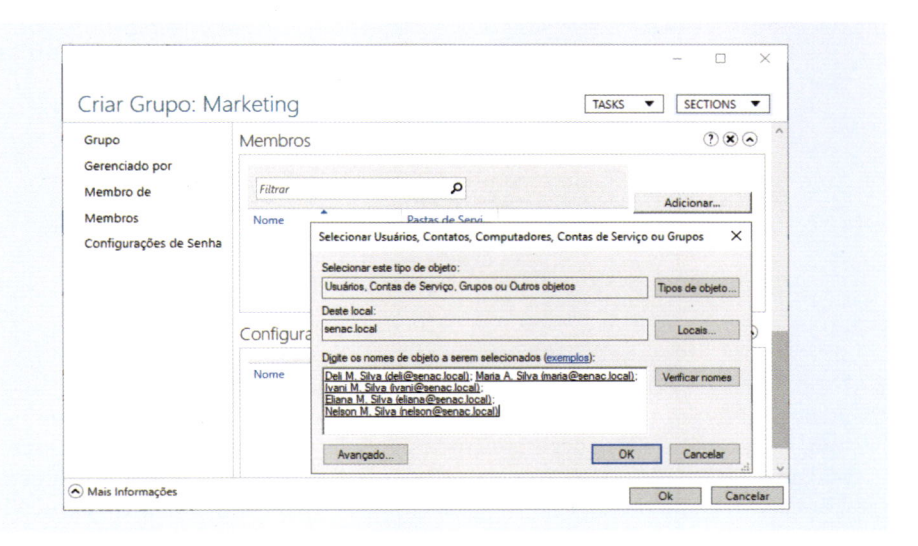

4. Crie agora os grupos *Diretoria*, *Financeiro* e *Técnico*. Depois, adicione usuários a esses grupos.

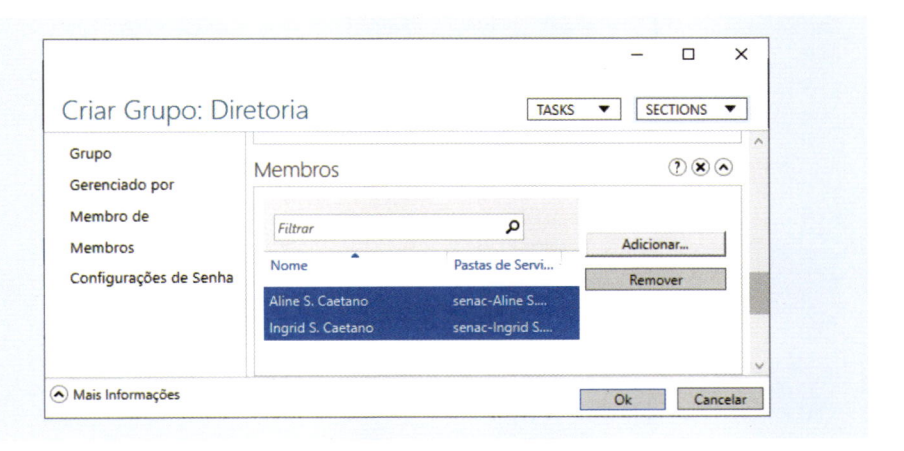

Compartilhamento de pastas

Uma vez criados os grupos e adicionados os usuários, o próximo passo é criar pastas para eles. Com o intuito de uma melhor administração, serão criadas pastas com nomes parecidos com os dos grupos, que seriam *Diretoria*, *Marketing*, *Financeiro* e *Técnico*:

1. Vá até o *Explorador de Arquivos* do Windows e crie as pastas dentro de *C:\Usuários*, como apresentado na figura.

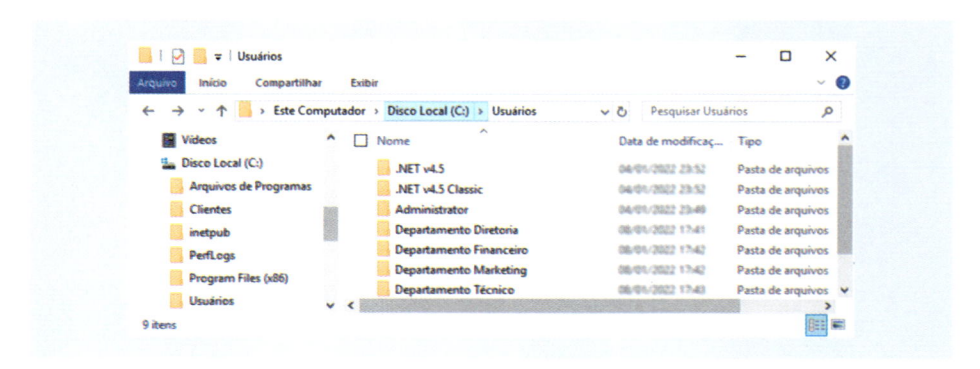

2. De acordo com as políticas do que pode ser acessado, defina que todos os usuários do grupo *Marketing*, por exemplo, vão ter acesso a essa pasta do departamento. Porém, cada usuário desse departamento poderá ter uma pasta exclusiva, na qual ele poderá armazenar os próprios dados. Para que essa ação seja realizada, clique com o botão direito do mouse sobre a pasta *Departamento Marketing*. Depois, escolha a opção *Conceder acesso a* e selecione *Pessoas específicas*.

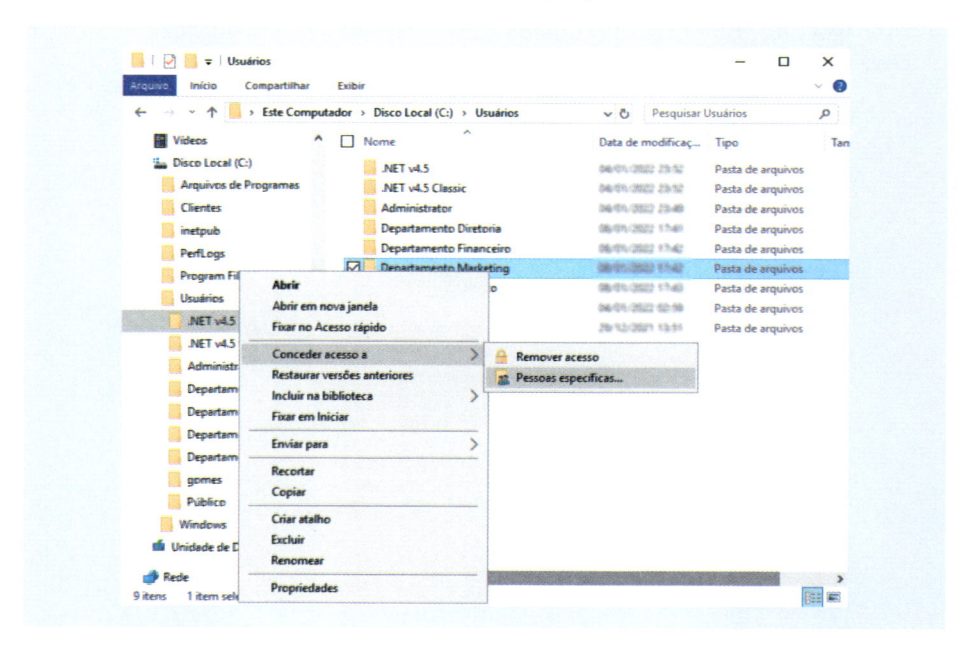

3. Compartilhe essa pasta com o grupo *Marketing* criado anteriormente. Digite *Marketing* na caixa e clique em *Adicionar*.

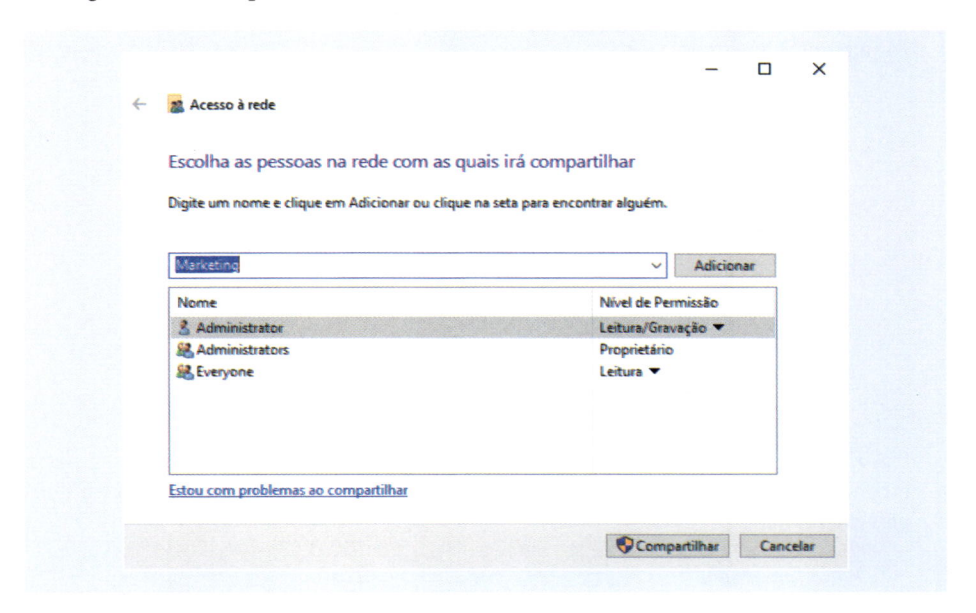

4. Observe que o grupo *Marketing* foi devidamente adicionado. Clique sobre a seta para baixo na frente desse grupo e defina *Leitura/Gravação*. Clique em *Compartilhar* e, após uma mensagem apresentando a pasta compartilhada, clique em *Pronto*.

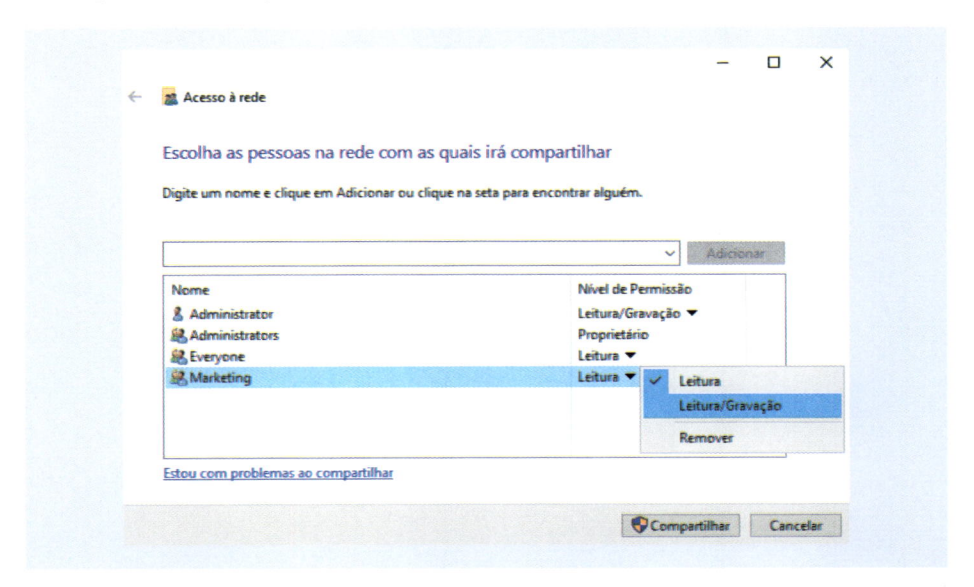

5. Acesse a máquina virtual (VM – Virtual Machine) cliente com o Windows 10 e com um usuário desse grupo, verificando se a pasta está devidamente compartilhada com os privilégios de leitura e gravação definidos. Neste caso, será usado o usuário *Nelson* como exemplo.

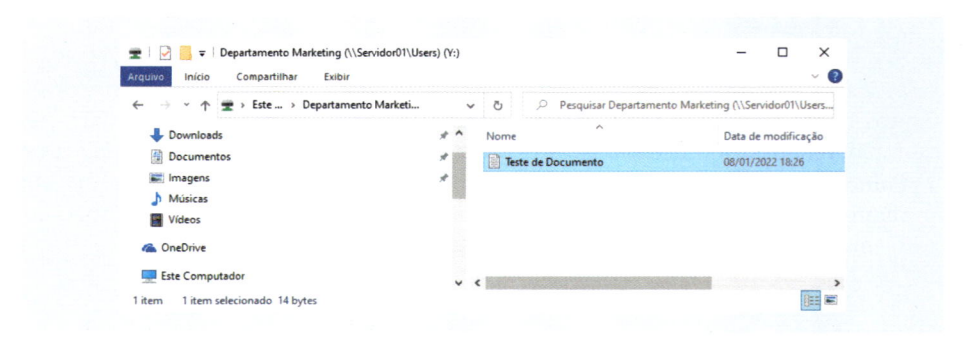

6. Caso deseje que o usuário *Nelson* acesse uma pasta somente dele, crie essa pasta e compartilhe-a apenas com esse usuário, e não com o grupo todo, como foi feito anteriormente.

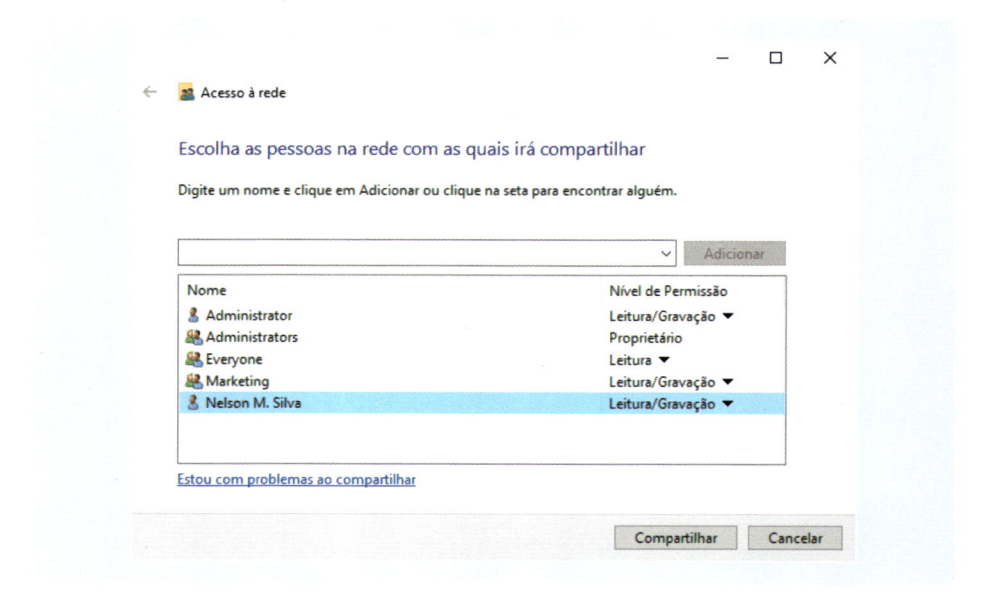

Diretiva ou política de grupo

O Group Policy Object (GPO – objeto de política de grupo) é uma funcionalidade dos sistemas operacionais Windows que define um conjunto de regras para controlar o ambiente de trabalho dos usuários em um sistema. Ele é uma estrutura hierárquica que centraliza o gerenciamento e a configuração de aplicativos e clientes da rede no ambiente AD.

Com a implementação dos GPOs, os administradores de redes conseguem inibir muitos riscos à segurança dos ambientes providos pelos servidores. É possível, por exemplo, bloquear um usuário isolado ou um grupo de usuários que desejem acesso ao *Painel de Controle* de seus computadores na rede sem a necessidade de aplicar tais configurações no computador do cliente, mas através de uma política de acesso em ambiente de rede. Para a aplicação dos GPOs, execute as etapas a seguir.

1. Em *Gerenciador do Servidor*, acesse a opção *Ferramentas* e selecione *Gerenciamento de Política de Grupo*.

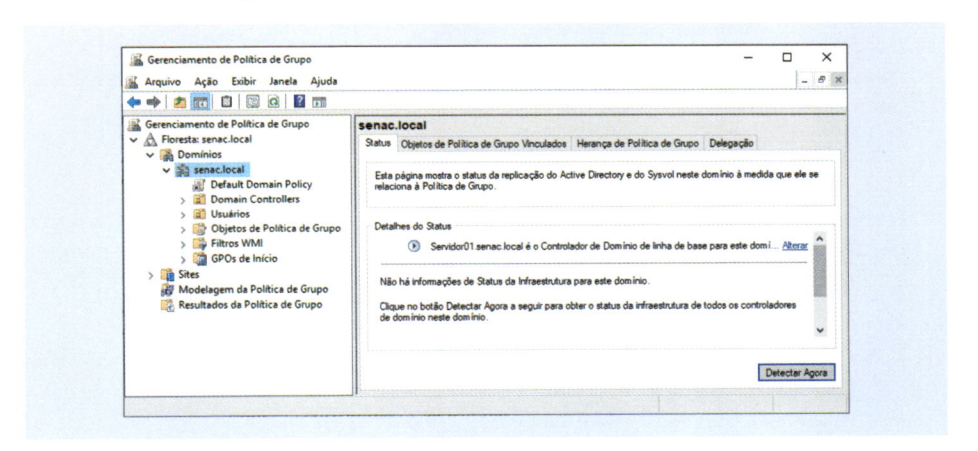

2. Neste exemplo, será definido que todos os usuários do domínio *senac.local* não podem acessar a página de configurações do *Painel de Controle* de seus computadores. Para testar que o computador cliente ainda não possui essa restrição, entre na VM cliente com o Windows 2010 e verifique se essa opção está habilitada.

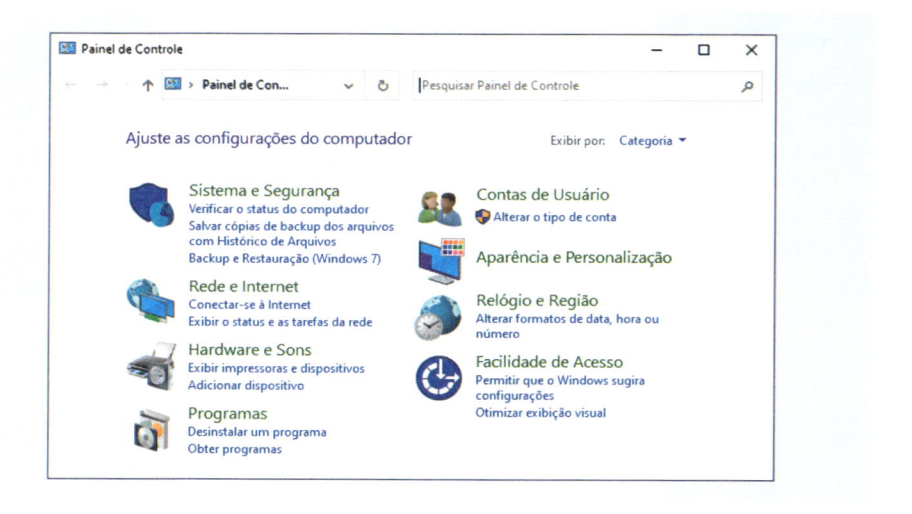

3. Acesse o *Gerenciamento de Política de Grupo* no servidor e, no domínio *senac.local*, clique com o botão direito sobre ele. Depois, selecione *Criar um GPO neste domínio e fornecer um link para ele aqui*.

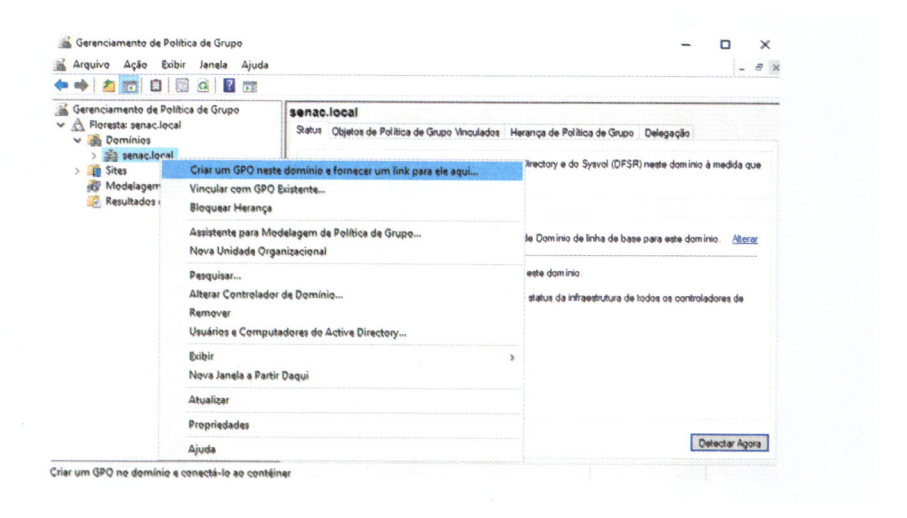

4. Digite um nome para o GPO, por exemplo, *Bloqueio de Configurações do Painel de Controle*, e clique no botão *OK*.

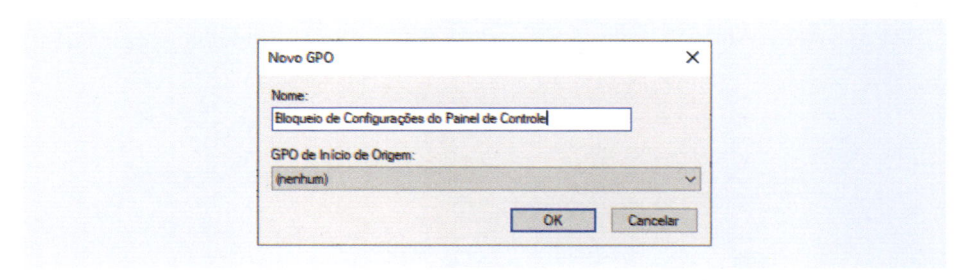

5. Verifique que, abaixo do domínio *senac.local*, aparecerá o GPO *Bloqueio de Configurações do Painel de Controle*, criado na etapa anterior. Clique com o botão direito do mouse sobre ele e escolha a opção *Editar*.

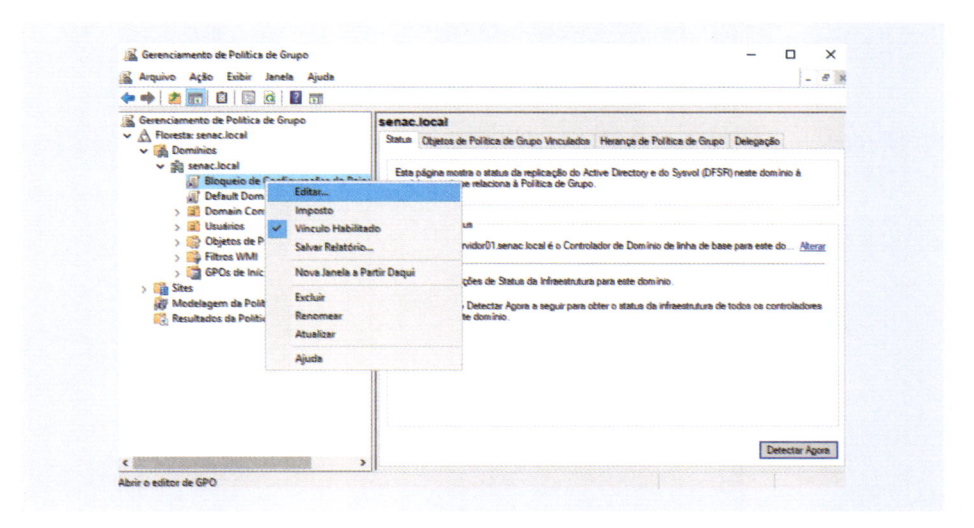

6. É possível bloquear a *Configuração do Computador* ou a *Configuração do Usuário*. Neste exemplo, escolha a opção *Configuração do Usuário*.

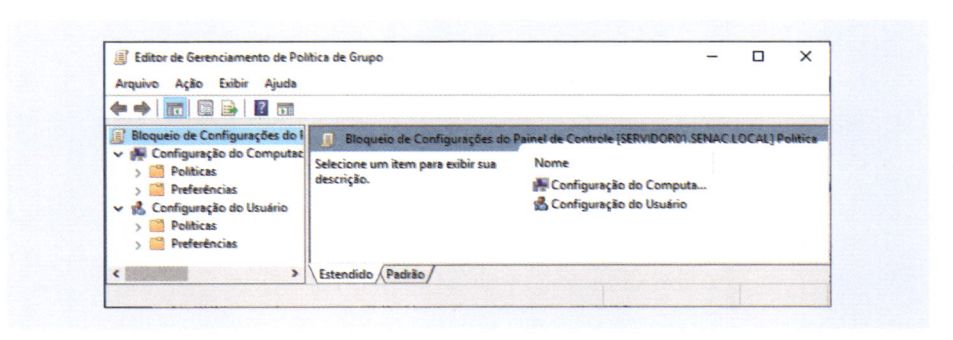

7. Escolha as opções *Políticas*, *Modelos Administrativos* e *Painel de Controle*. No lado direito da tela, aparecerão várias opções de configurações para o sistema operacional; escolha a opção *Proibir acesso ao Painel de Controle e às configurações do PC*. Dê dois cliques sobre essa opção ou, com o botão direito do mouse, clique em *Editar*.

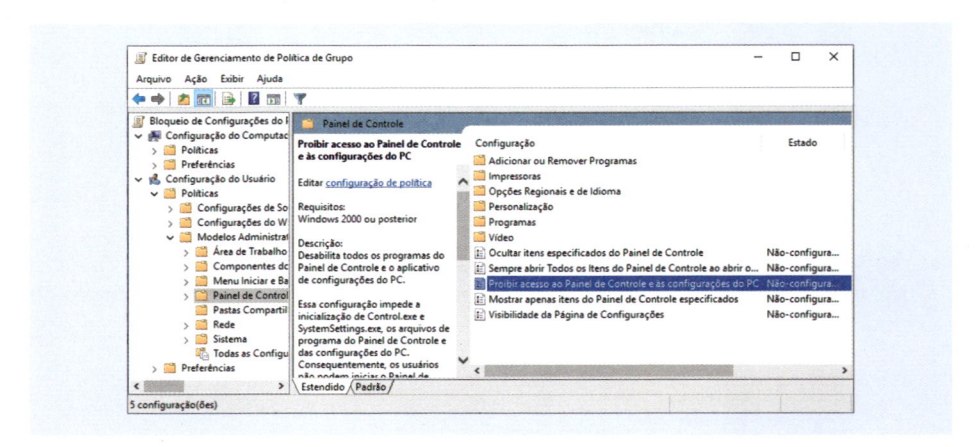

8. Na próxima janela, escolha a opção *Habilitado*, entre as três opções apresentadas (*Não Configurado*, *Habilitado* e *Desabilitado*) e clique em *OK*.

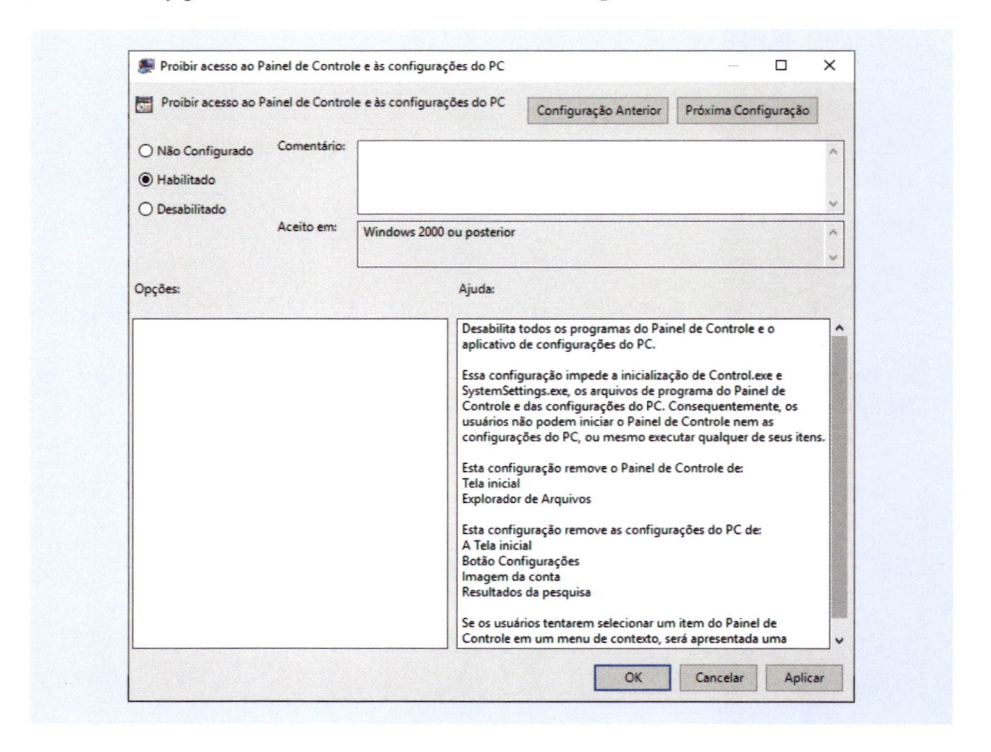

9. Para testar se o GPO teve efeito, retorne à VM cliente. Assim que o login for feito, tente acessar o *Painel de Controle* do computador desse usuário.

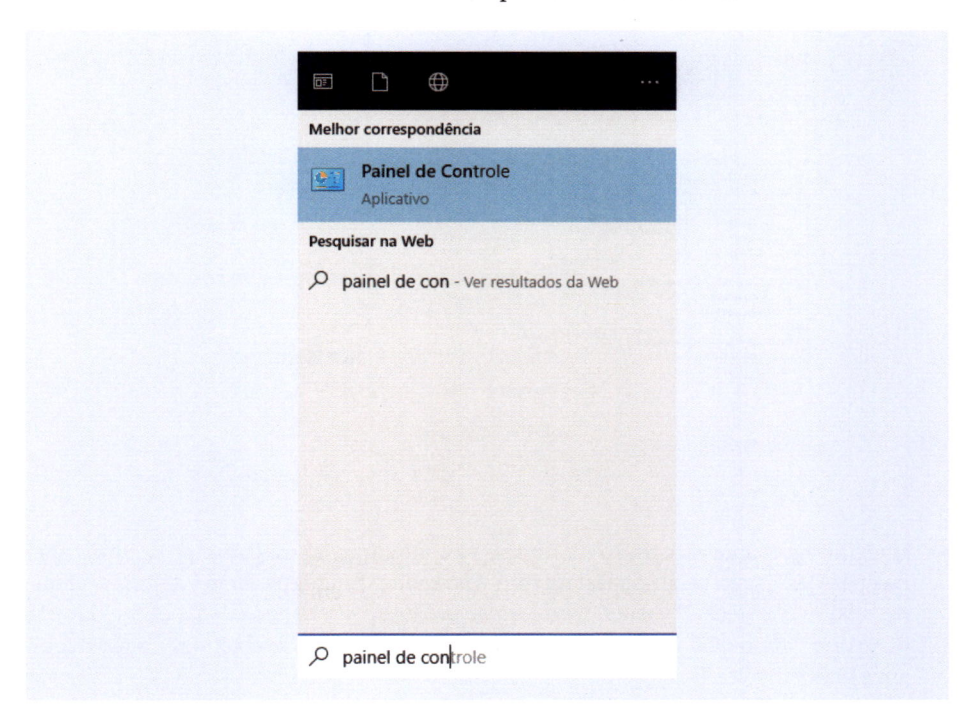

10. Verifique que tal opção agora não é mais válida, ou seja, está bloqueada no domínio *senac.local*.

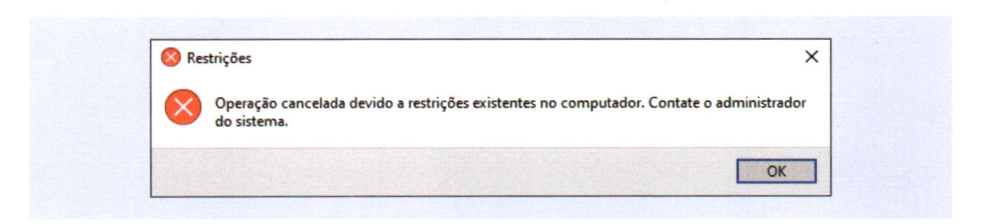

11. Retorne ao servidor e verifique a janela de *Gerenciamento de Política de Grupo*. Note que a aplicação desse GPO foi realizada para o domínio *senac.local* e todos os seus usuários.

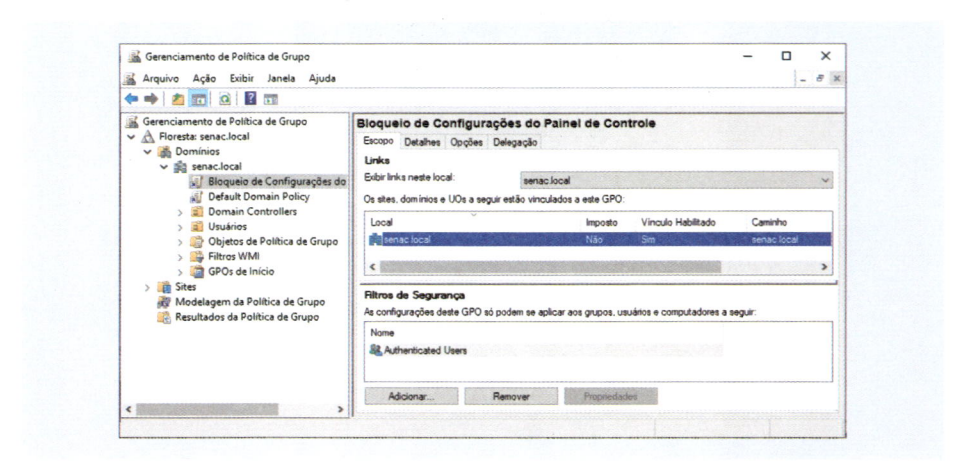

12. Imagine agora que a intenção é bloquear as configurações do *Painel de Controle* apenas para os usuários do departamento *Marketing*. Então, na janela anterior, clique no botão *Adicionar*. Na tela *Digite o nome do objeto a ser selecionado*, digite o nome do grupo para o qual deseja aplicar esse GPO – neste caso, *Marketing*. Clique depois em *OK*.

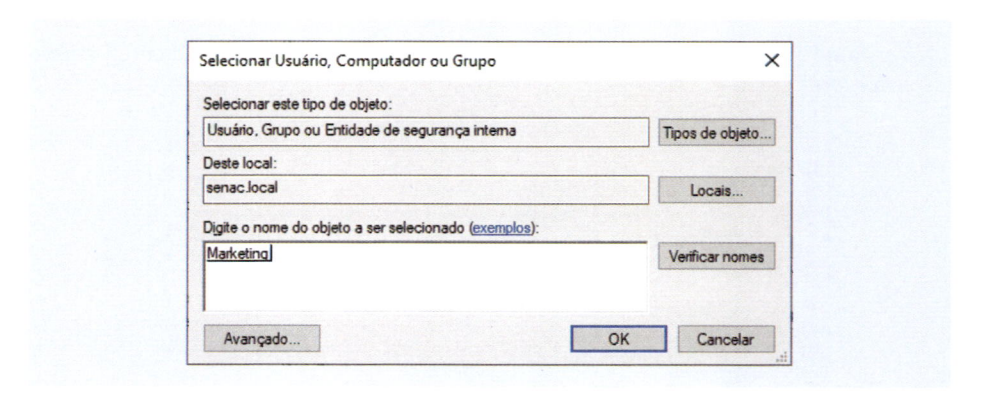

13. Verifique agora que, em *Filtros de Segurança*, há os grupos *Marketing* e *Authenticated Users*.

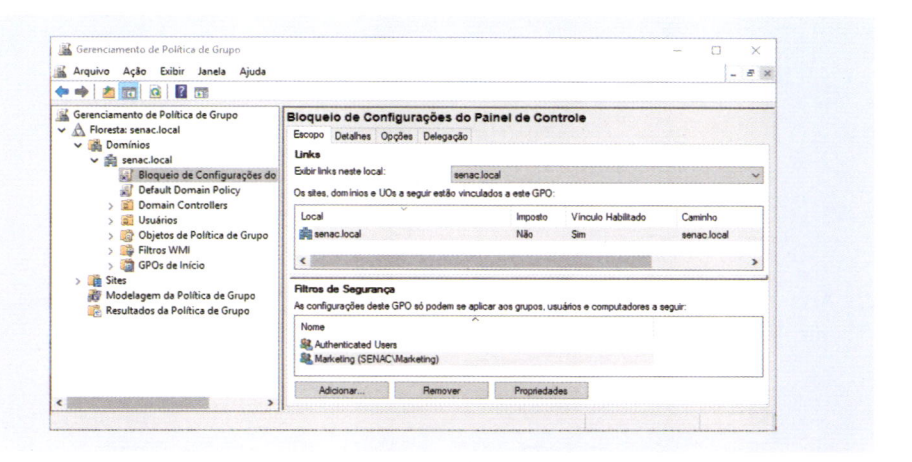

14. Selecione *Authenticated Users* e clique no botão *Remover*. Aparecerá uma janela perguntado se você realmente deseja remover esse privilégio de delegação. Clique em *OK*. Na janela, agora, aparecerá apenas o filtro de segurança para *Marketing*.

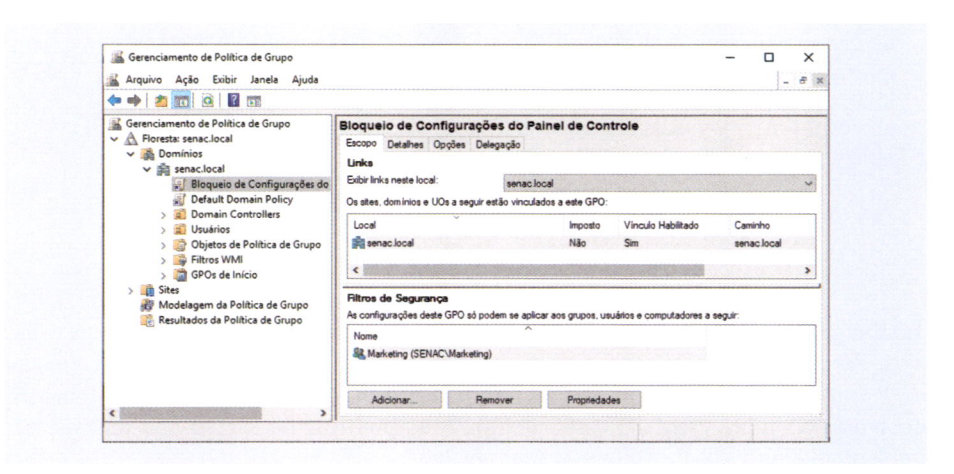

15. Para checar se esse GPO foi corretamente implementado no Departamento de Marketing, acesse o computador cliente com um usuário desse grupo e verifique que o *Painel de Controle* não está habilitado.

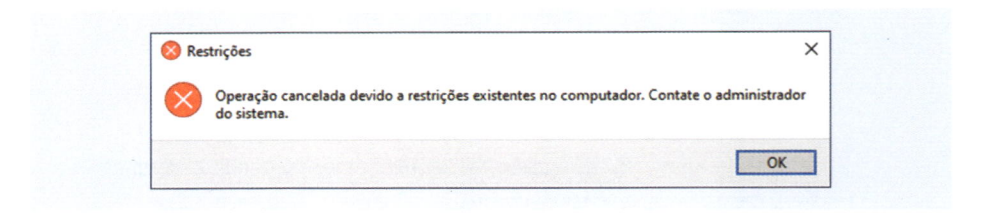

16. Acesse agora um usuário que não faz parte do grupo *Marketing*, e você observará que, para esse cliente, o sistema permite consulta ao *Painel de Controle*.

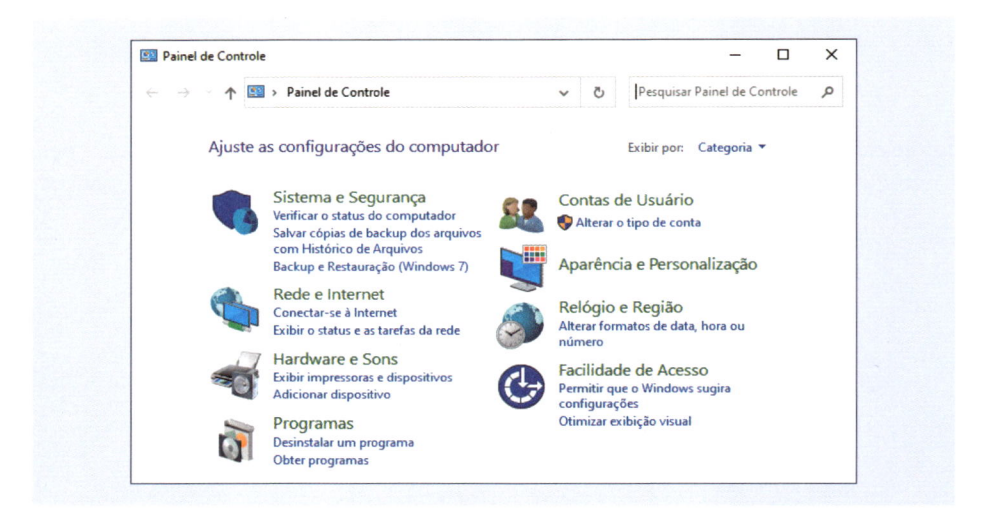

Também é possível associar os GPOs às unidades organizacionais (UO) e a seus usuários. Para a aplicação dessa ação, primeiramente é criada a UO no *Gerenciamento de Política de Grupo*, depois são incluídos usuários nessa UO. Então, é estabelecido um GPO sobre essa UO e são definidas as políticas de acesso que deverão ser implementadas.

Armazenamento de GPO

O armazenamento dos GPOs é uma forma de proteção a essas políticas no sistema. Você conhecerá um pouco sobre seus aspectos e onde elas estão localizadas no Windows Server.

1. Acesse o *Gerenciamento de Política de Grupo* e selecione a opção *Objetivos de Política de Grupo* à esquerda da tela. Conheça os GPOs criados. Observe que os dois GPOs abaixo indicados são definidos por padrão pelo sistema operacional, e os outros dois acima foram estabelecidos por você, administrador. Todos os GPOs criados recentemente são aplicados nessa área.

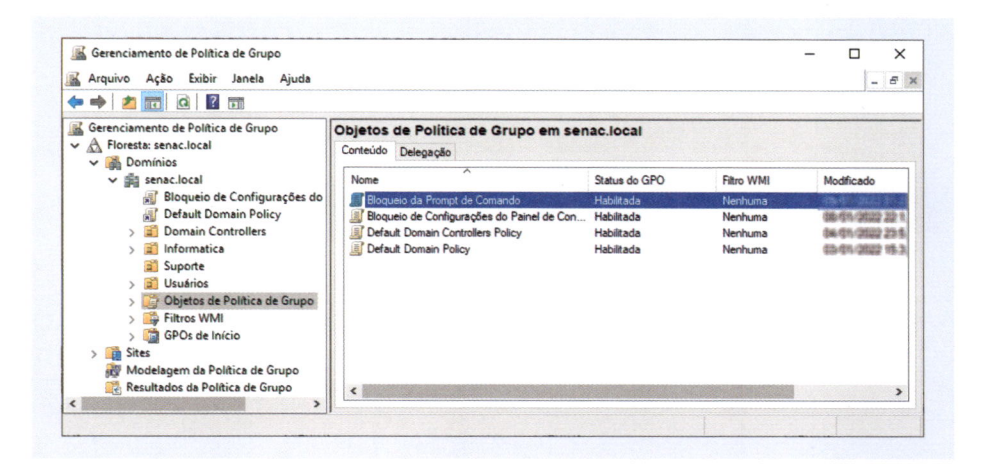

2. Na janela *Objetos de Política de Grupo*, é possível observar duas abas: *Conteúdo* e *Delegação*. Clique sobre a aba *Delegação*. Nela, é possível adicionar um grupo de administradores para a criação e o gerenciamento dos GPOs. Essa ação é realizada quando a infraestrutura possui vários servidores, na qual cada um pode obedecer a uma política de segurança diferente.

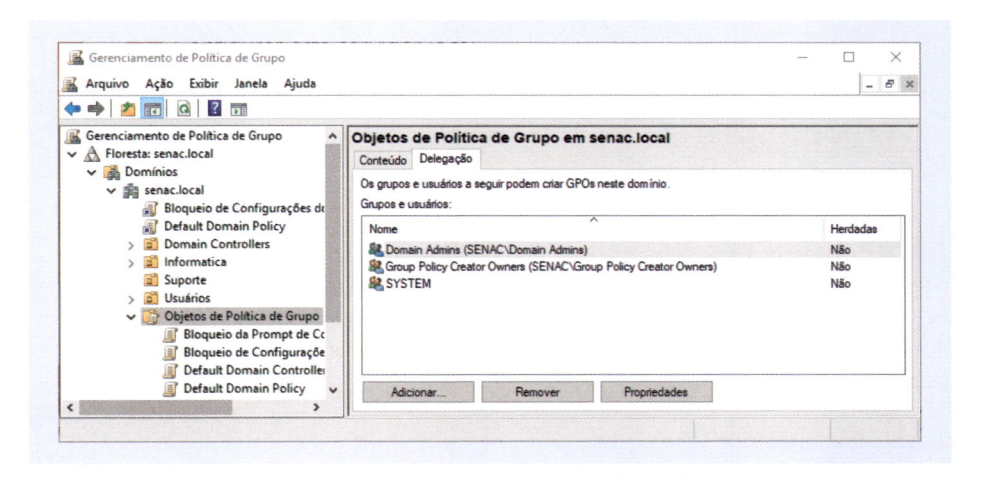

Criação do GPO de início e link do GPO

Dependendo da política estabelecida em uma organização, é possível implementar uma configuração na qual cada usuário consegue elaborar as próprias senhas de acesso aos recursos da rede e do servidor.

1. Na janela *Gerenciamento de Política de Grupo*, clique na opção *GPO de Início*. Como ainda não foi definida e habilitada a pasta que armazenará os GPOs de início, clique sobre o botão *Criar a Pasta GPOs de Início*.

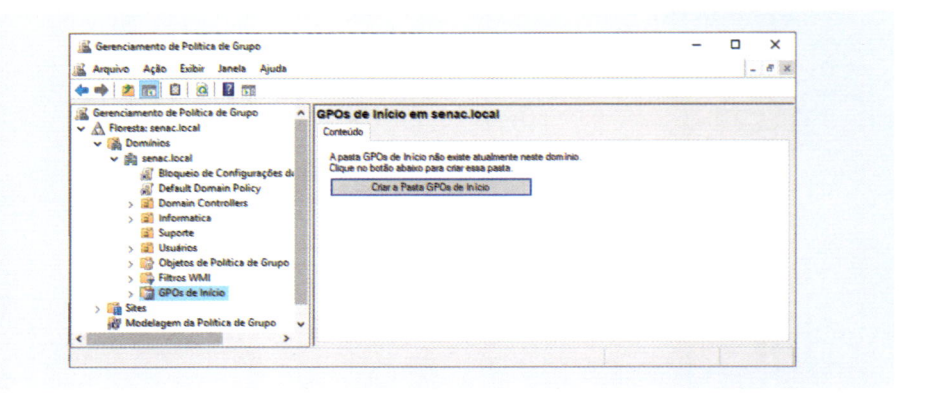

2. Clique com o botão direito do mouse sobre a opção *GPOs de Início* e, depois, em *Novo*. Digite em *Nome* a frase *Acesso ao CD/DVD Negado*, que especifica a ação a ser definida, e, em *Comentário*, digite *Nenhum usuário terá acesso ao CD/DVD*. Clique em *OK*.

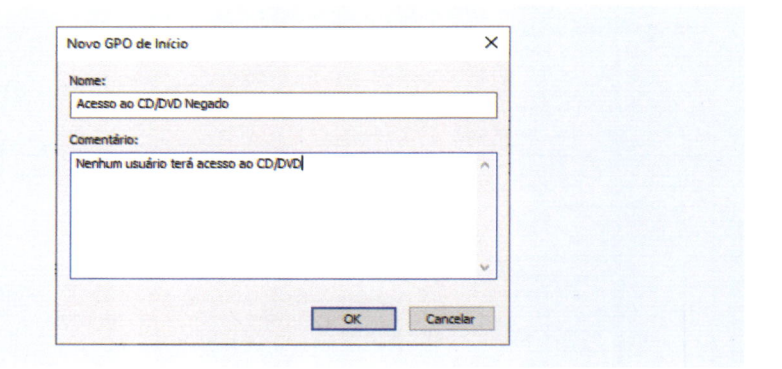

3. Será criada na janela *Gerenciamento de Política de Grupo* essa entrada; clique com o botão direito do mouse sobre o GPO de início *Acesso ao CD/DVD Negado* e selecione *Editar*.

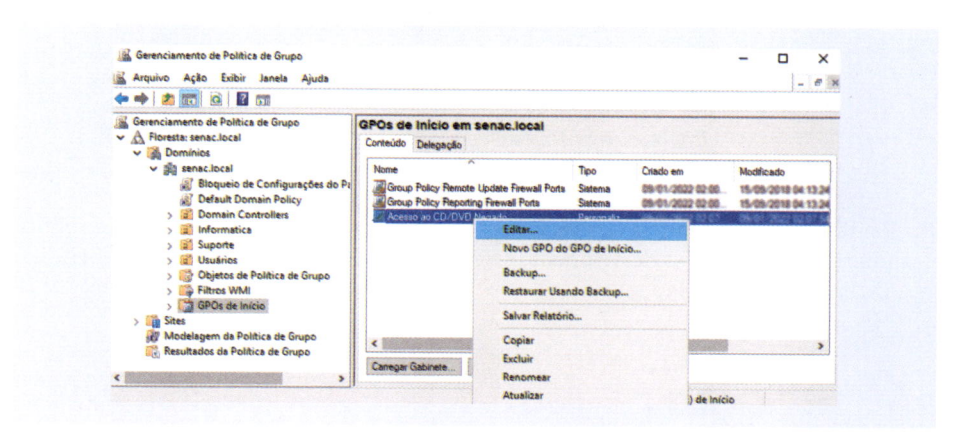

4. Escolha, entre as opções apresentadas pelo sistema, *Configuração do Computador, Modelos Administrativos, Sistema* e *Acesso de Armazenamento Removível*. Selecione a opção *CD e DVD: negar acesso de execução*.

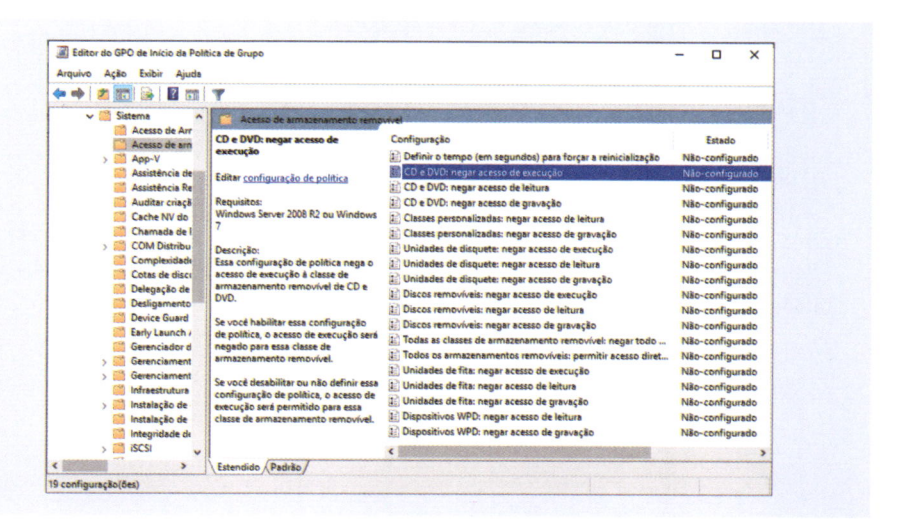

5. Na janela *CD e DVD: negar acesso de execução*, escolha a opção *Habilitado* e dê *OK*. Retornando à janela, escolha as opções *CD e DVD: negar acesso de leitura* e *CD e DVD: negar acesso de gravação*, também habilitando essas funções.

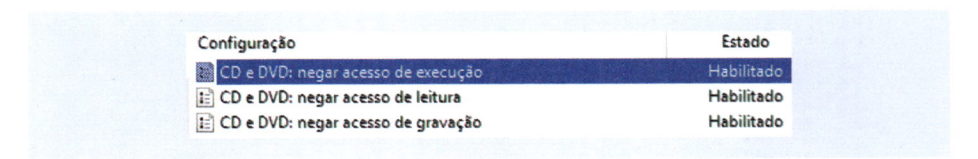

Configuração	Estado
CD e DVD: negar acesso de execução	Habilitado
CD e DVD: negar acesso de leitura	Habilitado
CD e DVD: negar acesso de gravação	Habilitado

6. Retornando para a janela *Gerenciamento de Política de Grupo*, verifique se a política anterior ainda não foi devidamente criada. Isso ocorre porque não foi estabelecido um link para esse GPO.

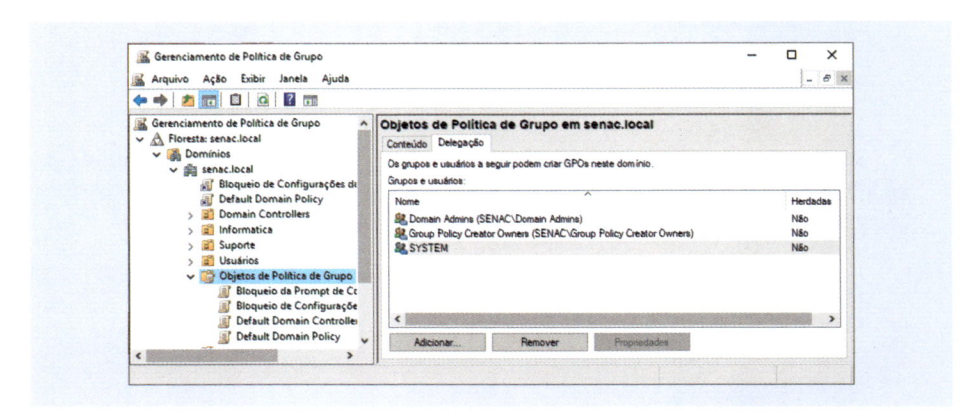

7. Clique com o botão direito do mouse sobre o domínio *senac.local* e selecione *Criar um GPO nesse domínio e fornecer um link para ele aqui*. Na janela *Novo GPO*, em *Nome*, digite *Acesso Negado ao CD/DVD* e selecione em *GPO de Início de Origem* a opção *Acesso ao CD/DVD Negado*.

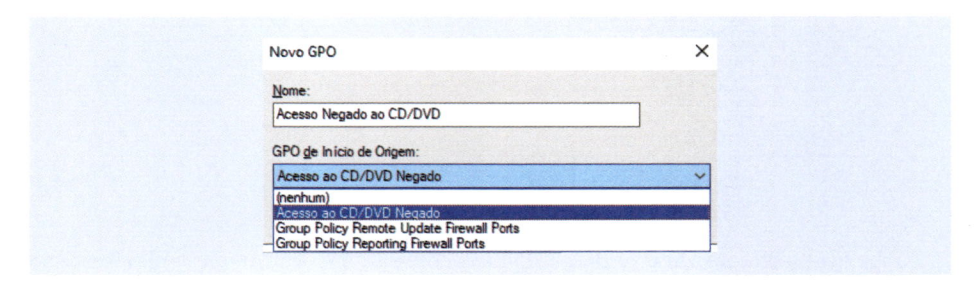

8. Observe que o GPO foi criado e implementado adequadamente no domínio *senac.local*, e todas as máquinas pertencentes a esse domínio não podem acessar seus CDs/DVDs.

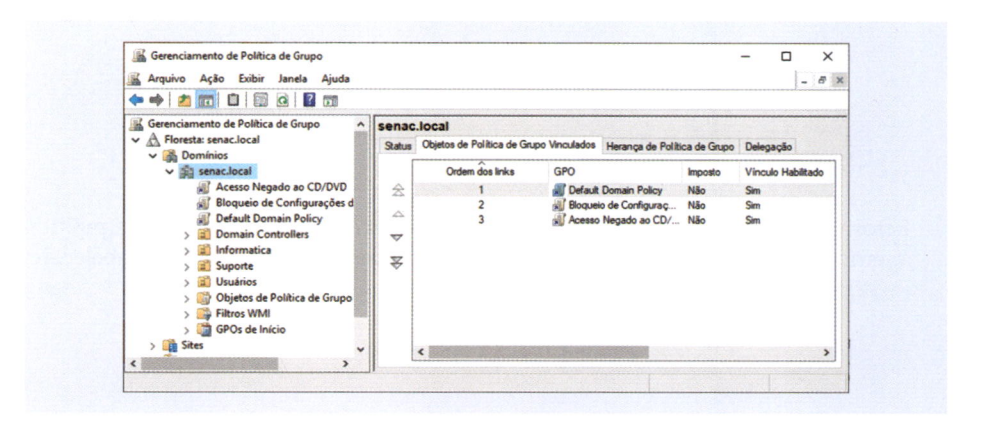

9. Acesse agora a VM cliente com o Windows 10 em um cliente desse domínio, por exemplo, *gomes*. Vá até o *Explorador de Arquivos* e tente acessar o CD/DVD desse dispositivo. O sistema apresentará uma informação de *D:\ não está acessível*.

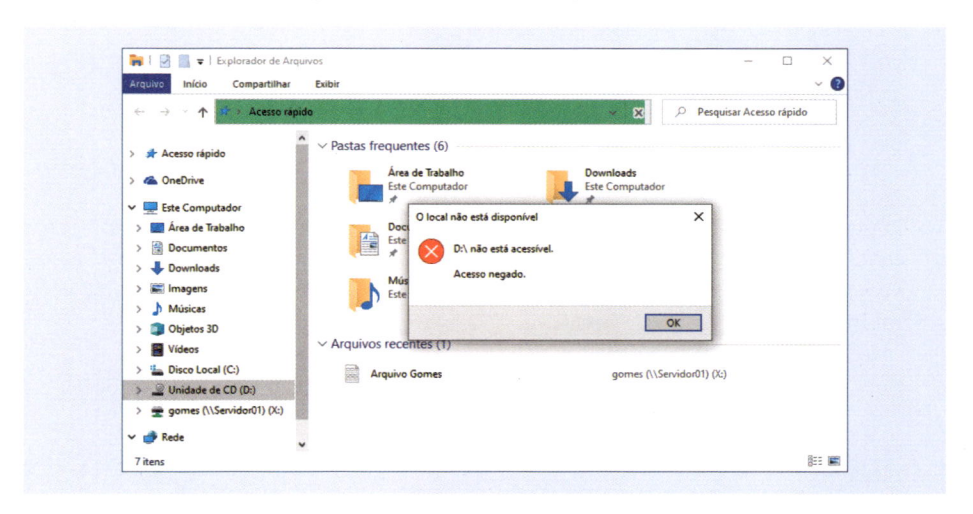

Exclusão de link do GPO e também do GPO

Em uma administração de servidor, poderão ocorrer situações em que será necessário excluir um link do GPO. Nesse caso, é preciso executar os passos a seguir.

1. Na janela *Gerenciamento de Política de Grupo*, clique sobre o domínio que deseja – neste caso, *senac.local*. Na pasta *Objetos de Política de Grupo Vinculados*, selecione o GPO que deseja apagar e pressione a tecla *Delete* de seu computador ou, então, clique com o botão direito do mouse e selecione *Excluir*.

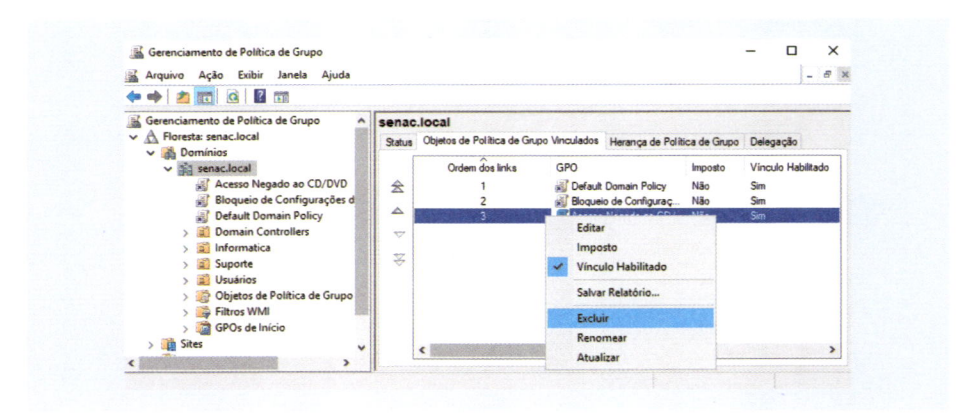

2. Aparecerá uma mensagem de confirmação de exclusão do GPO; clique em *OK*. Neste caso, está sendo excluído apenas o link do GPO – o GPO, no entanto, ainda está configurado no servidor.

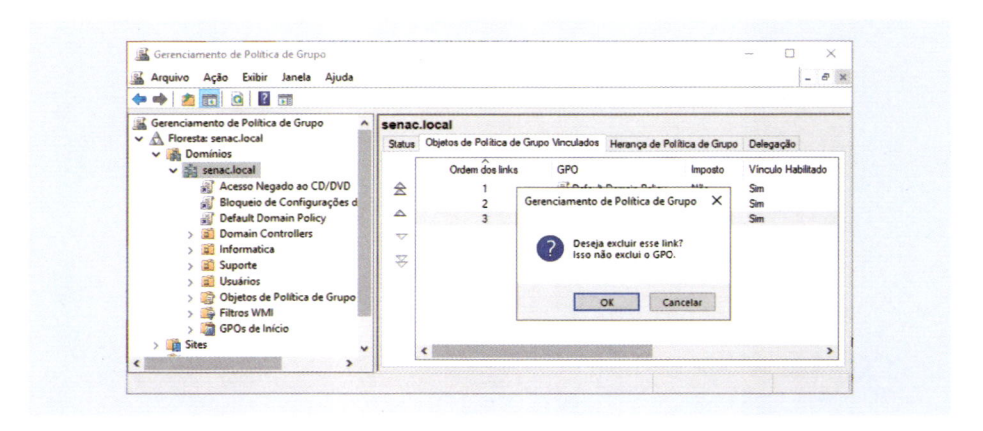

3. Se você deseja excluir também o GPO, na janela *Gerenciamento de Política de Grupo*, em *Objetos de Política de Grupo*, selecione com o botão direito do mouse o GPO que deseja apagar e clique em *Excluir*.

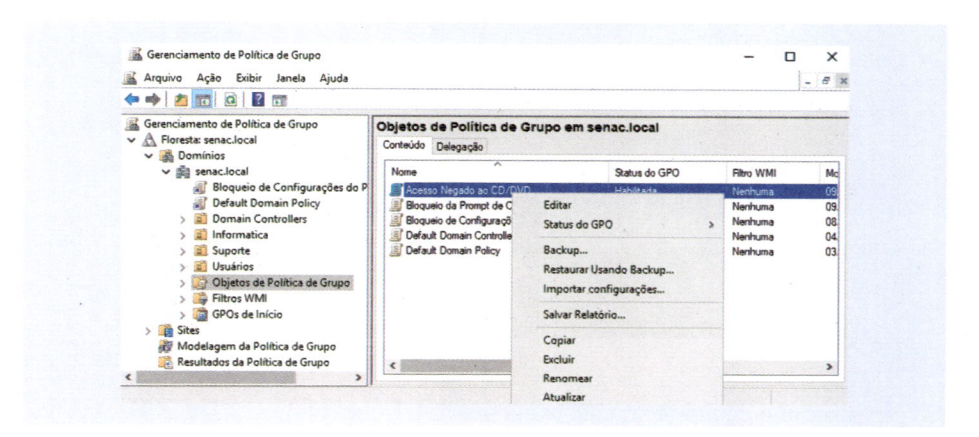

4. Aparecerá uma mensagem de confirmação de exclusão do GPO. Clique em *Sim*. Após essa ação, aparecerá outra janela indicando que o GPO foi devidamente excluído. Clique em *OK* e verifique se o GPO foi realmente deletado.

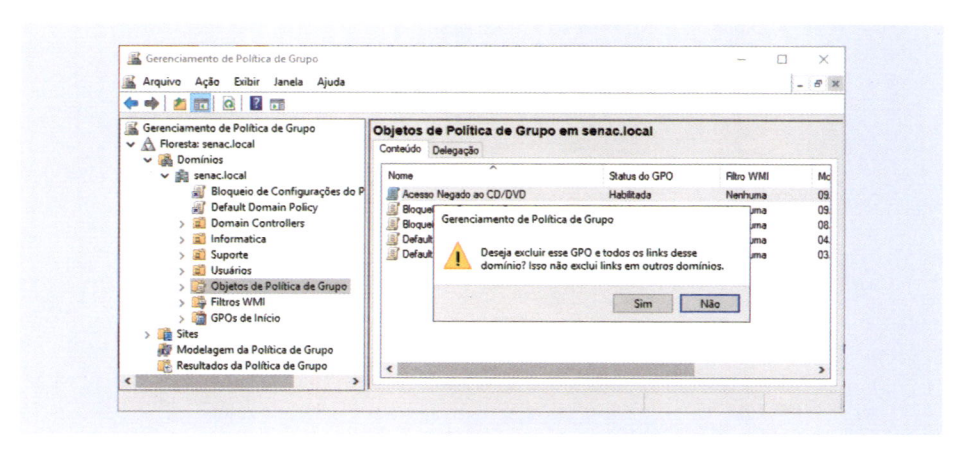

5. Acesse a VM do cliente com o Windows 10 e, no prompt de comando, dê o comando *gpupdate /force*, pressionando *Enter*. Esse comando atualizará forçadamente as últimas políticas implementadas no servidor.

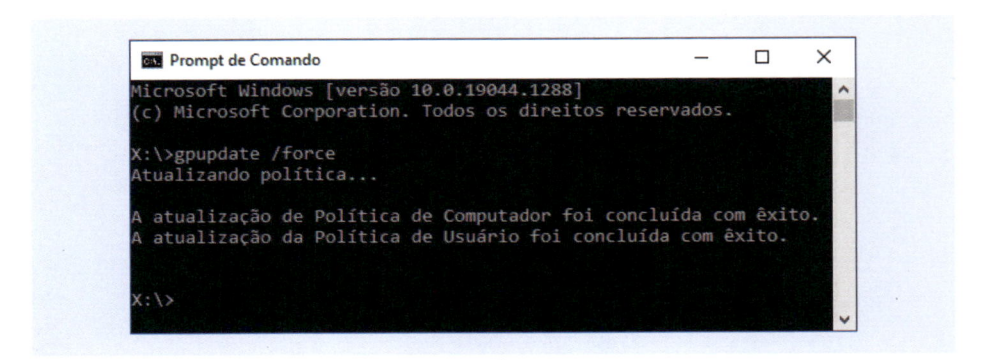

6. Nesse mesmo equipamento, tente agora acessar o drive de CD/DVD. Você perceberá que o acesso será realizado, pois o GPO de bloqueio de CD/DVD foi deletado anteriormente.

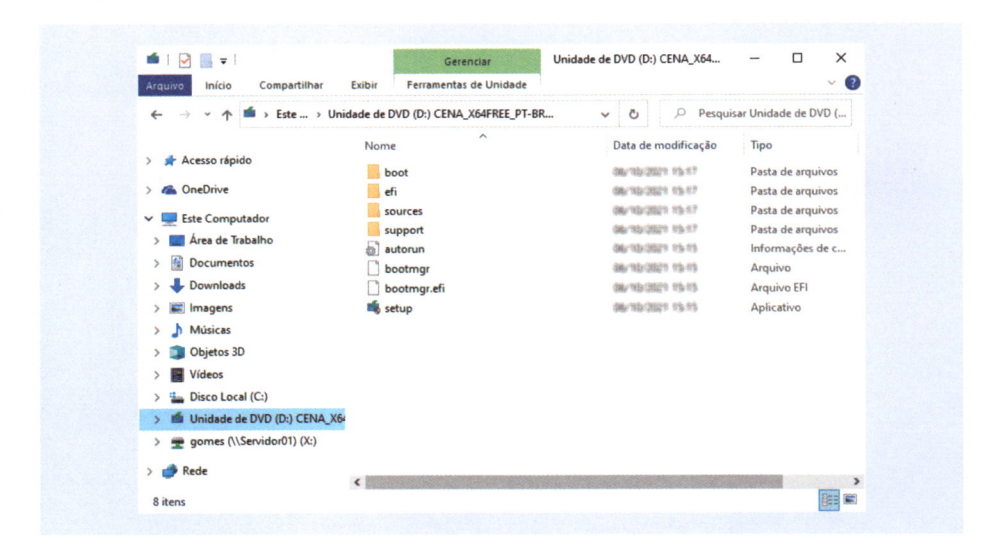

Backup de GPO

É possível se precaver quanto à possibilidade de o administrador alterar ou excluir um GPO por engano. Para isso, é preciso realizar backups periodicamente também no caso dos GPOs. O Windows Server permite duas opções de backup de GPOs: backup somente de uma política de grupo e backup de uma pasta de políticas de grupo. Veja os procedimentos a seguir.

1. Acesse o *Gerenciamento de Política de Grupo* e clique com o botão direito do mouse em *Objetos de Política de Grupo*, selecionando a opção *Fazer Backup de Tudo* (essa opção está sendo escolhida como exemplo).

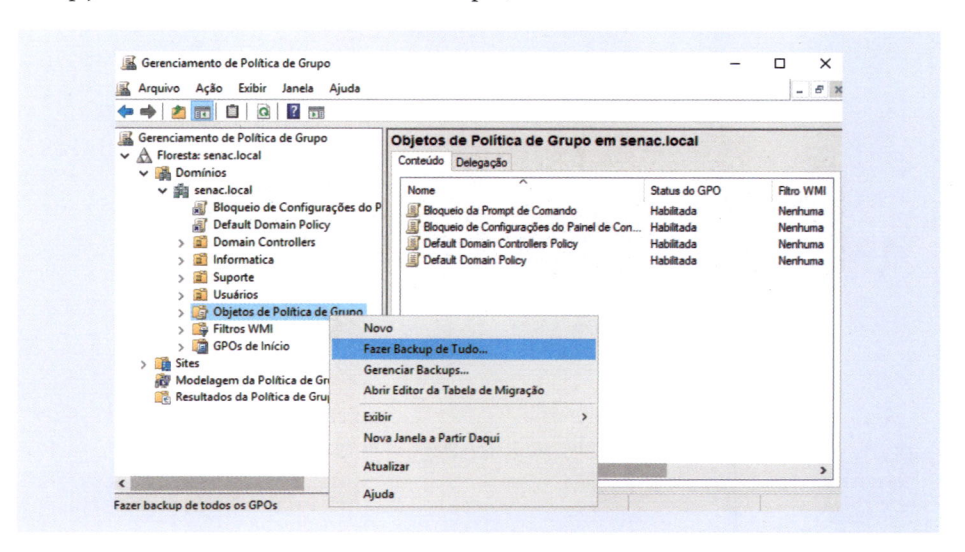

2. Na janela de backup que aparecerá, especifique o local para seu armazenamento clicando em *Procurar*. Neste exemplo, escolha a pasta *Documents*; depois, digite uma descrição para o backup.

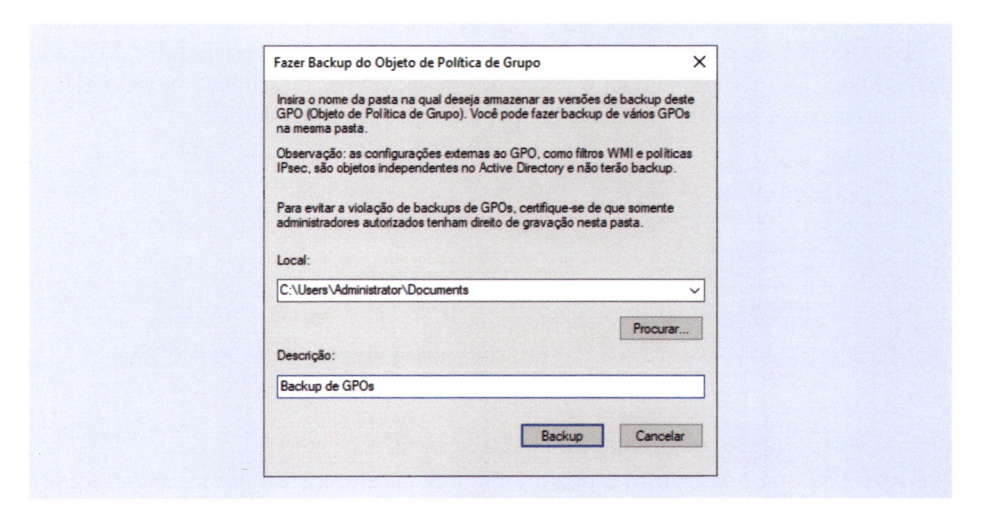

3. Clique no botão *Backup* e aguarde a finalização do procedimento. Após o término, aparecerão informações de resumo da realização do backup. Clique em *OK*.

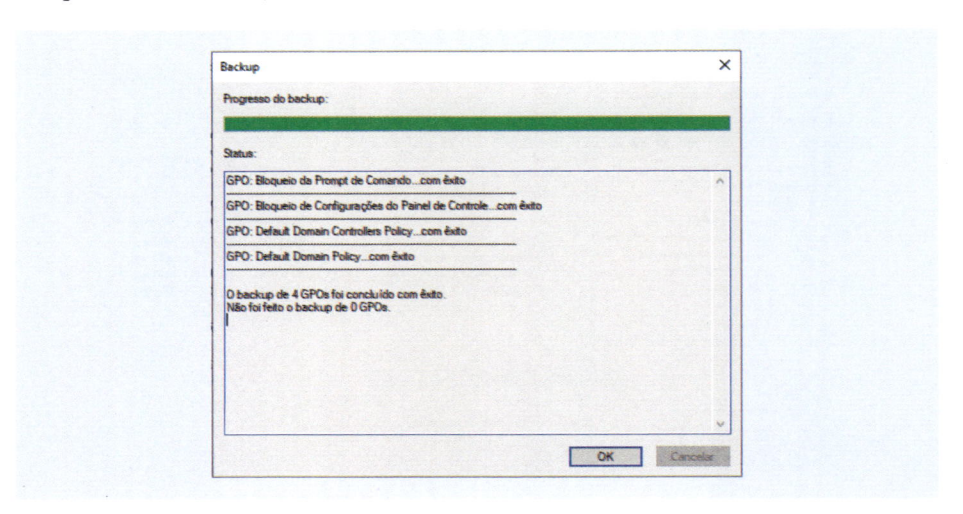

Restore do GPO

Caso o administrador delete um GPO por engano e deseje restaurá-lo, há como recuperá-lo por meio do procedimento de restore – desde que o backup tenha sido realizado anteriormente, é claro. Veja os procedimentos a seguir.

1. Para realizar esse exemplo, primeiro apague um GPO do servidor para depois restaurá-lo. Acesse o *Gerenciamento de Política de Grupo* e selecione um GPO para exclusão. Depois, clique com o botão direito do mouse e escolha a opção *Excluir*. Aparecerão janelas e mensagens de exclusão desse GPO escolhido.

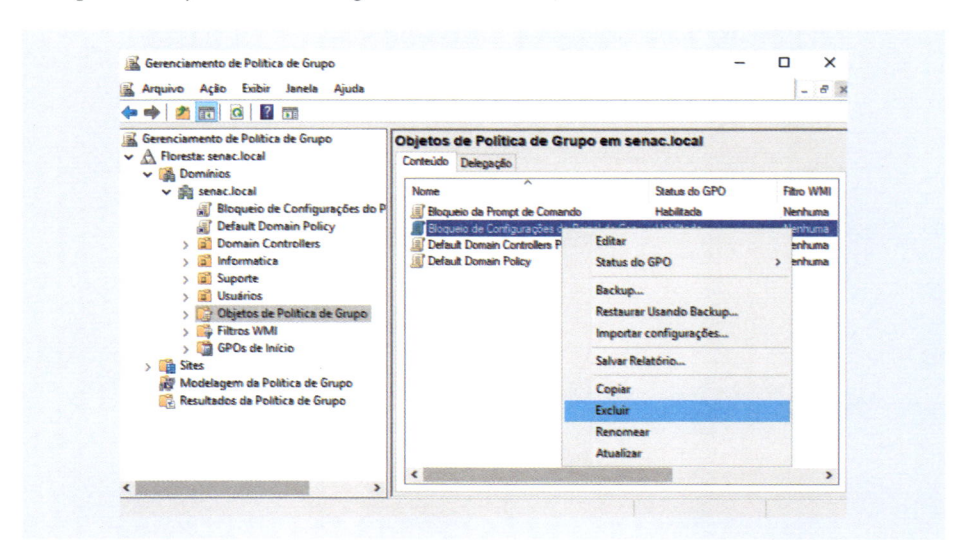

2. Saia e entre mais uma vez no *Gerenciamento de Política de Grupo* e verifique se o GPO escolhido foi realmente deletado. Tendo essa certeza, selecione a opção *Objetos de Política de Grupo* com o botão direito do mouse e escolha a opção *Gerenciar Backups*.

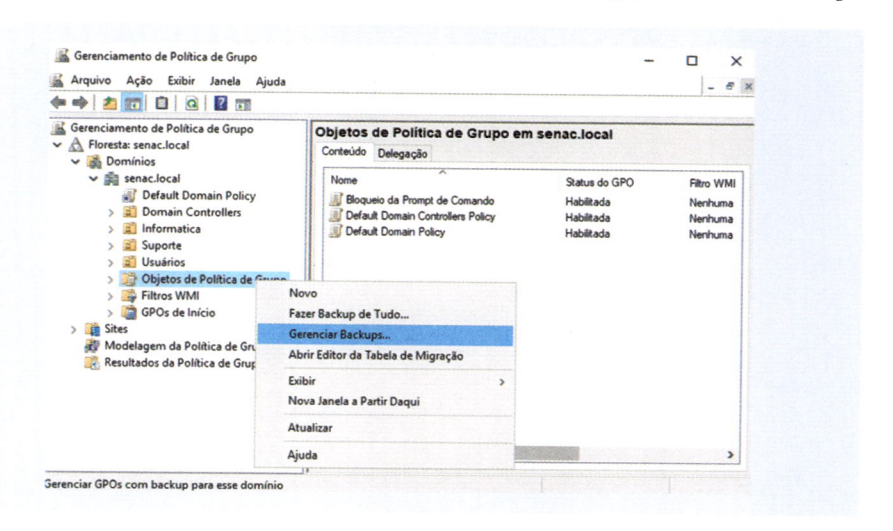

3. Selecione o GPO desejado – neste exemplo, será escolhida a opção *Bloqueio de Configurações do Painel de Controle*. Então, clique sobre o botão *Restaurar*. Aparecerá uma mensagem de confirmação da restauração; clique em *OK*.

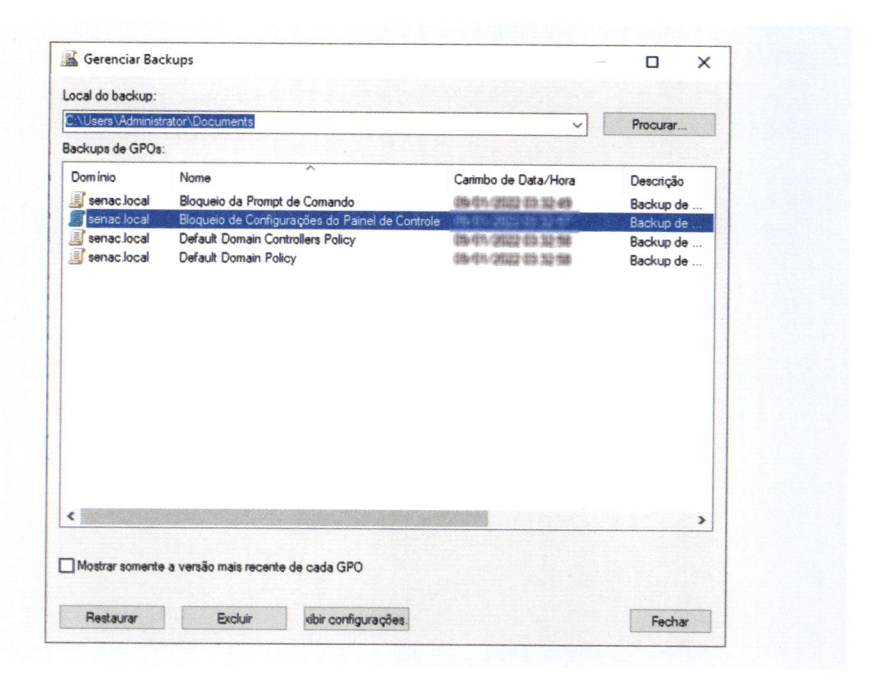

4. Retorne à janela de *Gerenciamento de Política de Grupo*, selecione *Objetos de Política de Grupo*, e você identificará a restauração do GPO realizada com sucesso.

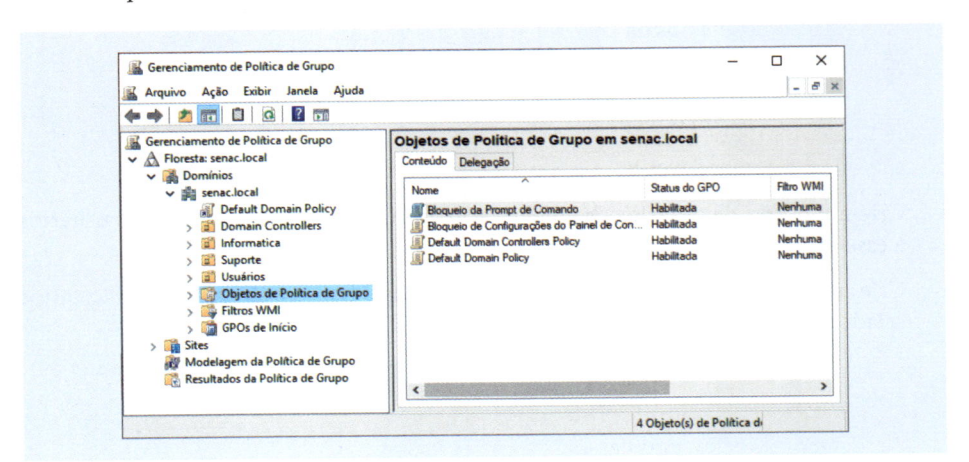

Exercícios propostos

1. Quais são os princípios da segurança da informação?
2. Qual é a diferença entre ataque e vulnerabilidade?
3. Quais seriam algumas técnicas para aumentar a segurança nos servidores?
4. Por que é recomendável criar grupos de usuários de um mesmo departamento?
5. Crie um grupo de usuários chamado *Recursos Humanos* e adicione alguns usuários a esse grupo.
6. Crie uma pasta com o nome *Recursos Humanos* e compartilhe-a com os usuários criados e adicionados a esse grupo.
7. Crie um GPO para bloquear o prompt de comando do sistema operacional e vincule-o ao grupo *Recursos Humanos*.
8. Para que serve o comando *gpupdate /force*?
9. Qual é a importância de fazer backups nos servidores e nos computadores clientes?
10. Caso o administrador delete sem querer um GPO, quais seriam as técnicas para recuperá-lo?

Anotações

Referências

AMERICAN NATIONAL STANDARDS INSTITUTE. TELECOMMUNICATIONS INDUSTRY ASSOCIATION. **TIA Standard**: Commercial Building Telecommunications Cabling Standard. TIA-568-C.1. Arlington: Standards and Technology Department, fev. 2009a.

AMERICAN NATIONAL STANDARDS INSTITUTE. TELECOMMUNICATIONS INDUSTRY ASSOCIATION. **TIA Standard**: Generic Telecommunications Cabling for Customer Premises. TIA-568-C.0. Arlington: Standards and Technology Department, fev. 2009b.

ARAUJO, A. F.; DARIO, A. L.; REIS, W. J. **Windows 10**: por dentro do sistema operacional. São Paulo: Editora Viena, 2016.

BASTA, A.; BASTA, N.; BROWN, M. **Segurança de computadores e teste de invasão**. 2. ed. São Paulo: Cengage Learning, 2015.

CABRAL, A.; SERAGGI, M. R. **Redes de computadores**: teoria e prática. São Paulo: Editora Senac São Paulo, 2017.

COMER, D. E. **Redes de computadores e internet**. 6. ed. Porto Alegre: Bookman Editora, 2016.

DAUTI, B. **Windows Server 2019 Administration Fundamentals**: A Beginner's Guide to Managing and Administering Windows Server Environments. 2. ed. Birmingham: Packt Publishing, 2019.

DIÓGENES, Y.; MAUSER, D. **Certificação Security +**. 2. ed. Rio de Janeiro: Editora Nova Terra, 2013.

GALVÃO, M. C. **Fundamentos em segurança da informação**. São Paulo: Editora Pearson Education do Brasil, 2015.

KRAUSE, J. **Mastering Windows Server 2019 – Second Edition**: The Complete Guide for IT Professionals to Install and Manage Windows Server 2019 and Deploy New Capabilities. 2. ed. Birmingham: Packt Publishing, 2019.

KUROSE, J. F.; ROSS, K. W. **Redes de computadores e a internet**: uma abordagem *top-down*. 8. ed. Porto Alegre: Bookman Editora, 2021.

LIMA FILHO, E. C. **Fundamentos de rede e cabeamento estruturado**. São Paulo: Editora Pearson Education do Brasil, 2014.

MICROSOFT. Instalar, atualizar ou migrar para o Windows Server. 3 mar. 2023a. Disponível em: https://docs.microsoft.com/pt-br/windows-server/get-started/install-upgrade-migrate. Acesso em: 10 maio 2023.

MICROSOFT. Licenças de acesso para cliente e licenças de gerenciamento. [s. d.]. Disponível em: https://www.microsoft.com/pt-br/licensing/product-licensing/client-access-license. Acesso em: 10 maio 2023.

MICROSOFT. Novidades no Windows Server 2019. 3 mar. 2023b. Disponível em: https://docs.microsoft.com/pt-br/windows-server/get-started/whats-new-in-windows-server-2019. Acesso em: 10 maio 2023.

SERAGGI, M. R. **Windows Server 2016**. São Paulo: Editora Senac São Paulo, 2018.

SILVA, Antonio Eduardo Marques da. **Redes de computadores**: teoria e prática. São Paulo: Editora Senac São Paulo, 2021. (Série Informática)

TANENBAUM, A. S.; WETHERALL, D. **Redes de computadores**. 6. ed. Rio de Janeiro: Editora Campus, 2021.

Sobre o autor

Antonio Eduardo Marques da Silva é graduado em engenharia mecânica pela Universidade Presbiteriana Mackenzie e em engenharia de computação pela Universidade Virtual do Estado de São Paulo (Univesp). Também cursou mestrado em engenharia eletrônica e de computação pelo Instituto Tecnológico de Aeronáutica (ITA) e master of science em tecnologias emergentes em educação pela Miami University of Science and Technology. Tem especialização em educação do ensino superior pela Pontifícia Universidade Católica de Minas Gerais (PUC Minas), MBA em gestão e tecnologia da segurança da informação pela Faculdade Impacta de Tecnologia, e em marketing e gestão de clientes pela Universidade Candido Mendes. Além disso, fez cursos de aperfeiçoamento na Escola Politécnica da Universidade de São Paulo (Poli-USP), no Instituto Nacional de Pesquisas Espaciais (Inpe) e na Universidade Federal do ABC (UFABC). Possui diversas certificações internacionais, entre elas: Cisco Certified Network Associate Interprise (CCNA Interprise), Cisco Certified Networking Professional Enterprise (CCNP Enterprise), Cisco Certified Specialist (Enterprise Core), Cisco Certified Specialist (Enterprise Advanced Infrastructure Implementation), Cisco Certified Network Associate Routing & Switching (CCNA R&S), Cisco Certified Network Associate Security (CCNA SEC), Cisco Certified Network Professional Routing & Switching (CCNP R&S), CCNA Enterprise, CCNP Enterprise, Cisco Certified Academy Instructor (CCAI), Cisco Certified Systems Instructor (CCSI), Internet Service Manager (ISM), Dell Networking Professional (DNDNS), Huawei Certified Information and Communications Technology Associate Routing & Switching (HCIA R&S), Huawei Certified ICT Academy Instructor (HCAI), Scrum Fundamentals Certified (SFC), Scrum Foundation Professional Certificate (SFPC), Building Industry Consulting Service International (BICSI) Installer, Panduit Certification Plus, CompTIA Network+ e CompTIA Security+. Trabalha no segmento de tecnologia da informação e comunicações (TIC) desde 1989 e atualmente exerce as funções de consultor em tecnologia, instrutor sênior e professor universitário em cursos de graduação e pós-graduação.

Índice

Acesso de usuários no domínio do Windows Server, 251
Adição do cliente ao domínio, 231
Ambiente do Windows Server, 121
Analisador de práticas recomendadas, 172
Análise do serviço DHCP instalado, 174
Área de trabalho remota, 263
Armazenamento, 94
    Tipos de RAID, 94
Armazenamento de GPO, 306
Arquitetura de protocolos TCP/IP, 37
Arquitetura de rede, 33
Arquitetura e protocolo de rede, 31
Ativos, vulnerabilidades e ameaças, 292
Backup de GPO, 314
Barramento, 93
Central Administrativa do Active Directory, 235
Comparação entre OSI/ISO e TCP/IP, 39
Compartilhamento de pastas, 295
Componentes de rede, 13
Componentes de servidores, 88
Componentes do servidor, 90
Configuração de máquina virtual, 55
Configuração de recursos de acesso remoto, 261
Configuração de recursos de segurança, 289
Configuração de serviços de redes, 153
Configuração do acesso remoto de maneira tradicional, 268
Configuração do acesso remoto pelo gerenciador do servidor, 272
Configuração do DHCP, 164
Configuração do DNS, 191
Configuração do Internet Information Service, 280
Configuração do WINS, 202
Configuração sugerida, 57
Criação da máquina virtual, 60
Criação de grupos de usuários no Active Directory, 293
Criação de usuários no domínio do Windows Server, 244

Criação do GPO de início e link do GPO, 307
Definição das redes sem fio, 26
Desabilitação da complexidade de senhas, 240
Descrição das camadas do modelo OSI, 35
Desligamento e ligamento do servidor, 113
Diagramas de topologia, 21
Diretiva ou política de grupo, 299
Dispositivos de backup, 96
Dispositivos finais de rede, 14
Dispositivos intermediários de rede, 15
Encapsulamento e desencapsulamento, 41
Endereçamento de rede, 42
Endereço IPv4, 43
    Endereços privados IPv4, 45
    Endereços públicos IPv4, 44
Endereço IPv6, 46
    Endereços unicast do IPv6, 47
    Formas de compactação e representação do IPv6, 46
    Tipos de endereços IPv6, 47
Endereço MAC, 42
Especificação do IP fixo do servidor, 160
Especificação do nome do servidor, 155
Exclusão de link do GPO e também do GPO, 311
Ferramentas de gerenciamento, 134
Ferramentas de gerenciamento dos recursos de máquina, 129
Funções das camadas do TCP/IP, 38
Gerenciador de Servidores, 141
Gerenciamento de redes com Windows Server, 119
Instalação do Windows Server, 103
Instalação e configuração do Active Directory, 213
Instalação e configuração do AD, 217
Instalação e configuração do Windows Server, 99
Introdução à interconexão de redes, 13
Introdução às redes de computadores, 11
Licença de acesso para clientes, 81
    CAL do dispositivo, 82
    CAL do usuário, 82
    Licenciamento por núcleo, 84

    Management License, 85
    Usuário externo, 83
Mapeamento automático de rede, 254
Máquina virtual, 57
Meios físicos de rede, 17
Memórias de trabalho, 91
Microsoft Hyper-V, 59
Modelo de referência em camadas, 33
Modelos de licenciamento, 81
Monitor, 95
O modelo de referência OSI, 34
Personalização da área de trabalho do Windows Server, 127
Personalização do menu do Gerenciador do Servidor, 144
Placa de rede, 95
Placa-mãe, 90
Preços e licenciamento, 80
Preparação e configuração do DHCP, 177
Principais melhorias do Windows Server 2022, 85
Princípios fundamentais da segurança da informação, 291
Projeto de rede hierárquico, 49
Recursos gerais, 86
Regras de comunicação, 40
Restore do GPO, 316
Segurança da informação, 291
Segurança de servidores, 292
Serviços de redes, 155
Sistema operacional, 90
Teclado e mouse, 96
Tecnologias de rede, 24
Teste de funcionamento do DHCP, 188
Tipos de topologia, 21
    Topologias físicas de rede, 22
Tradução de menus do Windows Server, 122
Unidade central de processamento, 90
Verificação de características do computador utilizado, 58
Verificação de conectividade entre servidor e cliente, 228
Visão geral sobre o Windows Server, 77